POWERS OF TWO

POWERS OF TWO

二人で一人の天才

ジョシュア・ウルフ・シェンク＝著
矢羽野薫＝訳

Finding the Essence of Innovation in Creative Pairs

Joshua Wolf Shenk

EIJI PRESS

JN216764

For Mom and Sidney

POWERS OF TWO

Finding the Essence of Innovation in Creative Pairs

by

Joshua Wolf Shenk

Copyright © 2014 by Joshua Wolf Shenk
Japanese translation rights arranged with
Joshua Wolf Shenk c/o Dunow, Carlson & Lerner Literary Agency, Inc.,
New York through Tuttle-Mori Agency, Inc., Tokyo

この世界を理解することはできないが、抱き締めることはできる。
世界に存在する誰かを抱き締めることによって。

マルティン・ブーバー（宗教哲学者、社会学者）

それ以上は分割できない人間の最小単位は2人だ。1人ではない。
2つ1組の魂が絡み合うところから、社会が生まれ、人生が生まれ、
演劇が生まれる。

トニー・クシュナー（脚本家）

第3部 弁証 107

DIALECTICS

第4部 距離 177

DISTANCE

第5部 絶頂 219

第6部 中断 299

［編集部注］
・歴史上の人物や英語が母語ではない人の発言は、出典やその翻訳が正しいものとする。本文中の引用は、巻末に参考文献を記載し、その他の注釈は英治出版ホームページに収録。 http://www.eijipress.co.jp/book/book.php?epcode=2205
・引用の日本語訳は訳者による。
・訳注は本文の［］に記載。
・未邦訳の書籍は仮題のあとの（）に原題を記載。

序曲

　1967年3月29日午後2時。ジョン・レノンはロンドンにあるポール・マッカートニーの自宅を訪れ、2人はポールの仕事部屋に向かった。狭い長方形の部屋は、楽器とアンプと現代アートの作品であふれていた。

　前日から取りかかっていた新曲を、この日で仕上げるつもりだった。今回のボーカルはリンゴ・スター。サンデー・タイムズ紙のコラムニスト、ハンター・デイヴィスも同席しており、彼の文章からジョンとポールの曲作りを垣間見ることができる。

　ジョンはギターを抱え、ポールはあてもなくピアノを弾きはじめた。「それから数時間、2人ともひたすら音を鳴らした。それぞれ自分の世界に入っていたが、何かひらめくと、ノイズの海からそれを拾い出しては確認していた」

「Are you afraid when you turn out the light?（灯りを消すと怖いのかい？）」。ジョンがつぶやいた。

　ポールはその詩を繰り返してうなずく。サビの頭は問いかけにしてみようとジョンが言い、別の詩を歌った。「Do you believe in love at first sight?（ひと目ぼれを信じるかい？）」

「だめだ、音節の数が合わない」。ジョンはそう言うと、「believe」と「in love」のあいだをあけてリズムを整えようとした。でも、うまくいかなかった。

「これはどう？」と、ポール。「Do you believe in a love at first sight?」。ジョンが復唱し、すぐに続きを歌った。「Yes, I'm certain it happens all the time.（もちろん、よくあることじゃないか）」。2人は詩の順番を入れ替え、何回も繰り返し歌った。

Would you believe in a love at first sight?
Yes, I'm certain it happens all the time.
Are you afraid when you turn out the light?

時計は5時を回っていた。ジョンの妻が友人を連れて顔を出した。歌詞の話になり、ジョンがほとんど独り言のように、灯りが消えたら何が見えるかという問いの続きをつぶやいた。「I know it's mine（僕だけが知っている）」。いやらしく聞こえると誰かが言った。

彼らは雑談を続けた。ピアノで即興演奏をしていたポールが突然、「キャント・バイ・ミー・ラブ」を弾きはじめた。ジョンが加わり、笑いながら声を張り上げた。そして、2人はチャンプスの1958年のヒット作「テキーラ」を歌った。

「ドイツのときのこと、覚えてるか？」。ジョンが言った。「いつも何か叫んでたな」。2人はテキーラの続きを歌い、歌詞が盛り上がるところでジョンが適当な言葉を叫んだ。「パンティー」「エディンバラ公」「おっぱい」「ヒトラー」

「声を張り上げていた2人は、悪ふざけを始めたときと同じくらい突然やめた」と、デイヴィスは書いている。「そして、静かに曲作りに戻った」。ジョンが歌詞を少し変えて歌い、「What do you see when turn out the light?（灯りが消えたら何が見える?）」に落ち着いた。その問いかけにジョンが答える。「I can't tell you, but I know it's mine.（うまく言えないけど、僕だけが知っている）」

ポールはそれにしようと言い、メモ用紙に書き留めて、部屋のなかを歩きまわった。窓の外に若い女性6人の額と瞳が見え隠れしていた。壁ごしに中をひと目見ようと、キャヴェンディッシュ通りの歩道でジャンプしていたのだ。ジョンがピアノで讃歌を弾きはじめた。シタール［インドの弦楽器］を鳴らしていたポールはギターに持ち替え、「丘の上にいる愚かな男の歌を歌いはじめた。ゆったりとした、美しい歌だった。ジョンは黙って耳を傾け、窓の外をぼんやり眺めていた」。ポールは同じ曲を何回も繰り返した。「ポールがジョンの前でその曲を演奏するのは初めてだった。2人のあいだに会話はなかった」

午後7時近く。そろそろアビー・ロードのEMIのスタジオに行く時間だ。2人はマリファナたばこに火をつけ、交互に吸った。リンゴを呼んで、その夜からレコーディングに入ることにした。

孤高の天才という神話は、長年にわたり巨像のごとくそびえている。世界を変えるような新しく美しいものは、偉大な精神から生まれる――その考え方はあたかも常識とされ、私たちはあらためて考えようとさえしない。老齢樹のように当たり前の存在となり、実は現代的な考え方にもかかわらず、自然界の掟であるかのように誤解されている。

創造性《クリエイティビティ》には私たちの理解が及ばないところがあって、誤解するのも無理はない。世の中にあふれる音のなかから、あまたの音節や変幻自在なリズムのなかから、1つの偉大な歌がどのように生まれるのだろうか。素晴らしいアイデアが湧き上がり、混沌から明瞭へと変わる過程を、どのように説明すればいいのだろうか。

創造性は個人の内に秘められているものだから、その秘密を解き明かすには稀有な天才の軌跡をたどればわかりやすいと、一般的に考えられている。システィナ礼拝堂を建立し、『ハムレット』の物語を紡ぎ、電球やiPodを発明した天才たち。イギリスの歴史家トマス・カーライルは1840年代に、「世界の歴史とは、偉人たちの伝記だ」と語っている。

この「孤高の天才」と対照的なのが、創造性を社会のネットワークのなかに位置付けるモデルだ。カーライルと同時代の哲学者ハーバート・スペンサーは、偉人の登場は「複雑な出来事がさまざまに絡み合った」結果だと反論している。「偉人が社会をつくり変える前に、社会が偉人を生まなければならない」。孤高の英雄が天の啓示を受けてひらめく、あるいは導かれるというイメージより、スペンサーの考え方のほうが、革新《イノベーション》が生まれるまでの長い紆余曲折を際立たせる。英雄個人ではなく、英雄を生む文化――16世紀のフィレンツェの宮廷、啓蒙時代のロンドンのコーヒーハウス、ピクサーのスタジオ――が主役なのだ。

問題は、孤高の天才が空想にすぎず、神話（社会的な経験に関係なく、自分の世界で完結している天才がいるという神話）にもとづく神話（そのような天才が偉業を達成するという神話）であることだ。これは、イノベーションの社会的な性質を無視している。孤高の天才という概念が、創造性に関する私たちのイメージを支配するようになったのは、それが真実だからではなく手頃な物語になるからだ。

一方で、社会のネットワークにもとづくモデルはおおむね正しいが、複雑すぎて物語にしにくい。孤高の天才というモデルは刺激的だが単純すぎ、ネットワークのモデルはていねいな説明だが日常生活では語りにくい。素晴らしい発見はすべて、複雑さが重なり合った結果だという主張は、正確であり説得力もある。しかし、その複雑さを、オックスフォード大学の講義やTEDのカンファレンスではなく、食卓やバーで気軽に話題にできるだろうか。

幸い、創造性に不可欠な社会的側面を、神話に頼らずにわかりやすく語る視点が1つある。それがクリエイティブ・ペア（創造的な2人組）の物語だ。

今から5年ほど前、私は人間関係の「化学反応」や「電気」と呼ばれるものに強い関心を持った。きっかけは個人的なことで、自分の人生において、その人がいたから最高の時期を経験し、その人がいなかったから最悪の時期を経験した人との関係を、理解したいと思ったのだ。私の最初の著作『リンカーン』(明石書店)の編集者イーモン・ドランとの関係は、まさに私を刺激する化学反応だ。彼との関係に思いをめぐらせるうちに、著名な2人組をもとに人間関係の化学反応を探れば、興味深いストーリーになるのではないかと思いついた。

さっそく、私がもっとよく知りたいクリエイティブ・ペアを思い浮かべてみた。ビートルズのジョン・レノンとポール・マッカートニー。アップルのスティーブ・ジョブズとスティーブ・ウォズニアック。放射線の研究で知られるマリーとピエールのキュリー夫妻。ほかにもたくさんのペアがいる。彼らの関係を理解できれば、高め合う人間関係の深遠さが見えてくるのではないか。2人組のあいだを電気が走り抜けて火花が散る瞬間を想像しながら、私は評伝の構想を練りはじめた。

しかし、ヴィンセント・ヴァン・ゴッホと弟テオが、私の構想に新たな方向を与えた。彼らは私が知っていたゴッホ兄弟ではなかった。テオはヴィンセントの文通相手で、兄を支えた弟というのが、これまで広く描かれてきた兄弟の姿だ。しかし、2人の関係ははるかに深かった。テオはヴィンセントの隠れたパートナーであり、まさに私が探していたクリエイティブ・ペアだったのだ。ほかにも隠れたパートナーの例はたくさん見つかった。1人は孤高の天才として注目され、もう1人は歴史の影に埋もれていることが、例外というより新しい法則に思えてきた。

さらに、それぞれ名の知られたクリエイティブな2人がいて、大きな影響を与え合うケースもある。アメリカの新聞で人気を集めた人生相談コラム「アン・ランダース」と「親愛なるアビー」の筆者は双子の姉妹で、対抗意識を燃やしながら腕を磨いた。作家のC・S・ルイスとJ・R・R・トールキンは交流が深く、創造的なやり取りが、それぞれの傑作に紛れもなく影響を与えている。しかし何十年ものあいだ、ルイスとトールキンを研究する専門家でさえ、2人の関係が与えた影響をとことん過小評価していた。

創造的な関係の本質について、私は新たな疑問がわいてきた。

このような関係の多くが目立たなかったり、無視されたりしてきたのはどうしてだろうか。

自分が追いかけようとしている問題の奥深さを実感したのは、ある大学で講義をした後の夕食会でのことだ。経営学の教授から、ゴルファーとキャディの関係を考えてみたかと訊かれた。残念ながら、私が知っているキャディは映画『ボール・ボーイズ』の世界だけだった。教授はぜひ注目するべきだと力説した。彼は若いころにプロとしてプレーしていた時期があり、PGAツアーの試合は人間関係の力学として実に興味深いと言った。

「ゴルファーは1人でラウンドしなければならない。唯一の例外はキャディだ。野球なら監督が試合中にマウンドへ行き、あるいはベンチで選手と話ができる。ゴルフでは、キャディが戦略家になり心理学者になる」

誰かわかりやすいペアはいないだろうか。

「もちろん、タイガー・ウッズとスティーブ・ウィリアムスだ」

1999年から2011年までタイガーのキャディを務めたウィリアムスは、バッグを担いでいただけではない。サポートにとどまらない、はるかに大きな役割を果たした。ときにはウッズをけなして奮起させ、いいプレーを引き出すためにわざと間違った助言をした。2000年の全米プロゴルフ選手権最終日、ウッズは17番ホールでバーディーを取らなければ、首位に追いつく望みはなかった。フェアウェイからグリーンを狙う際、ウィリアムスはピンまで残り95ヤードと計算したが、ウッズには90ヤードと伝えた。「タイガーは飛距離のコントロールが苦手だった」と、のちにゴルフ・マガジン誌に語っている。「それを考えて残りヤードを教えたが、本当のことは黙っていた」。ウッズはピンから約60センチにつけてバーディーを決め、3ホールのプレーオフを制して優勝した。ウィリアムスは同誌に、ウッズについてから5年間の大半は、違う距離を教えていたとも打ち明けている。

隠れたパートナーシップは、特別なペアにかぎらず、あらゆる分野の人間関係に広く存在する。どの分野にも有名ゴルファーを支える無名のキャディがいるが、その役割が世間の目に触れることはない。彼らの働きは、関係者にとってははかりしれないほど重要だが、めったに光が当たらないのだ。画家の陰に隠れているのはテオ・ヴァン・ゴッホだけではない。画商や学芸員、額縁職人、助手など多くの人が、基本的に無名のままだ。コナン・オブライエンが司会を務める人気トーク番組『コナン』に出演するのは俳優や監督で、彼らの作品の撮影カメラマンやフィルム編集者ではない。オブライエンの長年の仕事仲間で『コナン』のエグゼクティブ・プロデューサーを務めるジェフ・ロスも、テレビカメラの前に立つことはない。

影のパートナーが、時を経てようやく注目される場合もある。美術家のクリストは妻ジャンヌ＝クロードと共同制作を続けていたが、妻が夫と並んで公に評価されるようになるまで30年近くかかった。ほかにもいたるところで、孤高の天才というイメージが真実をわかりにくくしている。ジョージ・ルーカスは『スター・ウォーズ』旧三部作で、当時の妻マーシア・ルーカスとの関係から多大な力を得た。映画編集者のマーシアは『エピソード4／新たなる希望』でアカデミー編集賞を受賞している。ルーカスの伝記を書いたデール・ポロックは、彼女を夫の「秘密兵器」と呼んだ。ルーク・スカイウォーカーを演じたマーク・ハミルは、「彼女こそ（旧三部作の）真心であり心臓だった」と語っている。しかし、ルーカスと離婚した後は、シリーズに関する公認の記述にマーシアの名前が登場することはめったにない。

元妻の役割を目立たなくするために、ジョージ・ルーカス自身が何かをしたわけではない。孤高の天才がもてはやされる文化では、ほんの少し優位性があれば、名声もカネも雪だるま式に2人組の一方にたまる。新約聖書のマタイによる福音書25章29節に、次のような言葉がある。「だれでも持っている人は更に与えられて豊かになるが、持っていない人は持っているものまでも取り上げられる」。社会学者のロバート・マートンによれば、2人の科学者が共同研究をすると、より名の知れたほうが名声の大半を手にする。2人が同じアイデアをほぼ同時に思いつくと、より名の知れたほうが、より広く認められる。マートンはこれを「マタイ効果」と呼んだ。

孤高の天才の文化は、多くの女性から本来ふさわしい名声を奪ってきた。化学者のライナス・ポーリングが1962年に2回目のノーベル賞となる平和賞に輝いたのは、妻エヴァ・ヘレン・ポーリングが彼を平和活動に導いたからだ。比較的最近まで、創造性を評価される男性は、妻の努力のおかげで名声を手にすることも少なくなかった。妻たちは夫の研究助手や編集者となり、夫の名前を冠した会社の事実上の経営者として働いた。このような偏見の被害者は、もちろん女性だけではない。ヴィヴィエン・トーマスは高度な外科技術の持ち主で、アルフレッド・ブラロックとともに近代の心臓手術を躍進させた。しかし、アフリカ系アメリカ人男性だったトーマスは、研究室の責任者を務め、医師たちの訓練を担っていたにもかかわらず、勤務先の病院では数年間、用務員の身分だった。

創造的な人々の相互依存が表に出てこないもうひとつの理由は、目の当たりにしても理解しにくいからだ。外から見てわかりにくいだけでなく、本人たちが理解していない場合もある。伝説の編集者マックスウェル・パーキンズは、トマス・ウルフが書き殴った原稿を整理して壮大な小説『天使よ故郷を見よ』(新潮社)を世に出した。ウルフ自身も『時間と川について(*Of Time and the River*)』の献辞で、パートナーである編集者に最大級の称賛を送っている。その後、サタデー・レビュー誌がウルフは「不完全」だと評し、「芸術家として不可欠な部分が、ウルフ本人ではなくマックスウェル・パーキンズのなかにある」と指摘した。「芸術家の重要な要素を自分自身でコントロールできない」という批評に憤慨したウルフは、怒りに駆られ、自分を作家にしてくれた人物と縁を切った。

やはりパーキンズに育てられた作家のF・スコット・フィッツジェラルドは、相反する考えを自分のなかに抱きながら精神的に崩壊しないことが、一流の知性の証だと語っている。ウルフは自分が完璧な芸術家でありながらパートナーと相互依存しているという状態を、受け止めきれなかったのだ。

ウルフを弁護しておくと、クリエイティブなパートナーとの相互依存は、天才がもてはやされる文化では誰にとっても理解しにくい。創造的な成果の基本単位は、普通は個人だ。学校の試験の順位も、メジャーリーグの個人成績ランキングも、ファスト・カンパニー誌の「ビジネス界で最もクリエイティブな人物」リストも、マッカーサー・フェローシップ（別名「天才奨学金」）の選考も、創造性は個人の頭のなかから——今、私は自分の頭を指さしている——生まれるという概念にほかならない。米連邦最高裁判事の意見書を、私たちは担当判事が1人ですべて書いたかのように思いがちだ。しかし、ミケランジェロが多くの弟子や職人とともにシスティナ礼拝堂の天井画を描いたように、最高裁判事も同僚と協議して意見書をまとめる。現代のクリエイティブな大スターの多くは——ジャスティン・ビーバー、イタリア料理の巨匠マリオ・バターリ、伝記作家や歴史家として知られるドリス・カーンズ・グッドウィンなど——単独のアーティストというより、制作チームのブランドを象徴する存在だ。

孤高の天才という神話は、どこから生まれたのだろうか。ごく簡単に説明すると、17世紀後半から18世紀後半にかけての啓蒙時代に生まれ、ロマン主義の時代に広まり、近代のアメリカで完成した。そもそもの始まりから、人間はほかの人間や社会から切り離された存在だという原子論的個人主義と絡み合っている。自分はどのように成長し、どのように生きていくのか、自分は何者なのかということについて、私たちが信じていることの大半は、人間は自己完結している孤独な存在だという間違った概念の影響を受けている。

現代の心理学には、精神分析学や生物学的精神医学、バラス・フレデリック・スキナーの行動主義心理学、ジャン・ピアジェの発達理論など、さまざまな分野がある。しかし、対象となるのは個人の経験が圧倒的に多い。アブラハム・マズローの「欲求5段階」は、このような心理学の前提をわかりやすく形式化している。マズローは人間の欲求を5段階のピラミッドに見立てた。最下層は生理的欲求（食事、排せつなど）で、その上が安全欲求（身の危険を回避するなど安全で安定した暮らし）。上から二段目は尊厳欲求（自尊心、自信）で、最上層が自己実現欲求。その中間に挟まれているのが、帰属や愛情などの社会的欲求だ。マズローは他人とのつながりを、トイレに行くことや住まいを構えることより進化した欲求だが、人間としての成長や自己実現より下位と見なした。

こんにちでは社会科学が発達して創造性の研究も盛んになり、新しい理解が進んでいる。17世紀と18世紀に孤高の天才の神話が生まれた大きなきっかけは、国家の出現や市場経済の誕生、日常生活における宗教の役割の変容など、政治と経済、文化で大規模な変化が次々に起きたことだ。そして、今この時代も、似たような大規模な変化を経験している――インターネットが誕生し、グローバル経済が広がって、科学の進歩は子供の成長や複雑系など、あらゆることに新たな洞察をもたらしている。そのなかで、創造性に関する根本的な概念も、ついに崩れはじめた。近年は社会心理学や人間関係論、集団創造性など、人のつながりについて新しい系統の学問が台頭している。スティーブン・ジョンソンは著書『イノベーションのアイデアを生み出す七つの法則』（日経BP社）で、人間の業績に関するネットワーク理論を生態学的に捉えている。すなわち、「最も価値のある資源――情報――を衝動的に結びつけて編纂する」目に見えない多くの力が、つねに関連し合い、化学反応を起こして、イノベーションを生むのだ。

このように集団やネットワークを重視する理論は、有益であり真実だが、孤高の天才のモデルを修正するには不十分だ。「天才」は、創造性の神秘を手っ取り早く説明するためにつくられた物語であり、その向こうにとてつもなく大きな世界が広がっている。だからこそ、タイガー・ウッズやヴィンセント・ヴァン・ゴッホの「自立した天才」という幻想が暴かれると、彼らを取り巻く物語をすべて知りたくなる。詩人のパーシー・ビッシュ・シェリーは次のように述べている。「すべての人の心は……あらゆる自然と芸術によって、自分の意識に影響を与えたと認めるすべての言葉と示唆によって、修正を重ねていく」

近代の研究により、古代ギリシャの叙事詩『オデュッセイア』『イーリアス』は、何世代にも及ぶ口承文学が編纂されたものだという説が有力になった。しかし今なお、一般には吟遊詩人ホメロスの作とされている。ホメロスが1人ではなく、複数の詩人を併せた名前だったとする説も広く知られているが、衝撃的な真実と簡潔な作り話のバランスはゆがみやすい。

一方で、ネットワークで創造性を語るモデルは、親密な人間関係を過小評価する。私たちは本能的に、物事は他人との密接な関係のなかで起きると知っているが、その明らかな事実から目をそらしがちだ。人が個人よりグループに注目したがるのは、そのほうが精神的に楽だからだと、『部屋の中の象(*The Elephant in the Room*)』の著者で心理学者のダイアナ・マクレーン・スミスは言う。

「グループなら、人を人として考えなくて済む。私が人間関係について話そうとすると、人々は不安げに笑って、『恋愛セラピーみたい』などと言う。個人と個人の関係は、合理的な組織生活の規範の外にあるからだ。しかし実際は、オフィスの休憩スペースでも、仕事帰りのバーでも、自宅で配偶者と話すときも、結局は人間関係の話をしている。誰もが人間関係について考えているはずなのに、きちんと向き合えていない」

2人組は創造をもたらす基本単位だ。社会学者のマイケル・ファレルは、フランスの印象派や精神分析学の基礎を築いた人々など、さまざまな創造的サークルを研究した。そして、グループは共同体意識や目的意識をつくりだし、聴衆がいるという意識を育むが、本当に重要な成果は2人組から生まれることに注目した。クロード・モネとピエール=オーギュスト・ルノワールや、ジークムント・フロイトと弟子のヴィルヘルム・ライヒのように。

なぜ2人組なのか。ひとつには、人間はグループより1対1のほうが、より心を開いて深く交流できる生き物なのだろう。赤ん坊のときから世話をしてくれる人との1対1のやり取りを通じて、私たちの心はかたちづくられていく。

さらに、2人組は最も流動的で柔軟性のある関係だ。2人の人間がいれば、基本的な関係は機能する。もう1人加わると状況は安定するが、役割や地位が固定され、創造性の息が詰まるかもしれない。テーブルに脚を3本つければ、じっと立つことができる。歩いたり走ったり(飛び跳ねたり転んだり)するのは2本の脚だ。

2人組は、2人の関係への意識が自然と高まり、結びつきが強くなりやすい。グループの人数が増えると個人が目立たなくなり、関心も薄れがちだろう。しかし、2人ではどちらも逃げ隠れできない。「2人組の決定的な特徴は、2人がそれぞれ具体的な貢献をしなければならないことだ」と、社会学者のゲオルク・ジンメルは書いている。「どちらかが脱落すれば、たとえば3人のグループと違って1人が取り残されるだけだ。個の力を超えた何かが受け継がれるわけではない」。この特徴がペアの特色や性質を決めると、シメルは言う。「自分にはほかに頼れる人はいないという自覚が、2人のあいだに……特別な献身をもたらす」

だからこそ、2人組は創造の基本単位なのだ。もちろん、意味のある唯一の単位というわけではない。ジャズのトリオや米連邦議会など、ペア以外にもあらゆるグループが創造性につながる。しかし、トリオも100人のグループも、2人組が集まってかたちづくられている。

ここにもうひとつ、重要な要素がある。ペアは創造性を成立させるだけでなく、創造性を論じるモデルになることだ。スティーブン・ジョンソンは『イノベーションのアイデアを生み出す七つの法則』で、サンゴ礁や都市、インターネットなど、あらゆるところにイノベーションを特徴づけるパターンを見出している。「複雑系の理論で説明すると……フラクタル（相似反復的）なパターンだ。分子やニューロン、ピクセル、歩道の画像を拡大したり縮小したりすると、同じ図形が繰り返し現れてパターンを形成する。炭素生物の独創的な進化も、新しいソフトウエアツールの登場も、同じ形が次々に現れる」

ペアも同じように形成される。2つの存在が押しつ押されつしながら、クリエイティブな関係を築いていく。それは2人の人間かもしれないし、2つのグループかもしれない。あるいは、1人の人間と本人の心の声かもしれない。この本では創造的な二項対立の本質を理解するとともに、創造のプロセスには本質的に二項対立の要素が含まれていることに注目する。

数多くのクリエイティブ・ペアの比較から、彼らの関係が6つのステージを経て進化することが見えてきた。

(1)邂逅　ペアを組むことになる相手との最初の出会い。2人のあいだに火花が走り化学反応が生まれる。意外な共通点や違いが明らかになる。

(2)融合　互いに関心を持ち刺激し合う関係を超えて、本物のペアになっていく。それぞれの自我の一部を手放し、心理学で言う「アイデンティティの結合」が起きる。

(3)弁証　創造の作業のなかで2人の役割が発展する。最適な位置関係が決まり、創造的プロセスの目指す方向が定まる。

(4)距離　関係を長続きさせるためには、2人の距離をさらに縮めなければならない。一方で、自分たちにとって最適な距離感を見定め、パートナーシップが刺激の源でありつづけられるように、それぞれが独自のアイデアや経験を育む空間を十分に確保する。

(5)絶頂　創造は絶頂期に入り、2人が競争と協働を繰り返して無限の力を発揮する。その一方で、ペアの力学と対立の可能性が浮き彫りになる。

(6)中断　2人を突き動かしてきた同じ情熱が2人を分かち、幕切れを迎える。ただし、2人のあいだの火花は消えてはいない。たいていは周囲の状況に決定的な変化が起こり、バランスが失われるだけだ。物理的にも精神的にも2人は結びついたままで、クリエイティブ・ペアは永遠に終わらない。

ここで、「創造性」という言葉を私がどのような意味で使っているのかを説明しておこう。心理学者ミハイ・チクセントミハイの広範な定義によると、創造性とは、「文化に新しく加える価値のある、真に新しいものを存在たらしめること」だ。この本では、芸術――執筆、音楽、ダンスなど――や科学、テクノロジー、社会活動、ビジネスを対象とする。政治は基本的に対象外だが、政治以外のほぼすべての分野のペアで十二分に検証できた。真のクリエイティブ・ペアは、2人そろえば、どちらか1人で創造できることを超えて文化に貢献する。

この本に登場するペアのほぼすべては、広く知られている名前か、広く知られているプロジェクトに関わっているが、執筆のための調査では無名の人々にも多くの時間を割いた。今回の最大の課題は、ペアの本質的な力学を理解すること。そのためには幅広い研究が必要だった。もうひとつの課題は、その力学を実在するストーリーで説明することだ。そのためにはよく知られている2人の物語が最も示唆に富んでいる。

このような方針で執筆したため、紹介する証言やエピソードの大多数は公開されている資料から引いている。可能なかぎり本人の発言か、彼らを間近で見てきた人々の発言をもとにした。私が直接取材をした著名なペアもいる。分子生物学者のジェームズ・ワトソン（故フランシス・クリックとともにDNAの二重らせん構造の発見者として知られる）、パフォーマンスアーティストのマリーナ・アブラモヴィッチと元パートナーのウライ、ロックグループ「クロスビー、スティルス、ナッシュ&ヤング」のデビッド・クロスビーとグラハム・ナッシュなどから話を聞くことができた。アニメ『サウスパーク』のクリエイター、マット・ストーンとトレイ・パーカーは、彼らに近い多くの人から話を聞いた。私にとって生涯で最も印象深いインタビューのひとつになりそうなのは、ダライ・ラマ14世の個人秘書官（いわば大統領首席補佐官）を45年以上務めるテンジン・ゲシェー・テトンだ。

一方で、この本の根底には、私を最初に突き動かした好奇心がある。人間関係の化学反応とはどのようなものか。創造のプロセスから私たちは何を学ぶことができるのか。

執筆を始めた当初、私は普遍的な法則を見つけたいと考えていた。著名な2人組のさまざまなケースを詳細に検証すれば、レコーディングスタジオや研究室、企業の経営会議、スポーツなど幅広い分野に普遍的な教訓を導くことができるのか、確かめたかったのだ。これについては、クリエイティブな人間関係には典型的なストーリーがあることがわかった。創造的な関係は1本の弧を描き、2人が進む道を照らすテーマがある。

ただし、膨大な資料を前にした私は、狙った獲物を仕留めるハンターではなかった。むしろ、双眼鏡で草原を眺め、貴重な美しい動物を探す探検家だ。そのように感じるのは、創造性と親密な人間関係という謎と矛盾に満ちた2つのテーマを追いかけているからだろう。

実は、私は自分ほど孤独な人間を知らない。大人になってからは1人で過ごす時間が圧倒的に長く、誰かと一緒にいるときも意識して自分の外側に目を向けていないと、自分の頭のなかにこだまする不満や叫びに吸い込まれそうになる。

この本に登場する人間関係に、私は息が詰まりそうになるときもあるが、自分を奮い立たせて執筆を続けた。自分の欠点だと自覚している問題と、真剣に向き合う著述家たちに私は共感を覚える。哲学者ウィリアム・ジェイムズが宗教的経験を論じた名高い講義は、彼自身の信仰的な苦悩から生まれた。ジェイムズは自分が宗教とのあいだに感じている距離を強みとし、何が距離をもたらしているのかを知りたいという好奇心と純粋さを持ち合わせていた。ある経験に慣れ親しんでいる人は当たり前だと思うことも、その経験に居心地の悪さを覚える人だからこそ、あえて解き明かしたくなる。

そんな私も、人との結びつきをつねに求めている。私だけではない。成功をつかんだ人々も、1プラス1が無限大になる等式の一部になりたいと願ってやまない。そして多くの人が、周囲に受け入れられない人間関係にからめとられ、自分でも言葉にできない人間関係に没頭する。

自分と他人のあいだに横たわる広大な空間に飛び込むことによって、私たちは最高の仕事を成し遂げ、最高の人生を送ることができる。この決定的な真実を私たちは理解し、より親密な人間関係を築き、より創造性を高めることができる。それが可能であることは、人類の経験が裏づける。私はそう信じてこの本を書き進めた。

PART 1

第1部

邂逅

MEETING

ホーソーン、あなたはどこから来たのか。何の権利があって、私の人生の大瓶から飲むのか。私が瓶に唇をつけるとき――その唇は私のものではなくあなたの唇だ。聖餐のパンのように神の体が引き裂かれ、私たちはそのかけらになる。この無限の友愛のような感情を……

親愛なるホーソーン、ぼんやりとした疑念が私のなかに忍び込み、こうしてあなたに書いている自分の正気を疑わせる。でも、信じてほしい。私は狂ってなどいない。気高いフェストゥス[ユダヤ総督]！　真実はつねに支離滅裂だ。大きな心がぶつかり合うとき、その衝撃に少々面食らう……

それでも私は立ち止まらない。世界にマギ[司祭]しかいないのなら、私にはやるべきことがある。家の隅に紙の工場を建てて、私のデスクの上を紙のリボンが永遠に転がりつづける。途切れることのない紙のリボンに、数多の思想を書き連ねよう。そのすべてを、あなたへの手紙として。あなたの神聖な磁石に、私の磁石が引き寄せられる。

ハーマン・メルヴィルからナサニエル・ホーソーンへ
1851年11月

閃光が走る。2人のあいだの溝が道になる。言うべきことがありすぎて、何を言えばいいのかわからない。あるいは突然、2人の思考と言葉を取り巻くあらゆる衝動が融合して進むべき方向を見つけ、言葉にしなくてもすべてわかる。

私たちは、自分の人生を変える人に出会うときがある。この瞬間から人生が変わるのではないかという可能性を感じる。地球上にいながら、自分たちだけが新しい軌道に飛び込むような感覚だ。足元の地面がトランポリンのように弾む。この新しい相手となら、自分がこれまで知っているものより美しくて、有益で、魅力的で、現実的な何かを創造できそうな気がする。

このとき、いったい何が起きているのだろうか。クリエイティブな関係はどのような環境で育まれるのだろうか。そして、クリエイティブな関係に発展する可能性が最も高いのは、どのような組み合わせの2人なのだろうか。

これらの疑問に答えるために、さまざまなペアの出会いに注目すると、最初の大きなテーマが浮かび上がる。すなわち、クリエイティブな人間関係は、親近感と違和感が絶妙なバランスで結びついているのだ。そのバランスを支えるのは2人が補い合う結びつき方だ。2人の人間が支え合うだけでなく、驚きを与え、ときには相手をいらだたせながら、1人では達成できなかった大胆な成果をもたらす。そうした補完的な結びつきがペアの原点となる。

偉大なペアは大きく違う2人であり、かなり似ている2人でもある。この相反する要素が同時に成り立つことが、深い感情的な絆を生み、クリエイティブ・ペアに欠かせない衝突を駆り立てる。

1 「君を見ていると、チャーリー・マンガーを思い出す」——組み合わせと磁石

ペアを組む2人が似ていることは、この本の最初のテーマにふさわしいだろう。共通の関心と感覚が、未来のパートナーとの出会いを演出するからだ。出会いには大きく3つの種類がある。共通の知人の紹介、共通の関心にもとづく場所での遭遇、そして、偶然に思えるが、実は隠された類似性に導かれた出会いだ。

1957年にネブラスカ州オマハで、27歳の投資家が、家族ぐるみの付き合いをしていたエドウィンとドロシーのデービス夫妻を自分が設立したファンドに勧誘した。医師のエドウィンは興味がなさそうだったが、妻と相談して10万ドルを出資した。夫妻の全財産に近い大金を、ウォーレン・バフェットという投資家に託したのだ。当時、バフェットの運用資金はまだ30万ドルだった。バフェットはデービスに、これほど大きなリスクに賭ける理由を訊いた。するとデービスは言った。「君を見ていると、チャーリー・マンガーを思い出す」

2年後、ロサンゼルスで弁護士をしていた35歳のマンガーが故郷のオマハを訪れ、デービス夫妻は2人を引き合わせた。こうして資本主義の歴史上、おそらく最も成功している投資ファンドを築くパートナーシップが生まれた。

人間の心は、似たもの同士が自然と対になることによって、基本的な欲求が満たされる。子供のころに遊んだ絵合わせのカードのようなものだ。めくったカードにスイカの絵が描かれていると、途端に食べたくなる。続けてもう1枚スイカのカードを探すのは、呼吸と同じくらい自然で差し迫った感覚だ。

共通点がありそうな友人同士を引き合わせようとするのも、スイカのカードを2枚そろえたくなる衝動と同じだ。1971年のある日、高校生のビル・フェルナンデスは学校の友人で16歳のスティーブに、自分の隣に住んでいる20歳の大学生のスティーブを紹介した。「ある日、スティーブ・ジョブズが自転車に乗って遊びに来て、一緒にガレージで電子回路をいじっていた」と、フェルナンデスは振り返る。「ちょうどガレージの前で、［スティーブ・］ウォズニアックが洗車をしていた。そのとき、ふと思ったんだ。こっちのスティーブは電子機器が大好きだ。こっちのスティーブも電子機器マニアだ。2人は気が合うに違いない」

実用的な理由から紹介につながるときもある。物理学教授のユゼフ・コヴァルトスキは、パリで物理を学んでいたポーランド出身の若い友人マリア・スクウォドフスカが研究場所を探していることを知り、ピエール・キュリーという知り合いの物理学者が協力できるかもしれないと考えた。

偉大なパートナーシップを描く映画では、エドウィン・デービスやビル・フェルナンデス、ユゼフ・コヴァルトスキのような役割は割愛される。私たちは、運命が2人を引き合わせたと信じたがるものだ。

しかし、運命の出会いと呼べるものがあるとしても、それを実現させるのは人間の仲介だ。

病院の待合室でヒーローの近くを通りかかった少女が彼の人生を変えるのは、映画のなかの話。現実の世界では、意義のある人間関係の大半が、別の人間関係から生まれる。社会学者のダンカン・J・ワッツとゲオルギ・コシネッツは、大学のキャンパスでどのように友情が生まれるかを調べた。その結果、新しく知り合った2人の約45％は共通の友人の紹介で、共通の友人と共通の要素（授業が同じなど）の両方がきっかけとなったケースは41％だった。新しい結びつきが生まれるかどうかは、ネットワークの距離に関係する。媒介が2つともつながっていない（つまり、共通の友人も共通の授業もない）場合、1つだけがつながっている場合に比べて、友人になる確率は30分の1になる。

ごく普通の人間関係が、人生を変える崇高な出会いをもたらすという事実は、社交性の高い人々には当たり前の経験かもしれない。しかし、比較的孤立した場所にいながら新しい関係を求めたがる人（私たちの大半がそうだ）にとっては重要な教訓だ。

心理学者のジョン・カシオポはウィリアム・パトリックとの共著『孤独の科学』（河出書房新社）で、親密な関係に飢えている人ほど、普通の出会いのぎこちなさにしびれを切らすと指摘している。最初の気まずい空気に耐えきれなくなり、さらに引きこもる人もいる。このように社交的な経験値が最も低い状態から成長するには、一気に最上位を目指すのではなく、一段ずつ経験を積んでいくことが肝心だ。たとえば、エレベーターで会った人に挨拶をする。会議で周囲とアイコンタクトを取る。久しぶりに母親に電話をかける。心を込めた触れ合いなら、ほんの些細な瞬間でも気持ちが高まる。ピアニストが音階練習で指をほぐしてからソナタを弾きはじめるように、ちょっとした社交辞令でも、単なる事実確認でも、より高度なやり取りの準備運動になる。それを機に、たとえば大胆なアイデアを相談することになるかもしれない。

　孤独感が悪循環を生むように、人との結びつきは、人間関係を高い次元へと引き上げる歯車を動かす。歯車が回りはじめると、より早く次の出会いへと進む。社会的ネットワークの研究が示すとおり、私たちは自分が思っている以上に広くつながっているのだ。2011年にフェイスブックがミラノ大学と共同で7億2100万人のユーザーの関係を調べたところ、任意の2人は平均4・74人目でつながっていることがわかった。ジョン・グエアの戯曲『私に近い6人の他人』で有名になった「6次の隔たり」によれば、知り合いの知り合いをたどると、6人目で世界中の人がつながるという。しかし、世界はもっと近いようだ。

　つながりを結んでいくことは、いつも簡単にできるとはかぎらない。世の中には、外から入ることがきわめて難しい集団もある。結びつきを滑らかに広げるカギとなるのは、心理学者のカレン・フィンガーマンの言う「間接的な他人」だ。あなたが属する小さなグループの外には、あなたとつながりたいと思いつつ、適度な距離感を保ち、ほかのグループの人とつながる可能性を残している人がいる。社会学者のマーク・グラノヴェッターがマサチューセッツ州ニュートンで専門職の就職事情をサンプル調査したところ、人脈で仕事を決めたという人は半分を優に超えていた。その人脈のうち83%以上は、ときどき、あるいはたまに接触があるだけの関係が、仕事につながっていた。

　こんな話を聞かされると、夢のような場面を想像したくなるかもしれない。どこか遠いところから、誰かが彗星のごとく現れて、どこか新しい場所に連れて行ってくれるのではないか。しかし、新しい人間関係は、あなた自身の関心と注意を拡大するレンズだと考えるほうが現実的だろう。私が挙げた例はいずれも、ペアを組むことになる2人の双方に、相手を紹介される理由があった。運命の出会いが降ってくるという空想にふけっていたわけではない。運命の出会いを実現させるために、たとえ一時的でも、自ら足を踏み出したのだ。自分が何を求めているのかを口に出したとき、たとえ1人しか聞いていなくても、創造のループが始まるかもしれない。

自分の人生に不可欠なパートナーと出会い、個人的な関心と社会的な結びつきをつなげる2つめの方法は、社会学者のマイケル・ファレルの言う「磁石の場」に行くことだ。そこには関心や熱意を共有する人々が引き寄せられる。

学校は、まさに磁石の場だ。『サウスパーク』の製作者マット・ストーンとトレイ・パーカーは、コロラド大学の映画の授業で知り合った。行動経済学を創始した心理学者のダニエル・カーネマンとエイモス・トベルスキーが初めて会ったのは、エルサレムのヘブライ大学で教えていたカーネマンがトベルスキーに講演を依頼したときだ。グーグルの共同創業者ラリー・ペイジとセルゲイ・ブリンの出会いは1995年春。スタンフォード大学大学院の入学予定者（ペイジもその1人だった）のキャンパスツアーで、ブリンが案内役を務めた。アメリカの新進気鋭の生物学者だった23歳のジェームズ・ワトソンは、分子構造の研究に用いるX線結晶解析を調べるためにケンブリッジ大学のキャヴェンディッシュ研究所を訪れ、物理学の博士論文と格闘している35歳のイギリス人科学者フランシス・クリックと会った。のちに2人はDNAの二重らせん構造を発見する。

磁石の場は、具体的な野心がない人も引き寄せる。1967年、パティ・スミスという夢見がちな20歳の詩人がブルックリンに出てきた。美術学校のプラット・インスティテュート界隈を目指したのは、そこに通う友人たちと「同じ環境に身を置けば、彼らから学べるだろうと思った」からだと、回顧録『ジャスト・キッズ』(河出書房新社)に書いている。友人の家を訪ねると引っ越した後だったが、玄関に出てきた青年は勘違いしたのか、プラットに通う別の学生が寝ている奥の部屋を指さした。学生の名前はロバート・メイプルソープ。2人は創作活動の無二のパートナーとなる。

明確な組織などがなくても、磁石の場は生まれる。ほんの数時間の出来事でかまわない。1950年秋にアトランタの教会で行われた礼拝で、ラルフ・デービッド・アバーナシーとマーティン・ルーサー・キング・ジュニアという2人の若い牧師が出会い、公民権運動を導くパートナーシップが生まれた。2007年冬にマーク・ザッカーバーグは、シリコンバレーの起業家の自宅で開かれたクリスマスパーティーに参加し、グーグルの重役だったシェリル・サンドバーグと会った。サンドバーグがフェイスブックのCOOに就任したのは、その3カ月後のことだ。

将来のペアの1人が磁石になり、もう1人を引き寄せるときもある。アメリカの社会改革運動の若き闘士で、奴隷制廃止と禁酒運動に熱心に取り組んでいた教師のスーザン・B・アンソニーは、1851年にニューヨークのセネカ・フォールズで開かれた奴隷制反対集会に参加した。主催者の1人エリザベス・キャディ・スタントンは女性解放運動の指導者として知られ、男女平等を主張する「感情宣言」を起草していた。2人は街頭で顔を合わせ、スタントンは5

歳下のアンソニーをすぐに気に入り、アンソニーは彼女の右腕となった。

謙虚で地道な努力が、運命の出会いをもたらす場合もある。1960年のある日、オハイオ州シンシナティで、14歳の少女がニューヨークから来たバレリーナの前で懸命に踊っていた。振付師のジョージ・バランシンと提携しているスクール・オブ・アメリカン・バレエが、奨学生の審査会を開いたのだ。ロベルタ・スー・フィッカー（のちのスザンヌ・ファレル）は幼いころからバレエを習っていた。友だちと踊りながら椅子に倒れ込むなど、バランシンの舞台で男性プリンシパルに抱き止められるバレリーナになりきって遊んでいた。この日は奨学生に選ばれなかったが、彼女の母親が娘たちを連れてニューヨークに引っ越すつもりだと知ったスカウトは、学校に直接連絡してみるようにすすめた。

1960年8月16日、フィッカーは15歳の誕生日にオーディションを受けた。練習用の部屋に行くと、バランシン本人がいるではないか。彼は頭を後ろにそらしたまま、フィッカーの踊りを見ていた。彼女は「大きな沈黙」を埋めようと、自分で伴奏を歌いながら踊った。「永遠に続くような気がした」。ようやくバランシンが手をたたき、「いいだろう。そこまで。ありがとう。さようなら」と言って部屋を出た。

翌日、フィッカーのもとに連絡が来た。合格だった。

偶然に思える出会いもあるが、前後関係をあらためてたどると、磁石の影響力が見えてくる。1960年7月31日、28歳のファッションデザイナー、ヴァレンティノ・ガラヴァーニは、友人たちとローマのヴェネト通りのカフェに入った。テーブルは埋まっていたが、友人が1人で座っていたハンサムな青年に声をかけ、相席を頼んだ。青年の名前はジャンカルロ・ジアメッティ。建築の勉強をしている22歳の学生だった。ガラヴァーニとジアメッティは惹かれ合い、デートを重ね、すぐにビジネスでもパートナーになった。ジアメッティはブランド事業を立ち上げ、世界で最も美しい女性たちを着飾るというヴァレンティノの夢をかなえた。

2人の道が交差したのは偶然ではなかった。イタリア北部の小さな街で生まれたヴァレンティノは、子供のころから根性があった。田舎からパリに出て、デザイナーの見習いになった。独立してローマに戻ったのは、そこにファッションの情熱があると本能で感じたからだ。一方のジアメッティはローマ生まれ。父親がヴェネト通りの近くで電気店を営んでいた。特権階級の出ではなく、フェデリコ・フェリーニ監督の映画『甘い生活』が象徴する華やかな世界に潜り込んでやろうという気概は決して小さくなかった。そんな2人が1960年代の初めにローマの有名なカフェで出会ったことを「偶然」と称するのは、1970年代後半にセレブが集結したニューヨークの伝説のディスコ「スタジオ54」での出会いを「偶然」と呼ぶようなものだ。「ヴァレンティノとジャンカルロは、しかるべきときにしかるべき場所にいた」と、ドキュメンタリー映画『ヴァレンティノ』のマット・タイルナウアー監督は私に言った。「ただし、偶然ではなかった。彼らは自らあのカフェに身を置いたのだ。あのカフェが歴史的瞬間を生んだ」

カフェは都会生活の縮図であり、人々が心身に新たな活気を得る場所だ。啓蒙時代を勢いづけたのも、コーヒーハウスの登場だった。そして、都市は大きな磁石の場だ。激しい議論と混沌に引き寄せられた人々は、喧騒に耐えながら何かを探しつづける――互いに相手を探し求めている。

都市がクリエイティブな結びつきを生むことは、都市がこんにちも繁栄している大きな理由だ。1990年代にITの進化が労働者をオフィスのデスクから解放したとき、一部の社会学者は都市生活の終焉を予言した。しかし、この20年間に世界中で都市人口が急増しており、とくに、社会学者のリチャード・フロリダが「クリエイティブ・クラス」と呼ぶ人々が都市部に集中した。

人と人が物理的に接することは、創造的な活動にとってきわめて重要だ。1980年代後半にベル・コミュニケーションズ・リサーチが、物理学、エンジニアリング、コンピュータ、行動科学の専門家約500人が働く大規模な研究所について調査した。すると、同じ分野の研究者は、同じフロアで働いているほうがエレベーターで1つ上の階にいる場合より、協力する傾向が2倍高かった。さらに、異なる分野の研究者が隣り合って座っている場合、同じ部署で違うフロアにいる同僚より協力する傾向が6倍高かった。

この調査はメールが普及する前に行われたものだが、ノートパソコンとスマートフォンの時代になっても、優れた成果は人と人が直接向き合うところから生まれるようだ。2010年の調査によると、ハーバード大学の研究者が1人以上名を連ねる生物医学の論文3万5000本について、物理的な距離が近い共同執筆者の論文のほうが、遠く離れている共同執筆者の論文より引用される回数が多かった（引用回数は研究の重要度の指標とされる）。さらに、共同研究者がそれぞれ異なるキャンパスを拠点としている場合だけでなく、同じキャンパスでも異なる建物で研究をしている場合も、引用回数が少ない傾向が見られた。

直接のやり取りの大切さを最も顕著に物語るのは、バーチャルな交流から利益を得ている企業だろう。米ヤフーは従業員に、在宅勤務をやめてオフィスで働くように指示している。グーグルのパトリック・ピシェットCFO（当時）は在宅勤務をしている従業員がどのくらいいるかと聞かれて、「できるだけ少なくしている」と答えた。

肝心なのは、言葉だけでなく体を使ったやり取りだ。非言語のコミュニケーションの重要さは十分に証明されている。複数の研究によると、体の仕草は言葉より4倍、有力なツールになる。

個人的な接触がもたらす強みは、私たちが意識できない経験にも及ぶ。心理学者のダニエル・ゴールマンの著書『SQ　生き方の知能指数』（日本経済新聞出版社）によると、他人と共有する空間で、私たちは「肌や頭脳の垣根を超えて体と体をつなぐ」、「神経回路のW・i・F・i」や「フィードバック・ループ」に接続する。

会話をしている人を録画してコマ送りで再生すると、言葉以外の要素が同調していることがわかる。重なり合うリズムは、ジャズの即興演奏を導く拍子のようだ。私たちの脳は1000分の1秒、100万分の1秒の単位で情報を処理するから、体の動きも数分の1秒単位で同調する。ただし、情報を意識的に処理するテンポはもう少し遅い。2人で会話をしていると、「（2人で無意識に踊る）複雑なダンスに思考が追いつかない」と、ゴールマンは書いている。

磁石の場の本質は、複数の関心が並列していることだ。マニアが集まるたまり場は、その典型だろう。一方で、体育会系の男子学生ばかりのなかで2人のオタク青年が出会うように、やや孤立した状況もある。デンマーク出身の高校生ラーズ・ウルリッヒは1980年に、家族とともにカリフォルニア州オレンジ郡ニューポートビーチに転居した。ニューウェイヴ・オブ・ブリティッシュ・ヘヴィメタルに心酔していたウルリッヒは、サクソンやアイアン・メイデン、デフ・レパードなどのバンドに夢中だった。高校では「500人がラコステのピンク色のシャツを着ていて、1人だけサクソンのTシャツがいる。僕だ……よそ者の僕は、自由気ままに振る舞っていた……サクソンのTシャツで校内を歩いていると、ほかの惑星から来たかのような視線を浴びた」と、伝記作家のミック・ウォールに語っている。

孤独を感じたウルリッヒは、リサイクラーという地元紙に求人広告を出した。「当方ドラマー、ジャムセッションができるメタルミュージシャンを募集」。これに応募したのがジェイムズ・ヘットフィールドだ。シャイな男で目を合わせようとしなかったと、ウルリッヒは振り返る。しかし、音楽への熱い思いは共通していた。2人が中心になって結成したメタリカは、通算1億枚以上のアルバムを売り上げることになる。

著名なペアながら、出会いのエピソードが広く知られていない人もいる。本人にもわからない場合もあるだろう。きょうだいのペア――ウィルバーとオーヴィルのライト兄弟、ウィリアムとドロシーのワーズワース兄妹、ジョエルとイーサンのコーエン兄弟――は大半が、最初に出会ったときの記憶はない。しかし、出会いのエピソードを持たない2人も、共通の関心のもとに自分たちの世界を築き上げる。ヴィンセント・ヴァン・ゴッホとテオは6人きょうだいの1番目と3番目だったが、妹のエリザベートは2人の並外れた絆に気がついていた。テオは幼いころからヴィンセントを「普通の人間ではない」と思っていたと、彼女は振り返っている。

テオ自身は、「想像のつくかぎりあらゆる人より彼を尊敬していた」と語っている。

きょうだいのように早くから親密なペアには、もうひとつ共通点がある。最初から共有している世界が広いほど、重大な別離を経験してから、創造的な共同作業が始まることだ。ジョン・ワーズワースは妻と死別した後、息子のウィリアムを家から離れた学校に行かせ、娘のドロシーは親戚に預けた。兄妹は9年間ほとんど会わなかった。コーエン兄弟は同じ高校に通ったが、兄ジョエルはニューヨーク大学で映画製作を学び、イーサンはプリンストン大学で哲学を専攻した。イーサンは大学を卒業後、ニューヨークの兄のもとへ行き、共同で脚本を書きはじめた。

人生の早い時期から深く結びついている2人が、別々の経験を積み、異なる考え方や感情のスタイルを洗練させたとき、最初の出会いの殻がむけて新たなステージへと進む。類似点だけでなく、大いなる類似と大いなる相違が合わさることも、ペアの触媒になる。

2 双子より似ている双子——類似と相違

1957年7月の蒸し暑いある日、ポール・マッカートニーは友人のアイヴァン・ヴォーンに誘われて、リバプール郊外のウールトンのセント・ピーターズ教会で催されたバザーを訪れた。裏庭のステージで、アイヴァンもときどき参加していたクオリーメンというバンドが、警察犬のショーを挟んで2回演奏した。その後、クオリーメンは夕方の演奏のために教会のホールへ向かい、アイヴァンとポールも一緒に行った。アイヴァンは友人をバンドに紹介し、リーダーのジョン・レノンと引き合わせた。

ポールは裾が細く締まった黒いズボンをはき、銀糸の模様入りの白いジャケットを着ていた。ジョンはひと目見て、エルヴィス・プレスリーみたいだと思った。強烈な第一印象だった。2人が出会う1年前の1956年5月、エルヴィスの最初の大ヒット曲「ハートブレイク・ホテル」がイギリスでもチャート1位を獲得していた。「エルヴィスには何よりも影響を受けた」と、ジョンは語っている。ポールの言葉を借りれば、「僕たちはみんな、エルヴィス・プレスリーになりたくてたまらなかった」。

ジョンとポールはロックンロールに天啓を受け、生涯の忠誠を誓っていた。ポールは14歳の誕生日のすぐ後に、父親が買ってくれたトランペットを店に返し、ゼニス・モデル17と交換した。同じころジョンはギャロトーン・チャンピオンを手に入れ、友人とバンドを組んだ。ステージに立つときはチェックのシャツをはおり、髪を後ろになでつけてダックテイルに結んだ。眼鏡をはずすと隣の人もほとんど見えなかったが、客席から自分がどのように見えるかが重要だった。

ポールもすでに聴衆の心をつかんでいた。教室で机の上に立ってリトル・リチャードの「トゥッティ・フルッティ」を弾きはじめると、同級生が取り囲んだ。学校の行事で演奏したときは150人の男子が総立ちになった。ポールもジョンもレパートリーはほとんど同じだった。当時のイギリスには民放ラジオ局がなく、ラジオ・ルクセンブルクから雑音まじりに流れる曲に耳を澄ませ、地元のレコード店の試聴ブースにかじりついた。クオリーメンがセント・ピーターズ教会で演奏した曲の多くも、そんなふうに覚えたものだ。そのなかでもデル・バイキングスの「カム・ゴー・ウィズ・ミー」は、ビートルズ研究家のマーク・ルイソンによると、「2人とも知っている曲というだけでなく、知っている人がほとんどいない曲だった。隠れた宝石であり、共有の秘密であり、この曲を知っているのはツウだという合図でもあった」。

2人が共鳴したのはロックだけではなかった。ともにリバプールのアイルランド系移民の子孫で、地元の若者の隠語を知っていた。「gear」は「最高」、「soft」は「間抜け」、「eh oop」は「やあ」から「行くぞ」まであらゆる意味になった。体格も似ていて（ポールは身長180センチ、ジョンは1センチほど低かった）、同じくらいハンサムな青年だった。

ジョンとポールは「ホモフィリー」の典型的な例だ。ホモフィリーは、簡単に言えば「同じだから好き」。同じ性質や価値観を持つ人間が強く結びつくという概念だ。霊長類にとって、自分と同じだから理解できる相手は安全に通じる。より高次の脳機能を持つものは、この心地よさをもとに結びつきを築く。実際に私たちは、相手と収入や学歴、外見、民族、人種などの類似点があると安心を感じやすい。

クリエイティブ・ペアになる2人は、不思議なくらい似ていることが多い。そのような相手に出会うと、類似点が心に強く刻まれる。1975年に、パフォーマンスアーティストのマリーナ・アブラモヴィッチはアムステルダムのテレビ番組に出演した。彼女をオランダに招いたギャラリーは、現地のガイド役とパフォーマンスの助手としてドイツ人の男性アーティストをつけた。ウライことウヴェ・ライジーペンだ。2人で雑談をしていたとき、マリーナは、今回の誘いを受けたのが偶然にも自分の誕生日だったと言った。「誕生日はいつ?」とウライが訊いた。11月30日だと答えると、彼は「ありえない」と驚いた。「それは僕の誕生日だ」。そして、証明するかのように手帳を取り出し、毎年自分の誕生日のページを破り取っているのだと説明した。マリーナも自分の手帳を開いた――彼女も毎年11月30日のページを破っていた。

ただし、似ているという安心感は、創造性を育むひとつの要素にすぎない。たとえば、こんなパーティーを想像してみよう。会場にはおいしそうな匂いが漂い、飲み物もたっぷり用意されている。到着した途端に、心が安らぐだろう。参加者同士は顔見知りが多く、初めて会う人も必ず共通の知り合いがいる。経歴や興味が似ている人も多い。挨拶を交わしているうちは親しみやすさを中心に盛り上がるが、パーティーが始まると、人々は安心より刺激を求めるようになる。異なる経験を共有し、意見の違いを楽しみたいのだ。

類似点は人間関係のバランスを保ち、相違点は2人を前進させる。全米経済研究所（NBER）はあるレポートで、ベンチャーキャピタリストがパートナーを選ぶ2つの理由に注目した。ひとつは能力。もうひとつは、民族的なバックグラウンドや同じ職場で働いた経験があるなどの類似点だ。その結果、能力が似ていることは投資のパフォーマンスを向上させるが、後者の類似点は「投資が成功する確率を著しく下げる」ことがわかった。問題は、似ていることではない。似ていることは、人間関係の基礎としては好ましい。しかし、ある状況についてメンバーが同じような考え方ばかりしていると、グループの忠誠と献身が個人の自立した思考より優先されるようになり、難しい局面で正しい評価ができなくなる。

人生には、相違点より類似点を重視するほうがうまくいく場面もあるだろう。しかしクリエイティブな作業は、幅広いやり取りと、知らない者同士の結びつきに大きな影響を受ける。詩人のウィリアム・ブレイクは「天国と地獄の結婚」で、「対立がなければ進歩はない」と書いている。作詞家のアイラ・ガーシュウィンは歌について、曲と詩という「2つの芸術が感情的な重圧を受けながら融合して生まれる、3つめの芸術」と定義した。異なる分野や視点の創造性が共通する命題のもとに結びつくとき、「2つの芸術の関係とバランスが……新たに溶け合う」。これは創造性全般に当てはまるだろう。

アーサー・ケストラーは著書『創造活動の理論』（ラティス）で、このようにして生まれる新しい関係とそのバランスを「バイソシエーション（双連性）」と呼んだ。「それまで関連性がなかった能力や回路や思考が突然、結合する」のだ。これが創造的な飛躍の本質であり、イノベーションの歴史において、必要な知識と新しい視点をもつ異端児が決定的な役割を演じる理由のひとつでもある。ウエスタン・ユニオンで電話事業の礎を築いたのも、ＩＢＭでパソコンを開発したのも、本流の社員ではなく一匹狼だった。

異端児は、まったく新しい製品を創造するだけではない。トーマス・クーンのパラダイムシフト理論によると、彼らには組織全体の知性の流れを先導する役割もある。価値観や認識、規範などを根本から変えるような新しいパラダイムを描こうとする人々に、その分野の経験や基本的な知識がまったくなく、変化をもたらすために必要なことも、どのような変化をもたらせばいいのかもわからなければ話にならない。一方で、事情に通じている部内者にすべてをまかせると、従来の規範に囚われてしまう。学問のように独自性と因襲打破を公言しているはずの分野ではとくに、内部の人間は均衡を崩すことを恐れる。

ただし、伝統的な文化が活気を失って重苦しくなるのと同じように、新参者の文化はイノベーションへと突っ走って滑稽な結末を迎えるときもある。１９９０年代後半のドットコム・バブルは、その典型的な例だった。

創造性の進歩に最も適しているのは、敬意と反抗が混じり合った環境だ。たとえば企業内のチームは、明確な使命を共有しているなかに居心地の悪い質問ができる異端児がいると、うまくいきやすい。社会学者のブライアン・ウッツィとジャレット・スピロはブロードウェイのミュージカル業界のネットワークを研究し、とりわけ高い評価を受ける大ヒット作は、仲間とよそ者が最適な割合で混じった環境から生まれることを発見した。一緒に仕事をした経験のある気心の知れたスタッフに、初対面のスタッフを加えたチームが、傑作を送り出すのだ。

このように、対が生まれる根底には類似点と相違点、仲間とよそ者という並列の要素がある。心理学者のダイアナ・マクレーン・スミスは次のように語る。「クリエイティブな潜在能力が高い2人組は、最も異なる2人の組み合わせでもある。問題は、その違いをどのように手なずけ、互いを打ち消し合うのではなくクリエイティブな作業につなげられるかだ」

ポール・マッカートニーが自分で繰り返し語っているところを見ると、未来のパートナーと出会った1957年のあの蒸し暑い夏の日のなかでも、ある瞬間が彼にとって最も印象的だったようだ。ポールが教会の裏庭に入っていくと――砂岩造りの教会の、背の高い時計塔の裏手だった――デル・バイキングスの「カム・ゴー・ウィズ・ミー」が聞こえてきた。レコードではリズム・アンド・ブルースらしい甘いドゥー・ワップで始まり、コーラスを重ねながら報われない恋を嘆く。おいで、一緒に行こうよ……ひとりで海の向こうに行かせないでくれ……。ポールもよく知っている曲だったから、ジョン――チェックのシャツを着て、エルヴィス・プレスリーのように髪を頭のてっぺんで結んでいた――が最初のフレーズを歌いはじめると、もとの曲とは違うアレンジだが素晴らしい演奏だとわかった。

Come come come come
And go with me
Down down down down to
The penitentiary

おいで、おいで、おいで、おいで
一緒に行こうよ
流れて、流れて、流れた先は
刑務所さ

ポールは「器用な」アレンジだと思った。甘ったるいラブソングにブルースの荒くれさを加え、両腕にリバプールとアメリカ南部を抱きかかえていた（「penitentiary」という単語は、イギリスでは一般的ではなかった）。ジョンの生意気さと虚勢をうかがわせるフレーズだ。「あれを聴いた瞬間、彼に心引かれた」と、ポールは語っている。

クオリーメンは夜8時からダンスの伴奏をすることになっていた。午後の出番が終わると、ジョンを含む数人のメンバーは、アイヴァンとポールと一緒に教会のホールに行った。

夜の準備をしながら時間を持て余していたとき、ポールがギターを弾きはじめた。エディ・コクラン、カール・パーキンズ、リトル・リチャード。ほんの数曲で、コードも歌詞も完璧だとわかった。コクランの「トゥエンティ・フライト・ロック」はコード進行を読み解くことさえ難しいはずなのに。ポールはそらで覚えているだけでなく、右利き用のギターを逆さにして左手で演奏するという離れわざもやってのけた。ジョンはというと、ギターをバンジョーのように弾いてみせた。「すぐに、ジョンはこの少年の腕を確かめているんだとわかった」と、ジョンの親友のピート・ショットンは振り返る。

ポールはジョンの大胆さに感心し、ジョンはポールの技にほれ込んだ。一瞬の出来事だったが、彼らが足りないものを補完し合う関係になることを示唆していた。

ポールは温かい親密な家庭で育った。家族にとって音楽が大切な存在だったことは、狭いリビングに置かれていたアップライトピアノが物語るとおりだ。ポールにとって音楽は、家族で歌うものであり、父と行く吹奏楽団のコンサートだった。自分で歌を作りはじめたころは、ロックは頭になく、シナトラに歌ってもらいたいと思っていた。

一方のジョンは、幼いころから伯母のミミに育てられた。堅苦しくて退屈な家だった。ポールの和やかな子供時代と違って、ジョンは家族の仲たがいに振りまわされた。魅力的だが自堕落な両親の関係は破綻しており、伯母の家に押しつけられたようなものだった。ティーンエイジのポールにとって、エルヴィスは慣れ親しんだ文化の突然変異だった。革新的でありながら、大胆不敵なパフォーマンスという音楽の伝統が受け継がれていく象徴でもあった。ジョンにとって、メンフィスが生んだミュージシャンは、自分を取り巻く世界で気にくわないすべてのことをあぶり出した。「あのころのロックンロールは本物だった」と、ジョンは語っている。「ほかのものは何もかも本物じゃなかった」

皮肉なことに、ジョンのほうが破壊的で反抗的だったが、ミュージシャンとしてはポールより社交的だった。ジョンのカリスマ性は、カリスマの例にもれず、愛されたいという底知れぬ渇望から生まれたものだ。そして、自分が望む世界へ行くためには自分で道を切り開くしかないという思いが、野心を育んだ。子供のころは典型的なガキ大将で、お気に入りの本の場面を仲間に再現させ、対立するグループに喧嘩を吹っかけ、先頭に立って悪ふざけをした。そして、彼の人生にロックンロールが登場すると、遊び仲間がバンド仲間になった。ピートは楽器をろくに弾けないと最後まで尻込みしていたが、ジョンは気にしなかった。自分もほとんど弾けなかったのだから。

この反抗的な衝動は、ジョンを危険な状況に追いやっていた。ポールと出会ったころには、子供の悪さが万引きに発展していたのだ。伝説となるバンドに居場所を見つけていなかったら――つまり、ポールと出会っていなければ――父親のように落ちぶれていただろうと、ジョン自身が語っている。愛嬌のあるろくでなしで、怪しげな仕事と軽犯罪を繰り返していた父親のように。「最後は行き倒れになるんじゃないかと心配したときもある」と、ピートは語っている。

ポールは、教師になるか（実際に将来の選択肢のひとつだった）、社交性があまり必要ではない知的な職業に就いていたかもしれない。慎重な性格で、奔放な振る舞いさえ、お手本をなぞっているかのようにおもしろみがなかった。一方で、エルヴィスの真似がジョンよりはるかにうまかったことは確かだ。リトル・リチャードの絶叫も似ていた。ポールはアーティストの真似が驚くほどうまかったが、ジョンは何をやってもジョンだった。

ジョンはポールより1年8カ月、年上だった。ティーンエイジャーにとっては雲の上の存在だ。彼は、ポールが欲しくてたまらなかった超カッコいい兄貴だった。ジョンにとってポールは、勉強好きでかわいい弟分というだけではない。自分と同じかそれ以上にギターがうまくて、できる人は数えるほどしかいない技をやってのける彼は、追いついてやろうという目標でもあった。あの夏の日、教会のホールにいた友人によると、ポールの演奏を聴いた後のジョンとポールは「猫のようにじゃれ合っていた」。

2人の人間がいれば、違うところと似ているところが必ずある。しかし、強力なペアになる2人は、似ているところは不思議なくらい似ている。そこだけ見れば一卵性双生児のようだ。1966年にグラハム・ナッシュとデビッド・クロスビーが出会ったとき、ナッシュはひげをたくわえたイングランド北部出身のこぎれいなイギリス人で、ポップスの王道のようなシンプルな音楽をつくっていた。一方のクロスビーは南カリフォルニア出身で、詩人か船乗りか、あるいは神秘主義者かという風貌だった。ポップスの限界にぎりぎりまで挑む音楽は、ジャズの領域に入りかけていた。

多くの偉大なペアと同じように、彼らも絵に描いたように奇妙な組み合わせだった。そして、生き別れた双子のようにそっくりなところもあった。2人ともポップスの世界では華々しい成功を収めていたが（ナッシュはホリーズ、クロスビーはバーズというバンドで活動していた）、自分のバンドに窮屈さを感じ、正しく評価されていないという思いがあった。1960年代にロックの世界が爆発的に進化するなか、2人とも喉歌《のどうた》と呼ばれる複数の音程を同時に出す歌い方が好きで、カントリーの兄弟デュオ、エヴァリー・ブラザーズのハーモニーを愛してやまなかった。エヴァリー・ブラザーズのハーモニーは同じ歌詞を違う旋律でかぶせるスタイルで、2つの声が滑らかに溶け合いながら、相手の旋律を際立たせた。

スティーブ・ジョブズとスティーブ・ウォズニアックも、似ているところはさながら双璧の頂で、違うところは峡谷のように深い溝に隔てられていた。彼らはカウンターカルチャーの申し子だった。政治的には純粋な改革主義を標榜し、気の利いたいたずらで世間を挑発するのが大好きで、自分たちのアイデアで人々の日常生活を変えるという壮大な理想を語るガジェットおたくだった。ウォズニアックの『アップルを創った怪物』(ダイヤモンド社)によると、彼らはボブ・ディランとビートルズのどちらがいいかという話をよくしていた。「2人ともディランのほうが好きだった……人生や生きることについて、人生の価値について、本当に大切なことについて歌っているから……私たちにとってディランの歌は心の琴線に触れた。この世界では何が正しくて、何が間違っているのだろうか、どういうふうに生きて、どういう人間になればいいのだろうかと、考えさせられる歌だった」。ディランは壮大なことを成し遂げるために生まれたのだと、彼らは信じていた。

明確なビジョンを共有していた2人だが、一方で気質や性格は大きく違った。ジョブズはレーザー光線のように他人に斬り込み、「現実歪曲空間」とも呼ばれるカリスマ的な話術で人々を説き伏せた。ウォズニアックは本人いわく、「シャイ」で「ひどく不器用」で、「間違ったことを言ってしまいそうだから人前で話すのが怖い」。ジョブズは実に魅力的だったが、幼児のように癇癪を起こすときもあった。ウォズニアックはとにかく忍耐強い。

似ているのにまったく違うペアのなかでも私が好きなのは、ボブとマイクのブライアン兄弟だ。外見はうりふたつの一卵性双生児。テニスのダブルスのペアを組み、ケースイスの揃いのウエアを着るときも多い。そのパワーは完全に一元化され、10年近く男子ダブルスの世界に君臨している。親しい友人たちさえ、ときどき見分けがつかなくなる。考え方もほぼ同調しているから、試合中に口論になることはない。ボブと呼んでもマイクと呼びかけても、マイクもボブも返事をするだろう。

しかし、テニス関係者が何よりも驚かされるのは2人の違いだ。「コートで2人を混同することはない」と、彼らと何回も対戦しているラジーブ・ラムは言う。弟のボブは左利きで、兄より1センチほど背が高く、より鋭いショットを放つ。マイクによると、弟のほうが独創的で（2人で組むバンドの歌詞を書き、2人のツイッターも管理している）気が短い。右利きのマイクは弟よりリターンが強烈で、より戦略的な試合運びをする。また、兄のほうが几帳面で繊細だ。「試合中に（マイクを）叱り飛ばしたら、その後のプレーが崩れるだろう」と、ボブは言う。「僕の場合は反対だ」。2人は滑らかに連動したかと思えば、別々の動きを見せる。1つの体で2本のラケットを操っているかのようだ。

3　2匹の子グマのように——2人のあいだに電気が走る

初めて会った瞬間に電気が走るというたとえは、その異質な感情をうまく表している。コンセントにプラグを差し込めば電気が流れるように、ごく自然に湧き上がる感情なのかもしれない。作家のケリー・エスクリッジと初めて会ったとき、ニコラ・グリフィスは「全身の細胞が、磁石に吸い寄せられる鉄くずのように、一直線に並んで彼女を指した」と書いている。2人はすぐに人生のパートナーになった。マリーナ・アブラモヴィッチはウライと会ったその日に「彼の家へ行き、10日間ベッドから出なかった」。

最初の出会いに、不安をかきたてられた2人もいる。素手で電線を触るような感覚だろう。パブロ・ピカソの「アヴィニョンの娘たち」を見たジョルジュ・ブラックは、「君は僕たちにガソリンを飲ませ、火を噴かせようとする」と、ピカソに言った。2人はその炎に駆り立てられ、キュビズムを創始することになる。ラルフ・アバーナシーは教会の信者席から初めてマーティン・ルーサー・キング・ジュニアを見て、「彼の知識と人望に嫉妬を燃やした」。セルゲイ・ブリンとラリー・ペイジは出会ってから数時間で激しい口論になった。「2本の剣が互いの刃を研ぐようにぶつかり合った」と、あるジャーナリストは記している。マジシャンのペン・ジレットは2010年に、出会ってから36年になる相棒のテラーについてこんなふうに語っている。「私たちはしょっちゅういがみ合う。ただし、火打ち石と打ち金の喧嘩だ。ぶつかって散らす火花に価値がある」

多くの偉大なペアは、最初は互いにあまり印象がよくない。C・S・ルイスはオックスフォード大学の教授の会合でJ・R・R・トールキンと会った後、帰宅して次のように書いている。「議論をする気にもならない。挨拶だけで十分だ」。2人はやがて、大学のカリキュラムをめぐる論争で対峙した。英文学の講義は古代と中世の著作と言語をもとにするべきか、近代まで含めるべきか、教授たちは激しく議論を戦わせた。トールキンは前者――中世のチョーサー以降の文学はすべて疑わしい――、ルイスは後者の立場だった。

ルイスは用心深い性格だった。自伝『喜びのおとずれ』（筑摩書房）で次のように書いている。「私はこの世に生を受けたとき、カトリック教徒を決して信用してはならないと（暗黙のうちに）警告された。そして、英文学の教官の世界に足を踏み入れたとき、文献学者を信用してはならないと（明確に）警告された。トールキンはその両方だ」。しかし、ルイスは程なくして、イデオロギー上の宿敵であるトールキンが「コルビタール」と称する読書会を主宰していることを知った。古ノルド語で「石炭を噛む人々（コールバイターズ）」の意味で、北欧のバイキングが寒い夜に火を囲んで語らった習慣にちなんでいた。火に近づきすぎて「石炭を噛んでいるかのように見える」と、ルイスは書いている。オックスフォードの学生や教官が集まってアイスランドの冒険小説や神話を原語で読む会だと知り、その分野が大好きだったルイスは感激した。こうして2人は、彼らが「北部らしさ」と呼ぶ共通の関心を見出し、やがて「大親友」になったと、1930年代半ばにオックスフォードの学生だったE・L・エドモンズは語っている。「2匹の子グマがじゃれ合っているみたいで、本当に楽しそうに冗談を言っているときもあった」

未来のペアが互いに感じる居心地の悪さが、2人を奮い立たせることも多い。少なくとも、自分の安全地帯に引き下がるのではなく、対立を突き詰めようとする人もいる。2004年に映画監督のリサ・チョロデンコは、ロサンゼルスのカフェで頭を抱えていた。書きかけの脚本が行き詰まり、どうにも方向が見えなかったのだ。店内を見わたすと、顔見知りの脚本家スチュワート・ブルムバーグがいた。スチュワートが挨拶をしに来て、2人はリサの脚本の話をした。レズビアンカップルとティーンエイジャーの子供たちがいて、子供たちが精子提供者の父親に会いに行く、という設定だった。チョロデンコの話を聞いていたブルムバーグが言った。「いつも思うけど、君はもっと売れる作品をつくるべきだ」。彼女が言い返した。「いつも思うけど、あなたはもっと個人的な作品をつくるべきよ」。翌日、2人は懸案の脚本に共同で取りかかり、映画『キッズ・オールライト』が完成した。

果てしのない会話が続くことも、最初の出会いを象徴する。「スティーブと私はビル［・フェルナンデス］の家の前の歩道に座り込み、何時間もしゃべっていた。共通の話題は尽きなかった」と、ウォズニアックはジョブズとの出会いを振り返る。マーク・ザッカーバーグは知人宅のクリスマスパーティーでシェリル・サンドバーグに会い、玄関先で1時間近く話し込んだ後で、すぐにまた会う約束をした。カール・ユングはフロイトと初めて会ったときに「13時間、休みなくしゃべりつづけた」。

将来のペアの活気あふれる衝突も、時間を忘れて没頭する会話も、2つの同じ要素に支えられている。2人のあいだに共通の話題を生む共通の考え方と、新しさと驚きが消えないだけの違いがあるのだ。カリキュラム論争で対立していたトールキンとルイスには、コートで対峙する2人のテニス選手と同じくらい共通点があった。

クリエイティブ・ペアに発展する2人は、自ら創造に挑む。その過程で苦しむこともあるだろう。一方で、いい仕事が結果として喜びを生む。チームワークの研究で知られる心理学者のJ・リチャード・ハックマンによれば、「協調して取り組むチームは、ぎこちないチームよりいい仕事をして生産性も高いと、一般に思われている」。しかし、ハックマンが交響楽団を調べたところ、「不機嫌なオーケストラ」のほうが、メンバーが満足しているオーケストラより演奏が優れていることがわかった。「原因と結果は、大半の人が考えている順序とは逆なのだ。チームの生産性が高く、協力して優れた成果をあげたとき（そして、それを認められたとき）、初めて私たちはチームに満足する。逆方向ではない」

「創造性」は、広い意味を持つあいまいな言葉になった。普遍的に優れていることを指すときもあり、幸せの同義語にもなる（同じように、「革新」は「利益」の同義語にもなる）。ただし、新しく、美しく、有用なものをつくりだすことは、調和と同じくらい不協和音に関係がある。創造の衝動は、不完全さと不十分さを感じるところから生まれる。欲求不満は創造を駆り立てる。物事があるべき姿ではない、もっとよくなれるはずだという絶え間ない（しかし、とらえどころのない）感覚に突き動かされるのだ。

真のパートナーやソウルメイトが見つかれば安定した満足を得られると、多くの人が信じている。しかし、現実は正反対かもしれない。深い溝を前にして、ちっぽけなボートしかないことを意識するところから、ペアを組むプロセスが始まる。私たちは、パートナーに自分を完璧に理解してほしい、母親のように自分のことを知ってほしいと思うだろう。しかし他人である以上、完全に理解し合うことは決してできない。心理学者エスター・ペレルが精神分析学者スティーブン・ミッチェルの言葉を引いて説明しているように、長期的な人間関係は、人は安心と同時に新鮮さを求めるという矛盾に翻弄される。慣れ親しんだなかで安心したいと思いつつ、刺激を受けて立ち向かいたいと思う。両方の欲求の折り合いをつけながら、人間関係を築いていかなければならない。

PART

第2部

融合

CONFLUENCE

自己と他者の区別という緊密な関係が明らかに破壊されるのは、他者が「自己の一部」になるからだ——自己に他者が組み込まれて、自己の構造そのものが変化する。

『自我と社会的関係』アーサー・アーロン他

彼とあなたは窓についた水滴のようにひとつになる

『喜びのおとずれ』C・S・ルイス

1962年11月の終わりごろ、ジョン・レノンとポール・マッカートニーはリバプールのフォースリン・ロード20番地にあるポールの自宅にいた。いつものように午後から曲作りを始めた。ポールの父ジムは仕事に出かけ、家には2人きりだった。ジムが大切に手入れをしている庭に面した小さな部屋で、ポールいわく「鏡みたいに」向かい合っていた。

ジョンはダイニングルームから持ってきた椅子に座った。グラデーションをかけたサンバースト塗装仕上げのギターは、ギブソンのアコースティックのジャンボだ。ポールはテレビの前の小さなテーブルに座り、暖炉の前に足を投げ出した。スペインギターのナイロンの弦は、左利き用に逆さに張っていた。ポールの弟マイケルが撮った写真の2人は、床に置いたノートを見下ろしている。歌詞がびっしり書かれたノートの上に鉛筆が1本置いてあった。

ポールは書きかけの曲のさわりをジョンに聞かせた。リバプールから電車で45分ほどの港町サウスポートでライブをした帰り道に、作りはじめた曲だ。

She was just seventeen（彼女はまだ17歳だった）
Never been a beauty queen（美女コンテストで優勝したことはない）

ジョンは鼻を鳴らした。「その歌詞、まさか本気じゃないよな？」。ポールもいいとは思っていなかった。「just seventeen」で物語の幕開けを感じさせるのに、「beauty queen」はありきたりだ。2人はアイデアを出し合った。「seventeen」と韻を踏むのは？「clean」は？「lean」なら？　やがてジョンが口ずさんだ。

She was just seventeen（彼女はまだ17歳だった）
You know what I mean?（そう、わかるだろう？）

いいね、これでいけそうだ。無邪気さと未来を感じさせ、艶やかで詩的な香りが加わった。

ポールは後年、「アイ・ソー・ハー・スタンディング・ゼア」を作っている最中の写真が大好きだと、弟に語っている。「ポップス版ロジャース＆ハマースタインの仕事ぶり」を、そのまま捉えているからだ。ジョンいわく「顔を突き合わせて」いる2人は、ロックバンドの二枚看板というだけでなく、呼応して音楽を紡ぎ出す作曲家だ。すでにビートルズの曲は2人の共同クレジットにすると話し合っていたが、この時期に正式な取り決めを結び、ノーザン・ソングズという版権管理会社を通じて印税も折半していた。

マーク・ルイソンは著書『ザ・ビートルズ史』（河出書房新社）で次のように書いている。「共同制作のソングライターの取り分は慣習的に、90対10か85対15、75対25、67対33、それ以外の面倒な端数は50対50に丸めることが多い。ジョンとポールはすべて等分だった。2人が共有する親密さと野心にぴったりだった」。2人がビートルズのために作った曲はすべて、実際の貢献度に関係なく、文字どおり——法律的にも感情的にも——2人の共同所有となった。

クリエイティブな関係を描く楽しげなストーリーは、2人の主人公が出会い、「続きは歴史が語るとおり」となる。しかし、最初の接触がもたらす大きな興奮と、成熟した創作活動が絡み合う過程には、質的に大きな違いがあり、要する時間もかなり違う。2人の人間が出会って互いに刺激を感じることは、それほどめずらしくない。互いに嫌な印象を持つこともあるだろう。しかし、特別なペアは、2人のあいだに電気が走った瞬間だけでは終わらない。その電気が灯りをともす家を共有するのだ。そして、心理学で言う「カップル・アイデンティティ」が発展し、2人の認知機能が一致する。

このような過程は、明白な兆候を伴うときもある。この状態を心の共有と見なす専門家もいる。共有する空間をつくり、話し方のパターンが重なる（「私」より「私たち」が増える）など、ペアの儀式が増えるのだ。ただし、ここに大きな疑問が生じる。相互の関係が個人を満たすとき、個がおのずと相互に従うのだろうか。自立が相互依存になっても、1人のときより活気を感じ、自分らしく感じるのはなぜだろうか。

2人の関係が進化する過程について、私が最初に連想したのは妊娠期間だ。パートナーシップがゆっくりと、秩序だって育っていく。あるいは、爆発というイメージもよさそうだと思った。抑制された空間で2つの存在が反応し、圧力が高まって爆発する。そして、最終的にたどり着いたイメージが「融合」だ。別々に流れてきた水が1本に合わさる。アレゲーニー川とモノンガヒラ川が合流してオハイオ川になり、オハイオ川がミシシッピ川に合流するように。

妊娠期間、爆発、川の合流という3つのイメージには共通点がある。起きたことを、さかのぼって取り消せないことだ。融合の段階を経た後で、自分たちのアイデンティティが絡み合って結びつく前に戻りたい、「私たち」より「私」が優先される感覚を完全に取り戻したいと思うかもしれない。しかし、合流した2本の川を、力ずくで再び分かつことはできない。すでに新しい複合体が形成されているのだ――新しい生命体が生まれているのかもしれない。

4 プレゼンス→信用→信頼——融合の3段階

創造性をめぐる考え方の多くは、飛躍的な前進が訪れるという神話に縛られている。頭のなかで電球が点灯する、ひらめきの瞬間だ。もちろん、「創造的なひと目ぼれ」から始まる結びつきもあるだろうが、真のパートナーシップに発展する過程は基本的に時間がかかり、紆余曲折を経る。

ウォーレン・バフェットとチャーリー・マンガーもそうだった。1959年に初めて会ったとき、彼らは互いに刺激を感じたが、当時は別々の街に暮らし、別々の仕事を持ち、投資哲学も違った。それでも頻繁に電話をするようになり、ときどきは直接会って、アイデアや助言を交わした。マンガーはバフェットから、投資家から集めた資金による企業買収について学んだ。バフェットは、買い得の企業を狙うより（恩師のベンジャミン・グレアムから学んだ信条でもあった）、優良企業をそれなりの金額で買うほうが理にかなっている場合が多いというマンガーの考え方を受け入れるようになった。

1960年代半ばには2人で同じ取引に投資する機会も増えた。60年代の終わりには毎日、電話で話をするようになった。

しかし、2人がようやく正式なパートナーになったのは1983年のこと。その年にマンガーは、バフェットが経営する投資持ち株会社バークシャー・ハサウェイの副会長に就任した。

出会いからペアを組むまでに、長い時間を挟む例はめずらしくない。C・S・ルイスとJ・R・R・トールキンが創作活動で影響を与え合うようになったのは、知り合ってから3年後だ。ジェリー・サインフェルドとラリー・デビッドはコメディドラマ『となりのサインフェルド』で組む前から、10年以上の付き合いがあった。

コメディドラマ『シャペルズ・ショウ』の共同制作者ニール・ブレナンは、主演のデイブ・シャペルとの関係は時間をかけてゆっくり深まっていったと強調する。ブレナンがドアマンとして働いていたニューヨークのコメディクラブに、シャペルは定期的に出演していた。意気投合したきっかけは、当時18歳のブレナン（東海岸出身のひょろりとした黒髪の生意気な青年だった）が、シャペルのジョークにちょっとしたコメントをしたことだ。以来、シャペルの出番が終わるとつるむようになり、2人で散歩をして、タバコを吸い、ユニオンスクエアのコーヒーショップの外に座って話をした。「本当によく一緒にいた」と、ブレナンは言う。「2人で何かを作っていたとは言えないかもしれない。でも、相手が何を大切にしているのかを感じるようになり、共有する歴史ができて、ひとつの精神を築いた。2人で映画を観た後、生涯ずっとその映画の話ができるような感覚だ」

2人は言葉にできない次元で、相手に関する知識を共有した。心理学で言う「暗黙知」だ。このようなプロセスは人間関係を築くカギとなり、直接の触れ合いや交流を通じて、共通の経験がゆっくりと蓄積される。履歴書やウィキペディアの経歴のように、誰でも認識できる客観的な「形式知」とは対極的だ。

私はブレナンと話をしながら、もうひとつ心理学でよく知られている概念を思い出した。心理学者のアンダース・エリクソンは、1つの分野を極めるためには1万時間の「デリバレイト・プラクティス（熟考した練習）」が必要だと提唱した。この「1万時間の法則」と2人の関係が似ているのではないかと私が言うと、ブレナンは身を乗り出した。「私とデイブが本当に互いを知るまでに、1万時間くらいかかった気がする」


私はさまざまなペアを観察しながら、融合の過程が3つの段階を経て進化することに気がついた。すなわち、「プレゼンス」「信用」「信頼」の3段階だ。

互いのプレゼンス（存在）を認め合うことは、いわば人間関係の基礎工事だが、簡単にはいかない。「一緒にいると心から楽しくても、いざ関係を結ぶときは、自分のニーズをもとにする」と、クリエイティブな人間関係を研究している社会学者のマイケル・ファァレルは言う。「感情の『転移』だ。最初は相手のことを本当の意味で見ているのではなく、たとえば自分の親きょうだいなど過去に出会ったことがある人に抱いた感情を重ねているだけで、目の前の相手に関する思考は止まっている」。ファァレルが行った実験では、見知らぬ人同士が存在を認め合うまでに25分かかるときもあった。「ようやくそこに他人がいることを認識して受け入れる」と、そこから本物の人間同士の関係が始まる。

感情的なリスクを考えれば、そのように自分を守ろうとするのも無理はない。ダイアン・アッカーマンは『「愛」の博物誌』（河出書房新社）で、親密な関係は「最大限に傷つきやすい」

と書いている。「研いだばかりのナイフを握る相手の前で、丸裸になり、自分のそばに招き入れるようなものだ」。そこから2人の関係が盛り上がる可能性もあるが、拒絶され、あるいは愚弄されるかもしれない。

新しい魅力的な人と知り合うことは、本来とても喜ばしい経験のはずだ。心理学者のダニエル・ゴールマンによれば、「笑いは2つの脳を最短距離で結ぶ」。ただし、その喜びも精神的なリスクと無縁ではない。実際、身の危険を高めるのだ。精神科医のジョージ・ベイラントによると、否定的な感情には、自分と周囲を切り離すという本能が備わっている。不安を感じたときにしゃがみ込み、悲しいときに両手を合わせるのは、外界から自分を守る姿勢だ。それに対し、喜んで万歳をするときは、腹と首を無防備にさらす。

親密さも創造性も、自分をさらけ出す感情や振る舞いがなければ成り立たない。そして、創造性と親密さが結びつくとき、そのような感情や振る舞いは2倍になる。作家のガートルード・スタインは小説『アメリカ人の形成（*The Making of Americans*）』で、作家が感じる恥について記している。「愚かだ、バカだと思われているに違いない」「みんなに笑われて、哀れみを買うだろう」という感覚を、作家は抱えている。「そのとき誰かが『イエス』と言ってくれると」、山頂の雲が晴れるように恥が消えていく。

「イエス」と言ってくれるのは、相手があなたを信用しているからだ。クリエイティブな人々は高い基準と独特の感覚を持ち、普通とは違う視点で世の中を見る（そうでなければ、世の中の素材から新しいものを生み出すことはできないだろう）。そのパートナーは、同じレベルの感覚を共有していなければならない。感覚の共有が信用を生み、共通の創作活動を刺激する。

1929年にJ・R・R・トールキンは、C・S・ルイスに「レイシアンの歌」と題した韻文詩を見せた。主人公のベレンが「俄《にわか》に焔流《ほのお》るる合戦」から脱出してエルフの国に迷い込み、ルーシエンと会って恋に落ちる。トールキンはこの作品に4年間、取り組んでいたが、誰にも話したことはなかった。キリスト教のイメージと作者の造語があふれる神話的な寓話は、1920年代のオックスフォード大学の文学者たちには、まず受け入れられなかったからだ。作品を読んだ翌日、ルイスはトールキンに手紙を書いた。「こんなに喜ばしい夜を過ごしたのは何年振りだろう」

信用の2つめの要素は、相互関係だ。あなたが誰かのために一歩踏み出すとき、相手もあなたのために一歩踏み出すだろうか。ルイスはトールキンの韻文を称賛した後に、「詳細な批評(各行への不満を含む)は以下のとおり」と続けている。ルイスの細かな注釈は、包括的なテーマから単語の選択にまで及んだ。具体的な変更を提案し、節ごと書き直したところもあった。トールキンは落胆するどころか、指摘の大半に応えるかたちで大々的に改訂した。「トールキンは(自分をさらけ出すという)大きなリスクをおかした」と、文学研究者のダイアナ・パブラック・グライヤーは指摘する。「ルイスは惜しみなく詳細な返答をした」

そして、2人の関係は次の重要なステップに進んだ。ルイスもリスクをおかしたのだ。彼も自分の詩を数編トールキンに書き送り、トールキンも言葉を惜しまず厳しい意見を返した。「彼はずっと、私の唯一の読者だった」と、トールキンはルイスについて語っている。「私の物語が個人的な趣味を超えられると思わせてくれたのは、彼だけだ。もっと書けるはずだという彼の熱意あふれる絶え間ない励ましがなければ、[『指輪物語』は]結末にたどり着かなかっただろう」

数年後、トールキンは共通の友人ヒューゴ・ダイソンとともに、ルイスの創作活動を完全に変える「転向」を後押しした。キリスト教の真理を説いたのだ。徹底した無神論者だったルイスはキリスト教に帰依し、信仰は彼の作品と人生の軸になった。

ペアが絆を育むためには、互いに信用を深めることが不可欠だ。「彼は決して遅刻せず、ミスをせず、やると言ったことは必ずやる」と、マジシャンのペン・ジレットは相棒のテラーについて語る。「テラーのどこがいちばん好きかと訊かれたら、時間厳守のところだ」

ペンは同じインタビューのあいだに何回も、テラーは「現役マジシャンのなかで最高の10人」に入ると繰り返した。ただし、才能が輝くのは一瞬で、創造的な活動には長い時間と地道な集中力が必要だ。ブルース・スプリングスティーンとサックス奏者クラレンス・クレモンズの出会いは奇跡だった。クレモンズがニュージャージー州アシュバリーパークのクラブの扉を開けたとき、強風で蝶番がはずれて扉が外に吹き飛ばされた。店内のステージではスプリングスティーンのバンドが演奏していた。「ブルースと私は互いを見て、何も言わず、ただ感じていた」と、クレモンズは語っている。「互いの人生に欠けていたミッシング・リングだとわかった」。その夜、2人は初めて一緒に演奏した。ただし、ミッシング・リングの誓いを果たすためには、一陣の突風だけでは足りなかった。風力タービンを回しつづけなければならないのだ。スプリングスティーンのアルバム『ボーン・トゥ・ラン(明日なき暴走)』の「ジャングルランド」の最後を締めくくるクレモンズのソロは、レコーディングに16時間かかった。2人は徹夜で演奏し、ツアーに出発する直前に完成した。

「信用」と「信頼」は、一般には同義語として使われるが、重要な違いがある。「信用」には、システムに対する前向きな期待という意味が含まれる。たとえば、「この梯子は壊れないと信用している」となる。人を信用するという表現もあるが、どこか機械的なニュアンスが感じられる。スティーブ・ジョブズとスティーブ・ウォズニアックは出会ってから間もなく、電話システムを不正に操作して長距離電話を無料でかけられる装置「ブルー・ボックス」を作った。「ブルー・ボックスがなかったら、アップルも生まれなかった」と、ジョブズはのちに語っている。「100％断言できる。ウォズと私は一緒に働いていくやり方を学び、技術的な問題を解決できるという信用を築き、生産というものを実際に経験した。あれで私たちがどれだけ自信を手にしたことか」

信用が具体的な感覚なら、信頼は総体的な感覚だ。信用は相手に何を求めるかであり、信頼は相手をどう考えるかだ。経済学者のロバート・シラーは、信頼を「他人に関する疑いを捨て去る心の状態」と定義する。「信頼を感じると、他人が背中から守ってくれると思える」と、作家のジョージ・サウンダーズは私に言った。「崖から飛び降りてもだいじょうぶだと思える。誰かが捕まえてくれるとわかっているから」

信頼はどのように生まれるのだろうか。1人がもう1人のためにリスクをおかすときに緊張が生じ、それを乗り越えて2人のあいだに信頼が生まれるという説もある。しかし、私が見てきたクリエイティブ・ペアはむしろ、2人が一緒にリスクをとるときに信頼が芽生える。ニール・ブレナンとデイブ・シャペルが番組の企画をテレビ局に売り込んだときも（最初は失敗したのだが）、ウォーレン・バフェットとチャーリー・マンガーがシーズキャンディーを買収したときも（割高の価格で買収したが、投資としては成功した）、彼らは一緒にリスクをとった。

大学時代に知り合ったマット・ストーンとトレイ・パーカーは、最初のうちは一緒にリスクをとる以外にやることがなかった。1994年にハリウッドに出てきた2人は、仕事にも食事にも飢えたアーティストだった。「1日1食まで切り詰めた」と、ストーンは語る。しばらくはパーカーのワンルームのアパートメントで同居し、パーカーは布団で、ストーンは床に積み上げた洗濯物の上に寝た。「ぎりぎりの生活費だった」と、ストーンは振り返る。「逆境が、ともに生き延びるパートナーの絆を強めることは間違いない」と、2人と初期の仕事で組んだプロデューサーのジェイソン・マヒューは言う。「フィルム作品をつくることは、戦争に行くことに少し似ている。相棒のことは一生忘れない」

大きなチャンスは失望から生まれた。トレイが監督した『タイム・ワープド』という作品をフォックステレビに売り込んだ際、採用はされなかったが、ある重役の目に留まり、友人に送るクリスマス用のビデオレターの作成を頼まれたのだ。トレイとマットは4人の口の悪い子供のキャラクターを段ボールで切り抜き、イエス・キリストとサンタクロースが決闘するという筋書きのストップモーション・アニメを撮影した。映像はハリウッドで話題になり、2人はテレビ局のコメディ・セントラルとパイロット番組を作る契約を結んだ。番組名は『サウスパーク』に決まった。

プレゼンスが信用を生み、信用が信頼に発展して、最後は信じる心へと高まる。このようにペアの絆が深まる過程を、バレリーナを目指す少女スー・フィッカーと振付師ジョージ・バランシンの軌跡でたどってみよう。初めて会ったとき、2人がそれぞれ生きてきた世界とアイデンティティと知識は、あまりに違った。

15歳のフィッカーはオハイオで生まれ育ち、カエデの森とアイスクリーム店とバレエのレッスンが人生のすべてだった。父親は精肉店の配達トラックを運転していた。母と妹とニューヨークに出てきて最初に暮らしたのは暖房のないワンルームで、トイレは壊れていた。母娘は通りの向かい側にあるアウトマート［自動販売機で料理を購入するレストラン］のトイレを使い、食事もたいていそこで済ませた。

バランシンは当時56歳。レーニンとスターリン時代のロシアとソ連で育ち、20歳で西欧に出て、セルゲイ・ディアギレフのバレエ団、バレエ・リュスに加わった。渡米後はモダンバレエの事実上の創始者となった。ロシアの作曲家イーゴリ・ストラヴィンスキーなど名だたるアーティストと長年、仕事をともにし、舞踏評論家のリンカーン・カーステインとアメリカンバレエ学校（のちのニューヨーク・シティ・バレエ団）を創設。フィッカーと会ったころは、妻で著名なバレリーナのタナキル・ル・クラークと芸術家御用達の高級レストランや自宅で食事を楽しんでいた。

柔軟な体と音楽のセンスを持つフィッカーは、身体的な特徴も野心もずば抜けていた。バランシンは学校のほかにもバレエ団に約90人の踊り手を抱えていたが、「体内時計を持っていた」彼女の並外れたリズム感を見逃さなかった。フィッカーがスクール・オブ・アメリカン・バレエに入学して1年目、奨学生の写真撮影中に、バランシンは彼女の目を見つめて言った。「数年か、もっと早いかもしれない」

初めてバランシンの前で踊ってから14カ月後、フィッカーはバレエ団に入団した。契約書にサインする際に「スー」を「スザンヌ」と書き、ラストネームはニューヨーク市の電話帳から甘美な響きの「ファレル」を選んだ。学んで成長しようという意欲はもちろん、新しい自分になる心の準備もできていた。

さまざまな脇役を経験して、1963年春に大きなチャンスがめぐってきた。バランシンのお気に入りのプリンシパル、ダイアナ・アダムスが妊娠し、医師の指示で大役を降板したのだ。バランシンは落胆した。初演の2週間前に大切なプリンシパルを失ったことだけでなく、妊娠にも衝撃を受けていた。彼のアダムスへの執心は、それまでの多くのバレリーナのときと同じように、舞台だけでは留まらなかった。

バランシンは自宅に閉じこもり、電話にも出なかった。男性の主役のジャック・ダンボワーズは、ファレルをアダムスのアパートメントに連れて行った。振り付けはすべてダンボワーズの頭に入っていたが、音楽（ストラヴィンスキーの複雑な無調音楽だった）の録音はまだなかった。ソファーに横たわったアダムスが手で動きを示し、ファレルは3×3・5メートルほどの部屋で寄せ木細工の床を飛び回った。「『白鳥の湖』の第4幕を踊るには十分な広さだった」と、ファレルは書いている。「後ろ向きで踊っているように見えただろうけれど。デベロッペ、プリエ、ランジ。音楽のタイミング。頭がくらくらした」。それでも、バランシンの前で一通り踊れるところまで振り付けを覚えた。「ミスターBの眉がぴくりと動いて、態度が変わった」と、ファレルは振り返る。ダンボワーズによると、振付師は彼女の踊りに「魅了されていた」。

初演の2日前、ファレルは大切なリハーサルで失敗した。ストラヴィンスキーとカーステインのほかに、ドイツの映画撮影チームも来ていた。「残酷なカメラが私の力不足を目撃していた」。彼女はバランシンに言った。「私にやらせるべきではありません。まだできません」「いいかい」。バランシンは軽く頭を下げ、祈るように両手を握り締めた。「私に判断させてくれ」

「私は彼に任せた。それからずっと。あの短いやり取りが転機となり、暗黙の理解が生まれ、私たちの信頼関係が固まった。私は彼が望むことを最大限努力して、しっかり踊る。判断は彼がすべてしてくれる。私は自分を批判するという重荷から解放された」

リハーサルを見ていたストラヴィンスキーは、新しいバレリーナについてバランシンに尋ねた。

「スザンヌ・ファレル。たった今、生まれたばかりだ」

それは感情のほとばしる比喩だった。シンシナティから来た少女は、彼のために存在するために生まれてきた。過去という名の胎内にいた彼女が、彼の想像力の腕のなかに生まれ落ちたのだ。ファレルの成長ぶりについて話していたとき、バランシンはアダムスに、「スザンヌは決して反抗しない」と言った。ファレルも同じように語っている。「彼が私にできると思ったら、無理そうだと感じても、私は彼を信じる」

やがて時が経つにつれて、バランシンのほうもファレルにのめり込んだ。彼女に役を与えるだけでなく――1964年から14カ月で15回主役を踊った――彼女を中心にバレエ団を編成するようになった。ファレルが苦手な跳躍は振り付けから消えた。ファレルのパートが仕上がると、全体の指導もそこそこに、バランシンは彼女を連れて食事に出た。ほかのバレリーナが辞めていっても、バランシンは気にしなかった。今や彼の目は、たった1人に釘付けだった。

1964年にニューヨーク・シティ・バレエ団はリンカーンセンター内のニューヨーク州立劇場（現デイビッド・H・コーク劇場）に本拠地を移した。舞台がかなり広くなって、より大きな動きが求められた。ある日、11時からいつもどおりレッスンが始まった。リンカーンセンターの5階にある窓のないリハーサル室で、ファレルはピルエットの前の第4ポジションを取った。そこから後ろ足で床を蹴って回転し、その足を曲げて軸足の膝に添える。彼女は両足を交差させ、前後に足1つ分のスペースを空けて立ち、バランスをしっかり保って回転に備えた。しかし、バランシンはあることを思いついた。「広い4番だ」。彼女は両足を少しずつ開いた。「もっと」。バランシンに言われるまま、さらに開いていく。「かなり苦しい姿勢だった」

と、ファレルは書いている。「両足が離れすぎて、後ろ足で蹴って回転するなんてありえないと思った」

「もっと」

「もっと」

大きく足を開いたファレルは、そのまま滑って股が割けてしまいそうだった。周りのダンサーは不安そうに笑っている。彼女は「完全にばかにされている」と感じたが、バランシンは満足そうに微笑んだ。「さあ、回って」。前のめりに倒れそうになりながら、ファレルはどうにか回転した。素晴らしい動きだった。普通の回転より美しくて正確だからではなく、自由を感じさせたのだ。そのとき信頼が「信じる心に変わった」と、彼女は回想録に記している。

ウィリアム・ジェイムズは『宗教経験の諸相』（岩波書店）で、信仰の2つの本質について説明している。1つめは、生きることへの熱意だ。信仰は生気を吹き込み、大胆な思考や行為を駆り立てる。2つめは、安全と愛情と平穏だ。信仰は慰めであり、安心感を高める。ファレルはバランシンに対する信頼が信じる気持ちに変わったとき、自分のなかから不可能という言葉が消えたという。これは信仰の2つの本質と共鳴している。「ピルエットは、私たちの精神的な理解の始まりだった。もうピルエットは関係なかった。自分では疑いを感じても、相手をとにかく信じること、それだけだった……回転しない、信じない、バランシンの英知を拒む――そんな自分を想像するだけで恐ろしかった」

信仰の3つめの本質は、信仰とそれ以外の経験を完全に切り離す感覚だ。「sacred（神聖な）」という言葉の語源とされるギリシャ語の「sanctus」には、「分離する」という意味もある。信頼から信じる気持ちへと進むとき、人は境界線を越えるような感覚を経験する。「こうなったからには、昔のように戻ることはありえなかった」と、ファレルは書いている。バランシンは、彼女には彼のあらゆる想像を実現する意志と能力があると思っていた。彼女が新しいピルエットを成功させると、バランシンは「帽子からウサギを取り出した手品師のように」人差し指を高く掲げた。

このような信仰は真の自由を解き放ち、濃密なやり取りを生む。ダイアナ・アダムスは次のように振り返る。「彼は体がばらばらになりそうなコンビネーションを提案した。音楽が始まる前に疲れてしまいそうなポーズだったが、スザンヌはまばたきもせず一気に踊りきった。どんなにねじ曲がった動きも、奇妙なリズムも、彼女は指示どおりにやって見せる。要求はどんどん難しくなり、彼女は次々に吸収して踊りつづけた」

「彼女とのコラボレーションを通して、彼は新しいスタイルを確立させた」と、ジョアン・アコセラはニューヨーカー誌に書いている。

ファレルはそれを「バランスの崩れた」踊りと呼ぶ。最初に不安定さ——容赦のない角度のティルトとランジ——が目に飛び込んでくるが、柔軟な音楽的才能と、何よりも踊りの大きさが新鮮だった。ファレルの動きは大胆で、波のように激しい軌道を描く（バランシンは彼女が勢いあまってオーケストラピットに落ちないように、必ずベテランのダンサーと組ませた）。ゆっくりとした踊りも激しさを帯び、ため込んだエネルギーがあふれ出す。バランシンの新しい作品だけでなく古い作品も、彼女は同じように踊った。彼女は作品を変え、ほかのダンサーが彼女の真似をするようになり、バレエ団全体を変えた。そして、アメリカのすべてのバレエ団に影響を与えた。

ファレルの存在は圧倒的だった。バランシンが「これはできるかな？」と訊くと、彼女が答える。「きょうはできないけれど、不可能ではありません。やらせてください」。彼女は次のように書いている。「私たちの力学が変わった。教師と生徒ではなくなり、少なくともある程度は共犯者になった」

2人は本物のペアになった。融合に到達したのだ。1965年にバランシンは『ドン・キホーテ』の新作で数十年ぶりに舞台に立った。ファレルはバランシンの足を洗い、自分の髪で拭いた。バランシンはひざまずいて舞台を横切り、ファレルのもとに進んだ。ガラ公演に集まった観客の前で、2人は高らかに宣言した――バランシンは自分の女神に身をささげ、彼女も彼に身をささげるのだ。公演後のレセプションで、2人はシャンパングラスで乾杯した。「あのように大きな舞台で、たくさんの人が見ている前でも、私たちはお互いのためだけに存在していた」。彼らは早々にパーティーを抜け出し、ドーナツとコーヒーで2人きりの乾杯をした。

続いて、融合に到達したクリエイティブ・ペアの基本的な性質を見ていこう。2人の人間が融合に向かうプロセスが、1歩ずつ踏み固めながら関係を高めていくように感じるとき、2人を結びつける小さなピースがつながってアイデンティティのモザイクを描く。

クリエイティブ・ペアの特徴としてわかりやすいのは、儀式だろう。儀式は創造的な習慣の基礎になる。作曲家のイーゴリ・ストラヴィンスキーは仕事部屋に入ると、まずピアノの前に座ってバッハのフーガを弾いた。作家のグレアム・グリーンは小説『情事の終わり』（新潮社）を執筆しているとき、毎日500語を書いた。場面の途中でも、500語でその日は終わりだった。バレエの振付師トワイラ・サープは毎朝5時半に起床し、トレーニングウエアを着て、タクシーでマンハッタンの1番街と95丁目の角にあるパンピング・アイアン・ジムに向かった。彼女は著書『クリエイティブな習慣』（白水社）で次のように書いている。「毎朝ジムでストレッチやウエイトトレーニングをすることが、儀式なのではない。タクシーだ。タクシーに乗って運転手に行き先を告げた瞬間、私の朝の儀式は完結する」

このように、儀式は最小限の具体的な行動から生まれる。ペアにとって、最も基本的な儀式は決まった時間に会うことだ。分子生物学者のジェームズ・ワトソンとフランシス・クリックはほぼ毎日、ケンブリッジのイーグルというパブで昼食を共にした。フェイスブックのマーク・ザッカーバーグCEOとシェリル・サンドバーグCOOは週の初めと終わりに、2人きりで1時間ミーティングをする。J・R・R・トールキンとC・S・ルイスは作品を交換しはじめてから、月曜日は2人でパブに行くようになった。のちにオックスフォード大学で文芸の討論会「インクリングズ」が始まり、毎週木曜日にメンバーがルイスのアパートに集まった。

2人で会う儀式は、決まった時間——バフェットとマンガーは毎朝、電話で話した——や物理的な空間——ジョンとポールはポールの家で曲を作った——に関係する場合もある。ワトソンとクリックはキャヴェンディッシュ研究所の同僚が2人のおしゃべりに耐えられなくなり、同じ研究室を使うようになった。

1人で儀式をする場合の主な目的は、乱れる精神を律することと、予想外のことが次々に起きるクリエイティブなプロセスのなかで、自動的にいつもと同じ振る舞いができるようにすることだ。一方で、ペアにとって儀式の意味は、個人の生活を切り離して共有する空間に入り込むことかもしれない。

パフォーマンスアーティストのマリーナ・アブラモヴィッチとウライは始まったばかりの関係を試すために、それぞれの街——マリーナはベオグラード、ウライはアムステルダム——を離れ、地理的な中間地点のプラハで落ち合った。まもなく2人は一緒に活動を始め、次々と共同でパフォーマンスを発表した。さらに、マリーナいわく「過激な決断」をした。ウライが艶消しの黒いペンキを塗ったシトロエンHYバンで暮らしはじめたのだ。後部座席にマットレスを敷いて眠り、キャンプ用のストーブで料理をした。ジェームズ・ウエストコットは次のように書いている。「(2人は) 人生のすべてを、日々の生活の最も基本的な条件もすべて、共同のパフォーマンスにささげようと決めた。物質的な安心も寄りかかるものもなく、成功以外の選択肢を自ら手放した」

2人の距離が縮まると、同時に自分たち以外の世界から切り離される。「真の友情は一種の離脱であり、謀反でさえある」と、C・S・ルイスは『四つの愛』(新教出版社) で書いている。パブロ・ピカソとジョルジュ・ブラックは、情熱的で複雑に絡み合った6年間の共同作業の時期に、互いのキャンバスの裏に黒い字でサインをした。誰が書いたのか、2人にしかわからないサインだった。「ウライと私は同じ質問ばかりされた」と、アブラモヴィッチは言う。「どちらのアイデアか? どんなふうにやったのか? でも、具体的な答えはなかった。すべてが相互に関係して、依存していたから」

ニール・ブレナンとデイブ・シャペルも共同で脚本を書きはじめたとき、どちらが何を書いたかを他人に明かさないと決めた。周囲が、激情しやすいコメディアンを手なずけるブレナンの役割を誇張したがり、あるいはシャペルの笑いのセンスを強調して、自分たちの関係が壊れることを期待しているのはわかっていた (ブレナンは「デイブ・シャペルのタイピスト」と言われたこともある)。

あるパーティーで、ブレナンはエージェントに呼び止められ、シャペルに聞こえるような声で「ヤツを後ろで操る天才」と言われた。「向こうは会話のきっかけのつもりだった。でも、愚かすぎる言葉だ。人種差別だ。『真面目な話、あの脚本はどこまで君が書いたんだ?』と、耳打ちされたこともある。『白人同士じゃないか。教えてくれよ』」
そんな人々に、ブレナンは「ふざけるな。みんな消えちまえ！ 俺たちは俺たちだ。ほっといてくれ」と言いたくなる。「周囲から隔絶された世界だ。中にいるのは私と彼だけ、のちにビジャン［・シャムズ。番組のエディター］も加わった。でも突き詰めれば、番組がどんなふうに進むのか、どちらが何をやったのか、本当にわかっているのは私とデイブだけだ。2人で部屋に入り、出てくるときに脚本の下書きができている」

このような2人だけの約束は、パートナーシップが形成された証であり、他人に2人の関係を不用意に語らせないためでもある。そして、偉大なパートナーシップの多くが歴史の脚注に埋もれ、あるいは完全に消え去る理由でもある。「（共同作業の時代に）ピカソと話したことは、誰も同じことを言えず、論評できないし、理解できないだろう」と、ブラックは述べている。「……私たち以外には理解できない、それが私たちの大きな喜びだった」。現代美術の誕生に貢献したパートナーシップについて、当人が語った言葉はほとんど残されていない。

2人であることを象徴する物理的な振る舞いは、確かな精神的結びつきを表現する共通の手段を伴う。すなわち、言葉だ。多くのペアは、自分たちにしかわからない「私的言語」を持っている。俳優のトム・ハンクスは、ロン・ハワード監督とプロデューサーのブライアン・グレイザーのやり取りを「バルカン人のゲシュタルト」と呼んだ。ソニーを創業した盛田昭夫と井深大は「よく話し込んでいた」と、盛田の次男の昌夫は振り返る。「私たちも耳を傾けていたが、何を話しているのか見当もつかなかった……私たちにはちんぷんかんぷんだったが、彼らは理解し合っていた。2人の話に口を挟むことは、どんな理由でも許されなかった」

2人だけに通じる言葉は、絶え間ないやり取りから有機的に生まれる。親密なペアは、心理学で言う「自己監視」——衝動的で多様な考えを頭のなかで検閲してから、合格した言葉を口にするプロセス——から解放され、ごく自然に、流れるようにしゃべる。「クロスビーと話すときは、自分の言葉を確認する必要がない」と、グラハム・ナッシュは言う。「多くの人は何かを口に出す寸前に、どんな結果になるかと予想するものだ」。心理学者のダニエル・カーネマンも同じ経験を語っている。「私も大半の人と同じように、暫定的な考えを他人に明かすときは、やや慎重になる」。しかし、エイモス・トベルスキーとしばらく話していると、「その警戒心が完全に消えた」。

ビル・ゲイツは、マイクロソフトで長年自分の右腕を務めたスティーブ・バルマー（のちに後継者となった）とは「ブロードバンド回線でつながっていた」と語る。「スティーブと私は2人で話をして、ミーティングに出て、話をして、ミーティングに出てという具合だった。私は夜遅くまで起き、彼にメールを5通送る。彼は朝早く起きて、必ずしも私に返信するわけではないが、その内容について考える。そしてオフィスで私と会った瞬間に、このスタッフをこの部署に移して、これをこちらに移せばいいと［ホワイトボードに］書きはじめた」。フェイスブックのマーク・ザッカーバーグCEOも、シェリル・サンドバーグCOOとのやり取りをブロードバンド回線にたとえている。「2人で30秒も話をすれば、1時間のミーティングより多くの意味を交わせる」

私はブレナンに、シャペルと2人だけの言葉があるかと訊いた。「あるよ」と言い、彼は携帯電話を取り出してメールを開いた。

「きょうの午後12時50分にメールが来た。『タ・タ・トゥ！』。私の返信は『リケッティ・クリケッティ・クラック・クラウ！』」。ブレナンは笑った。「わけがわからないな」。そして、彼は思い直したように続けた。「彼の言いたいことはわかる」

「どういう意味なんですか？」

「なんだと思う？　私たちが（『シャペルズ・ショウ』の数年前に撮影した映画）『ハーフ・ベイクド』の脚本を書いていたときのことだ。草稿を見せたらみんな気に入った。それからリムジンを借りて、マッシュルームを決めてビーチに行った。すると、一緒にマッシュルームをやっていた男が『クラウ！』と叫びだした。頭がおかしくなったみたいに『クラウ！　クラウ！』とね。脚本を私たち2人だけで書いた、仲間はずれにしやがったと怒りだして、『みんなビーチでくたばっちまえ！』とかなんとか。ビーチには3人しかいなかった。仕方がないから私とデイブも叫んだ。『クラウ！』」

ブレナンは再び笑った。

「つまり、『タ・タ・トゥ！』は、『ショービジネスはイカれてる』と言いたいんだ。だから返事は、『リケッティ・クリケッティ・クラック・クラウ！』。意味はないけど、なんとなくハッピーで、ラリッてるヤツがクレイジーなヤツのことを話している感じだ。『リケッティ・クリケッティ』は一緒に仕事をしていた例の男の口癖で、とにかく変わった男だったから」

「つまり、彼は『ショービジネスはクレイジーだ』と言っていて、あなたは『そうだよな』と。ただし、ほかの人には理解できない言葉で、ということですか？」

ブレナンは、まさにそのとおりだと言った。私は切羽詰まった翻訳者のような気分だった。手ごろな解釈にたどり着いたが、原文のエッセンスがするりと私の手をすり抜けていった。

時を重ねるにつれて、2人だけに通じる言葉が増えるだけでなく、話し方の基本的なリズムや構文も似てくる。心理学で言う「社会的伝染」だ。心理学者のエレイン・ハットフィールドの研究によると、近くにいるだけで、アクセントや話すスピード、声の強さや波長、間の取り方、反応の速さが似てくる。

これについて従来は、本人たちが似せたいと思って意図的に真似をすると考えられていた。それに対し、擬態は基本的に無意識に行われ、模倣よりはるかに範囲が広い。親密なパートナーは体の姿勢や息遣いまで似てくる。社会心理学者のロバート・ザイアンスのグループは、長年連れ添った夫婦の顔が似てくるとされる現象について研究し、感情や感覚の共有が大きな影響を与えると考察している。同じような感情を同じような顔の表情で表現しているうちに、似てくるのではないかと考えたのだ。ウォーレン・バフェットは、自分とチャーリー・マンガーは「結合体双生児と同然だ」と語っている。似たようなグレーのスーツを着て、クラーク・ケントのような眼鏡とバーコードの髪も同じ。「がたがたと体を揺らす不恰好な歩き方」も瞳に燃えさかる情熱も同じだと、バフェットの伝記を執筆したアリス・シュローダーは書いている。ザイアンスが「共感能力」と呼んだ表情の模倣を繰り返してきたのかどうかはわからないが、驚くほど似ていることは確かだ。

身体的な一致は、心理学で言う「協調構造の共有」を反映している。歩き方が似ているなど共通の癖があるときは、感情や考え方も似る場合が多いのだ。振る舞いや心理状態、信念は、身体的な特徴と同じように「かなり伝染しやすい」と心理学者のモリー・アイルランドとジェームズ・ペンベイカーは書いている。

言葉は思考と密接に関係しているため、精神的な一致を表す潜在的なメカニズムとなる。アイルランドとペンベイカーによると、「言語的な協調」は「(考え方の前提や指示語、知識など)共通する認識の枠組みを構築する」。

ペンベイカーの研究チームは文章中の単語を分類するソフトウエア(リングイスティック・インクワイアリーとワードカウント)を使って、親密さが深まると言葉が似ることを数字で測定した。これらのソフトウエアで分類すると、単語自体にほとんど意味はないが、使われる文脈によって息が吹き込まれる単語の重要度がわかる。すなわち、前置詞(on, for)や代名詞(you, I)、接続詞(or, but)など「機能語」と呼ばれるものだ。「機能語は語彙のなかでもっとも見落とされやすい」と、ペンベイカーはシンディ・K・チャングと共同執筆した論文で書いている。「それにもかかわらず、私たちが読んだり、話したり、聞いたりする単語の55%以上は機能語だ」

人々が交わす大量の書き言葉と話し言葉の分析から、親しい関係ほど、機能語の種類や頻度、文法的な構造が似ることがわかっている。

ジークムント・フロイトとカール・ユングが初めてやり取りをしたのは1906年。当時50歳のフロイトは、37歳のユングを有望な弟子と見込み、自分が創始した精神分析学の基礎を説いた。スイスの著名な病院で精神科医として働いていたキリスト教徒のユングは、ウィーンを拠点とするユダヤ教徒のフロイトの理論を、より広い世界に伝える力となった。

出会いから7年のあいだに、2人の関係は深い敬愛から力強い結束に発展し、最後は苦い亀裂が走った。彼らが交わした337通の書簡（計17万4438語）も、似たような変化をたどっている。2人の言葉は早い時期から大半が協調しており、4年間のやり取りを経て、1909年に一緒に渡米したころは最も重なっていた。しかし、関係がぎこちなくなりはじめると言葉も分かれた。1913年にユングがフロイトを傲慢で狭量だと非難し、フロイトが自分たちの「個人的な関係を完全に……絶つ」べきだと応じたころには、2人の言葉も完全に食い違っていた。

ペアの全盛期は似たような話し方をするだけでなく、一緒に言葉を紡ぐ。互いに相手の話の続きを引き取って完結させることも多い。ジョン・レノンとポール・マッカートニー、マット・ストーンとトレイ・パーカー、ダニエル・カーネマンとエイモス・トベルスキーなどにも、そのようなエピソードがある。デビッド・クロスビーとグラハム・ナッシュに、「クロスビー&ナッシュ」の名義で活動するなど2人の絆が強いにもかかわらず、スティーブン・スティルスとも組むのはなぜかと訊いたときも、2人が奏でるハーモニーのように2つの声が1つに聞こえた。

ナッシュ　音楽だよ。

クロスビー　彼がつくる音楽は、僕たちが聴いてきたなかでもずば抜けている。彼と一緒に歌うから僕たちの歌になる。「ラブ・ザ・ワン・ユア・ウィズ」も、あの――

ナッシュ　（間髪を容れず）「サウザン・クロス」「ヘルプレスリー・ホーピング」もね。素晴らしい歌ばかりだ。そう――

クロスビー　（間髪を容れず）すごいヤツなんだ。

ナッシュ　（間髪を容れず）才能があふれてる。

ペアの協調は、言葉ではないコミュニケーションにも表れる。俗に言う「テレパシー」だ。コーエン兄弟のデビュー作から何回か仕事をしている映画監督のバリー・ソネンフェルドによると、あるシーンを撮影した後に弟のイーサンが「ジョエル、ちょっといい？」と訊き、兄のジョエルが答えた。「ああ、わかってる。彼に言っておくよ」

ライターのデービッド・ザックスは、コメディアンのジョン・スチュワートの主任放送作家だったスティーブ・ボドウを取材するため、彼らの番組『ザ・デイリー・ショー』の収録現場を訪ねた。スチュワートとボドウの会話は「職場の隠語とテレパシー」だらけで、ほとんど理解できなかった。ボドウによると、「ジョンと仕事をしているうちに、あの省略した表現もわかるようになる」らしい。たとえば、スチュワートが「カットして、あっちに持っていって、片づけよう」と言うと、ボドウが次のように解説した。「『カットする』は、カットする場所はわかっているよね、という確認だ。『あっちに持っていく』は、いい感じだけど、『片づける』お膳立てとしてタイミングを調整する。『片づける』は、ぶちかますという感じかな。最後に大きなジョークを入れよう、とね。まあ、理解するまで時間がかかるし、辛抱強く繰り返していらだちもするけれど、ふと、カットして、こっちに持ってきて、片づける方法が見えてくる」

多くのペアに話を聞くなかで、私はさまざまな会話のスタイルに出会った。桟橋に打ち上げられたアシカのように激しく言葉をぶつけ合うペアもいれば、2人の僧が寄り添うように厳かな敬意を示すペアもいる。しかし、会話のスタイルに関係なく、2人がそれぞれ独特の雰囲気を放っていても、彼らと別れるころには1人の人間と会っていたような気がする。

そんなとき、私のような第三者は完全な部外者となり、2人が共有する空間に入り込む余地はまったくないのだと圧倒される。「誰かが2人のあいだに入ろうとしても、彼らはあっというまに扉を閉ざす」と、プロデューサーのスコット・ルーディンはマット・ストーンとトレイ・パーカーについて語る。これは、融合のカギとなる要素だ。「トレイとマットの惑星は、2人が属するほかのどんな惑星より大切なのだ」と、ニューヨーク・タイムズ紙のメディア担当記者デービッド・カーは私に言った。「完全に封鎖されている。神秘さえ感じさせるパートナーシップから素晴らしい仕事が生まれる。下品なことや非道徳的なことをしているときは、『クレイジーかな?』と訊ける相手が必要だ。そして、相手はこう答える。『そうだな、でもやろう』」

カーは親愛の情を込めて「クレイジー」という言葉を使っているが、2人の濃密な共鳴が狂気に走ることも少なくない。クリエイティブな2人の妄想が共有されることを、精神医学では「フォリアドゥ（フランス語で「二人狂い」の意味）」「感応精神病」と呼ぶ。ジェリー・サインフェルドは共同制作者のラリー・デビッドにこんなふうに言ったことがある。「君が僕に何かしら提案して、正気とは思えないばかばかしいことでも、僕は『オーケー』と言えばよかった」

デビッド・サインフェルド　ほかの人には絶対に言わないようなことだった。それを僕たちがテレビでやってのける。

独自のものを創造することは、まわりと同じであれという圧力に反する行為だ。ただし、指をさされても我慢するという意味ではなく、尊敬されたいという生物学的な本能からの行為だ。先史時代は、集団からはずれて放り出されることは、すなわち死だった。しかし、クリエイティブ・ペアは自分たちだけの集団をつくり、互いに放り出されることはないとわかっているから、そのような社会を持たない人々よりはるかに大きなリスクに挑む。

「クラレンス（・クレモンズ）の隣に立つと……雨が降ろうが風が吹こうが、何も自分に手出しはできないと感じた」と、ブルース・スプリングスティーンは語っている。哲学者のジャン＝ポール・サルトルは内縁の妻シモーヌ・ド・ボーヴォワールに、「私には特別な読者が１人いた。あなただ」と言った。「あなたが私に『いいと思う、だいじょうぶよ』と言えば、だいじょうぶだ。私はその本を出版し、批評は相手にしなければいい」

このような関係はクリエイティブな作業に不可欠だ。デービッド・カーは次のように言う。「マットとトレイのように、世間に逆らう厄介なものを作るときは、いいアイデアか、悪いアイデアかという判断はかなり複雑になる。彼らがやっていることの多くは、明らかにとんでもない発想だ。『モルモン教徒のミュージカルを作ろう』とか『神様なんかくそったれ、というコーラスを入れよう』とか。私が相談されたら、『愚かすぎる』と答えるだろう。だからトレイはマットに相談する」

ペアの結びつきを象徴する最も強力な言葉は、最も単純でもある。すなわち、「私たち」だ。距離が縮まるにつれて、人称代名詞は単数形が減って複数形が増える。ペンベイカーによると、これは意識的な選択ではない。2人がしだいに「私」ではなく「私たち」の単位で考えるようになる。

親密なペアは協力して知識を消化し、いわば2人の記憶を連動させる。心理学者のダニエル・ウェグナーはこれを「交換記憶」と呼んだ。「1人ですべてを記憶できる人はいない。ペアやグループのメンバー1人ひとりが（単語などを）記憶して、自分が知らないことはほかのメンバーが知っているという状況のほうが、自分が記憶した分からはるかに多く思い出せる」

心理学では以前から知られていたこの概念があらためて注目されているきっかけは、グーグルの検索エンジンの普及によって、情報そのものを処理して記憶することより、情報をどこで入手したり確認したりできるかを重視するようになるという研究だ。人間の脳は、他人（つまりインターネット）の記憶を利用できることは自分で記憶しようとしない。石器時代から他人の記憶に頼ってきたように、現代の私たちはガジェットに頼る。ある実験では、関係の長いカップルは過去の経験について、1人ずつより2人で記憶をたどるほうが詳しく思い出すことができた。「手がかりをやり取りしながら相手の記憶を引き出す」と、ジャーナリストのクライブ・トンプソンは説明する。あるカップルは40年前の新婚旅行を振り返った。

妻　劇場にも2回、行ったわよね。何だったかしら?

夫　行ったね。1つはミュージカルだった。両方ともだった？　ええと……。
妻　ジョン・ハンソンが出演していたわ。
夫　『デザート・ソング』だ。
妻　『デザート・ソング』、そうよ……。

「彼らは、ある意味で互いを検索していた」と、トンプソンは述べている。クリエイティブ・ペアは、共同作業のなかでどちらが何をしたかを覚えていない場合も少なくない。親密な2人はそれぞれの貢献を忘れるというより、最初から分担を区別して記憶していないのだ。霊長類の脳内のミラーニューロンの研究から、ある振る舞いを自分がするときと、他人がするのを見ているときとでは、神経細胞が似たような動きをするのではないかと考えられている。ミラーニューロンについてはさまざまな議論が続いている最中だが、心理学と神経科学の世界では、社会的な刺激を処理する精神的なプロセスに注目した「社会的認知」の研究が急速に進んでいる。

1992年に「社会神経科学」という用語を最初に用いた心理学者のジョン・カシオッポによると、精神的および生理的な境界線を明確に意識することは人間の特徴であり、「自分」という概念は相対的な現象として理解される。「矛盾していると思うだろう」と、カシオッポは私に言った。「しかし、精神的な宇宙や生理的な経験の中心に『私』があるという概念が、そもそも人間の説明として根本的に間違っている」。彼の言うとおりなら、クリエイティブ・ペアの融合のプロセスは、特別な例というより私たちの誰もが経験している「共生」に通じるだろう。

「これからどこに向かうのか」と、パティ・スミスは回顧録でロバート・メイプルソープとの関係について書いている。「私たちはどうなるのだろう。若い私たちはそんなふうに考え、若い私たちの答えは明らかだった。2人は互いに近づき、私たちという存在になるのだ、と」

それぞれの自己を手放して、私たちという自己に到達する。この真理を、心理学者のアーサー・アーロンと妻エレインを中心とする研究グループは「自己拡張理論」で説明する。人は心の底では、より大きな自分になりたいと思っている。それを実現する最も確実で劇的な方法は、他人と愛情を形成することで、「近しい他人の資源や見解やアイデンティティを、ある程度自分のものとして経験できる」。2人の人間が知り合い、愛し合うようになると、相手を自分のなかに取り込むのだ。アーロンたちの実験では2週間半に1回、計5回、被験者に「きょうのあなたはどんな人か?」と質問した。すると、前回の質問の後に新しい恋愛が始まった人は、より多彩な表現で自分を説明した。「新しい恋愛が自分に対する見方を広げた」と、タラ・パーカー・ポープはニューヨーク・タイムズ紙に書いている。

このように「親しい他人を自分のなかに取り込む」ことは、意識的なアイデンティティより深いところで進行する。ある実験では、90個の形容詞(「感情的な」「無神経な」「万能な」など)から、自分と自分の親しい相手に当てはまるものを選ばせた。続いて、同じ形容詞がスクリーンに次々に表示され、自分に当てはまると思ったら「イエス」、当てはまらなければ「ノー」のボタンをできるだけ速く押す。

この実験で重要なデータは、形容詞がスクリーンに表示されてからボタンを押すまでの時間

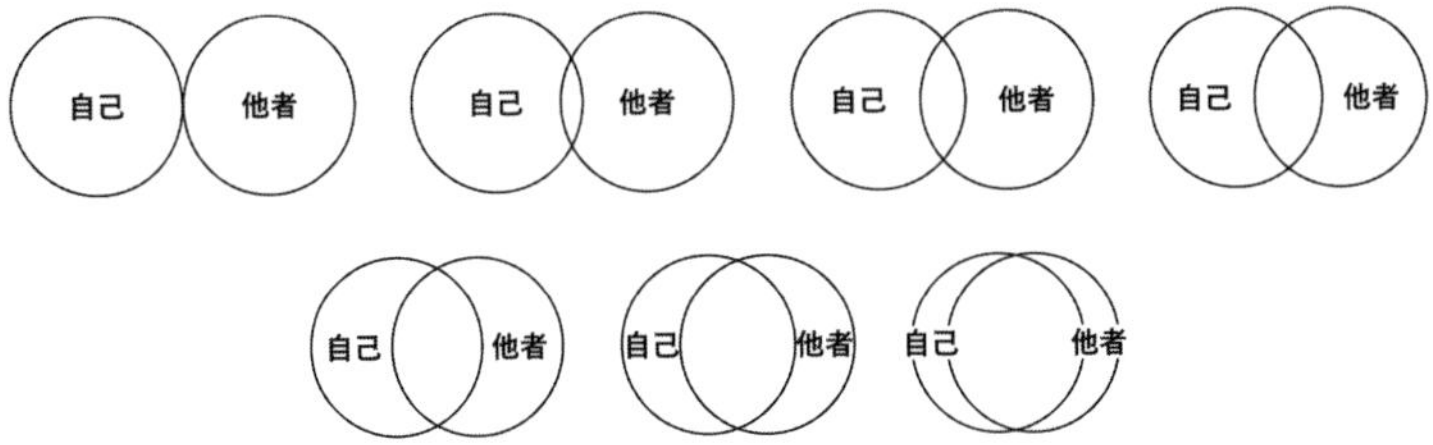

差だ。すると、自分には当てはまるが、親しい相手には当てはまらない形容詞、あるいは自分には当てはまらないが、親しい相手には当てはまる形容詞の場合、反応に有意な遅れが生じた。「自分のある性質について考えるとき、それがパートナーの性質ではない場合、私の頭は混乱する」と、アーロンは説明する。「ある意味で、私たちは同じ人間だからだ」

　したがって、境界線の浸透性が高いほど、自己が大きくなるとも言える。上の図から、「あなたとパートナーの関係を最もよく表現しているもの」を選んでみよう。アーロンによると、絵本などを共同制作しているアーティストのロビ・ベールと作家のマシュー・スワンソンの夫婦は、2人とも右下を選んだ。「2つの円がもっと重なっているものがあれば、それを選んだ」と、マシューは私に言った。「真ん中の円の両端に、ごく細く、独立した自分が残っているくらいがいい」。ロビは2つの円の重なり方に問題があると言った。「この図では基本的に、2人が近づくほど全体の面積が小さくなる。でも、実際は違う。2人でアイデアや野心や効率や能力をやり取りしていると、すべてが大きくなるのだ。重なり合うほど、私たちは大きくなる。2人が並んでいるときよりはるかに大きくなる」

ペアの融合には大きく3つのパターンがある。

「非対称」は、1人がもう1人を取り込む。指揮官とともに働く副官、あるいは師を慕う弟子だ。非対称性は、創作活動のクレジットに表れる場合も多い。ジョージ・バランシンとスザンヌ・ファレルは、それぞれが2人の結びつきによって変わったが、あくまでもファレルは「バランシンのダンサー」だ。バランシンを「ファレルの振付師」と呼ぶ人はいない。

「個別性」は、2人が個別のアイデンティティを持ちつづける。2人の融合を公に示す目印はなく、わかりやすい証拠もない。C・S・ルイスとJ・R・R・トールキンには、創作活動の共同名義はない。ロバート・メイプルソープはパティ・スミスの写真をときどき撮影したが、狭義の共同制作をしたことは一度もない。それでも2人はミューズと助言者として信頼し合っていた。個別性を維持しているペアは、周囲は2人をそれぞれ別個の存在として認識しているが、2本の川は地下で合流している。

「明示的」は、2人がほぼ同じ割合で貢献した結果が2人のものと認識される。いわゆる典型的な共同作業で、分子生物学者のジェームズ・ワトソンとフランシス・クリック、パフォーマンスアーティストのマリーナ・アブラモヴィッチとウライ、ジョン・レノンとポール・マッカートニーが当てはまる。明示的なペアは、社会的な名義が必要になる場合もある。ワトソンとクリックは最初の共同論文でどちらを筆頭著者にするか、コインの裏表で決めた。ダニエル・カーネマンとエイモス・トベルスキーも最初はコインを投げて決め、その後は交互に筆頭となった。

忘れてはならないのは、金銭的な問題だ。プロデューサーのブライアン・グレイザーはロン・ハワード監督と組むにあたり、40対60でハワードが多めになる分配を提案したが、ハワードは50対50の等分だと主張した。

私はマット・ストーンとトレイ・パーカーの弁護士ケビン・モリスに、彼らの取り分について訊いた。「2人が決めている。私からは、担当したクライアントのなかで最も簡単だったと言っておこう。それが2人について多くを物語る。この問題がいかに簡単に決まるかは、パートナーシップの成功と寿命に関係があるはずだ。そして、トレイとマットの場合、きわめて簡単に決まった」

言うまでもなく、これら3つのパターンは厳密な区別ではない。1つ以上の特徴に当てはまるペアもいれば、パートナーシップは時間とともに変わる。スーザン・B・アンソニーは、女性の権利を追求するエリザベス・キャディ・スタントンを追いかけて活動に参加したが、2人は明示的なパートナーとなり、やがてアンソニーの名前のほうがスタントンより知られるようになった。

このような分類は、大まかな特徴を分けるには便利だが、人種や民族に関するステレオタイプが危険であるのと同じように、分類によって見えにくくなる要素に気をつけなければならない。たとえば、デビッド・クロスビーとグラハム・ナッシュは複雑な例だ。彼らは多くの曲を共同で作り、互いにパートナーだと認めている明示的な関係だ。しかし、それぞれが個別のアイデンティティを維持していて、「クロスビー&ナッシュ」だけでなく、「クロスビー、スティルス&ナッシュ」「クロスビー、スティルス、ナッシュ&ヤング」としても活動している。

融合のステージに進むかどうかは、自分で決める場合もあれば、外部の要因で決まる場合もある。ペアは結婚に似ている。2人の人間が恋に落ちて愛を誓う理想的な結婚もあれば、妊娠を機に結婚するように気がついたらカップルになっている場合もある。

マリア・スクウォドフスカとピエール・キュリーは前者だ。1890年代に出会ったとき、2人はそれぞれ自立した研究者だった。現実的な性格で意志の強いマリアは、ソルボンヌ大学で科学を学ぶためにワルシャワからパリに移り住み、一人暮らしの「貴重な」自由を手にした。パリに来る前の恋は悲しい結末を迎えていた。「素晴らしい理論と苦い思いが彼女の決意を固め、自立した生活を手放すつもりはなかった」と、娘のエバ・キュリーは書いている。

ピエールも独身主義者だった。科学の想像にふけて学問を探究するために独身を貫くしかないと考えていた。「女性は……恋人を所有したがり、1時間の愛のために、世界で最も貴重な天才を無駄遣いすることも当然だと思う」と、彼は日記に書いている。結婚より科学を優先させる「自然に反した道」を進むため、「女性と戦う」とも宣言している。35歳で両親と暮らしていた。

そんなピエールを変えたのはマリーだ（名前をフランス語風に変えていた）。彼は熱心に求愛したが、マリーは研究者としての将来が定まらないまま、一度はワルシャワの実家に帰った。ピエールはパリに戻ってきてほしいと懇願した――自分のもとに、科学のもとに。

恋愛と科学の境界がぼやけたピエールの求愛から、より広い問題が見えてくる。ペアの創造的な活動と深い愛情は、区別できない場合も多いのだ。私の今回の研究は恋愛関係には踏み込んでいないが、クリエイティブな関係と恋愛関係の形成過程には共通する部分が確かに多い。初めて会ったときに火花が走り、「妊娠期間」を経て融合に至る。さらに、役割分担の重要性や、最適な距離感が必要なこと、力のバランスを取ろうとする過程で衝突を避けられないことなども似ている。

クリエイティブなペアと恋愛関係（あるいは深い友情）の大きな違いは、内的な力学というより、2人がどこを目指しているかだ。創造的なペアは、創造的な活動を追求する。この本で取り上げるペアを決める際も、素晴らしい創造的活動を成し遂げたかどうかという基準で考えた。実際、有効な視点だった。「人生のペア」は基本的に幸せを追求しているはずだが、はかりしれないこともたくさんある。たとえば、本当にペアと呼べる良好な関係なのだろうか。第三者はもちろん、本人たちにもわからないかもしれない。

一方で、クリエイティブ・ペアの関係は明白だ。2人で素晴らしいものをつくり出していれば、その意味で素晴らしい関係であり、彼らから学べるものにはすべて価値があるだろう。

とはいえ、共同制作をするペアの多くは人生のパートナーでもあり、その区別はあいまいな場合が多い。マリーナ・アブラモヴィッチとウライは芸術を生む恋人同士であり、愛し合う芸術家だった。バンで生活していた時期は「テレビがない貧しいカップルのように」セックスをしていたと、ウライは語っている。ヴァレンティノ・ガラヴァーニとジャンカルロ・ジアメッティも、共同制作者であると同時に恋人同士だった。作家ハーマン・メルヴィルが敬愛する文豪ナサニエル・ホーソーンにつ いて語る文章は、エロチシズムと創造が交差している。メルヴィルはホーソーンに会った直後に、匿名で彼の作品の批評を書いた。「今回のホーソーンの作品は、発芽している種子を私の魂に落としていった。芽が伸びて深く根を張り、私が彼について熟考するほど、さらにさらに成長する」

作家のケリー・エスクリッジは、創造と人生のパートナーである作家のニコラ・グリフィスとの関係について、「エロチシズムは大きくて厄介な構成要素だ」と、私への手紙に書いている。「私自身の創造のプロセスが、ときどきかなりエロチシズムを帯びる。創造の行為は原始的なかたちで私自身と結びつく。ああ、言葉にできないもどかしさ！　書くことは生気のない作業で、すべてが青白く沈黙し、部屋のなかでたいそうな思考を練っていると思われている。でも、決してそんなことはない。そこに他人が絡んでくると、彼らは執筆という創作活動の一部となり、混乱して区別がつかなくなる。突然、床に倒れ込んで愛し合いたくなるからではない。創造的なエネルギーがほかのすべてのエネルギーを呼び込むのだ」。ケリーはグリフィスとの共著のエッセーで、2人の人生は「共有する経験によって絡み合い、連携して、2つの自己のあいだに会話を紡ぎつづける」と書いている。「私たちをつなぐ2つの大きな金具——私たちの愛と私たちの仕事」

恋愛やエロチシズムに関する著作や講演で知られる心理学者のエステル・ペレルに、肉体的な欲望と創造的な欲望を明確に区別できるだろうかと訊くと、彼女は微笑んで答えた。「もちろん、区別なんてできない」

ピエール・キュリーがマリーについて、女性に対する欲望と、同じ研究者として何かを一緒にしたいという欲望を、自分のなかで区別していたかどうかを示唆する歴史的な記録はない。「私たちの科学的な夢」をともに追求したいというピエールの懇願は、2つの欲望が絡み合っていたのだろうと感じさせる。最初は彼を避けていたマリーも（ポーランド人以外と結婚することにためらいがあった）、しだいに引き寄せられた。そして、とりあえずフランスに戻ってもう1年研究を続けることにした。1人で部屋を借り、ピエールのことを少しずつ知って、彼の両親に会い、2人の共通の関心を探究した。彼女はピエールに共感を覚えた。彼はときには一歩引き、ときには思いのたけをぶつけ、1つの部屋を各自のスペースに分けて仕事をするか、自分が一緒にポーランドへ行って向こうで暮らそうと訴えた。

とにかく彼女と結ばれたい、その一心だった。のちにピエールはマリーに、彼女への求愛は、自分の人生で唯一、ためらうことなく突き進んだ行動だったと語っている。出会ってから1年以上が経ち、マリーはようやく家族に結婚すると告げた。

ジャン＝ポール・サルトルとシモーヌ・ド・ボーヴォワールは、2人のパートナーシップは結婚より優れていると宣言した。「私たちの人生を接合する同志関係は、私たちが築くこともできたほかのあらゆる結びつきを、形式だけの無意味なものにした」と、ボーヴォワールは『女ざかり』（紀伊國屋書店）で書いている。エリザベス・キャディ・スタントンはスーザン・B・アンソニーに、「天国でも地獄でもこの地上でも、どんな力も私たちを分かつことはできない」と書き送っている。「私たちの心は永遠につながっている」

マリーナ・アブラモヴィッチとウライは、このような誓いを自分たちのアートの中心に据え、彼らが「双頭体」と呼ぶ共同制作として表現した。「私も彼も、自分のエゴを押し込める方法を模索した」と、彼女は語っている。２人のパフォーマンスアートはこの模索を軸に発展した。1976年のヴェネツィア・ビエンナーレで発表した「イン・リレーション・イン・スペース」は、ギャラリーの両端から裸の２人が駆け寄り、体を激しくぶつけ、反対方向に走り去ることを繰り返した。「ブレシング・イン／ブレシング・アウト」は、鼻の穴をタバコのフィルターでふさぎ、唇を押しつけ合って互いが吐いた息を吸う。14分間で肺にたまっていた酸素がなくなり、２人とも失神しかけた。「レスト・エナジー」ではウライが全身で矢を引き、アブラモヴィッチが全身で弓を押さえる。矢は彼女の心臓を狙っていた。「私たちの心臓の近くに小さなマイクを着け、鼓動が聞こえるようにした」と、アブラモヴィッチは言う。「パフォーマンスが進むと鼓動がどんどん激しくなった。わずか４分10秒だったが、私には永遠に感じられた。完全無欠の信頼のパフォーマンスだ」

融合は、内なる欲求が結びついて互いに身を委ねるだけでなく、２人の力が及ばない要因にも影響を受ける。マリーとピエールのキュリー夫妻は、結婚後もそれぞれ別のテーマに取り組んでいた。夫は結晶の成長について、妻は鋼鉄の磁気について研究していた。マリーが博士論文のテーマを探しはじめたとき、ピエールはそれまでと変わらず助言をし、相談相手になった。一緒に文献を検討し、実験装置をつくった。しかし、マリーが放射能の現象を確認して放射性元素と名づけ、さらに新しい元素の発見を目指しはじめると、ピエールは自分の研究を手放して彼女にすべてをささげた。数カ月の難しい作業と研究を経て、2人は新しい元素を発見し、ポロニウムと命名した。その半年後、2人はラジウムを発見した。

これ以降、「キュリー夫妻の研究について、それぞれの役割を区別することは不可能になった」と、2人の娘は書いている。実験ノートは2人の手書きの記録が混じり、専門的な論文や著述は連名になって、「私たちは発見した」「私たちは観察した」と言うようになった。ポロニウムの発見については、「この新しい金属の存在が確定したら、私たちの1人の出身国にちなんで、ポロニウムと命名したい」と書いている。夫と妻それぞれの研究に同じくらい重要な意義があったとしたら、助言と意見を述べ合う段階から次に進むことはなく、1つの道を2人で探究することもなかっただろう。こうして2人は完全に組み合わさった科学チームになった。「私たちは夢を見ているように完全に没頭している」と、マリーは書いている。

創造性そのものは、一般的な定義として、外的条件によって決まる。先に引用した心理学者のミハイ・チクセントミハイによると、創造性とは、新しく加える価値のある、真に新しいものを存在たらしめることだ。ファッションでも、物理学やポピュラー音楽でも、新しくて美しく、有用なものだと認められるときに、創造性が生まれる。

新しさとは、これまでとは違う何かをすることだ。文化に認められるだけの驚きと説得力と魅力のある、これまでとは違う何かをすることだ。そう考えると、評価は高いが不快な作品や、傑出した成果だが注目されないものは、創作と呼べるのかという疑問も出て来るが、解釈を突き詰めるのは別の機会に譲るとしよう。ここでは広い意味で「会話」の一部と呼べる創造性の特徴を考えていきたい。創造性には対話の要素がある。話し手と聞き手がいて、アーティストと観客がいて、発信者と受信者がいて、創造性が成り立つのだ。

科学は例外的で、その研究がその時代の顧客にどのように受け入れられるかに関係なく、イノベーションには実証が必要となる。しかし、科学以外の創造的な活動は、十分な規模の観客や支持者がいるか、継続できるかどうか、という要素に左右される。そして、観客の反応がペアを形成していくとも言えるだろう。

レノンとマッカートニーは、ペアとしての活動が成功をもたらした。しかし、成功が2人をペアにしたことも確かだ。彼らを結びつけた大きな力の一方で、引き離そうとする多大なエネルギーも働いていた。それは2人の性格と状況から自然に生まれたエネルギーでもある。たとえば、彼らは野心の本質が違った。ジョンは言葉にできない漠然としたサウンドを目指していたのに対し、ポールはかなり具体的なビジョンを描いていた。クオリーメンに加入して数カ月後、ポールは新しいギタリストを連れてきた。14歳のジョージ・ハリスンだ。ポールはハリスンの演奏技術がバンドを飛躍させると思っていた。しかし、ジョンは乗り気ではなかった。「さすがに無理があるだろう。子供だよ……ポールより年下に見えるけど、ポールは童顔だから10歳くらいに見えるじゃないか」

ジョージが加入したのは「ジョンにつきまとって」根負けさせたからだと、ピート・ショットンは言う。最初のうちはジョージの存在が、美術学校に通うロマのジョンと、グラマースクールに通う2人の坊やの違いを浮き彫りにした。「ジョンは僕たちに親切だった」と、ジョージは振り返っている。「でも、同時に少々いらだっていた。僕もポールもかなり幼く見えたから」

このとき、彼らの永遠のテーマが始まっていた。感情が目まぐるしく変わるジョンは、ポールとの決別を絶えずちらつかせながら、バンドの中心でありつづけた。1958年7月、ジョンとポールが出会ってから1年後、ジョンの母ジュリアが車にはねられて死んだ。「くそっ。ふざけるな。何もかもありえない。どうなってもかまわない。そう思っていた」と、ジョンは振り返っている。ポールはのちに、この悲劇が自分とジョンの距離を縮めたと語っている。彼もその2年前に母親を病気で亡くしていたのだ。「言葉にできないことが起きたんだと、2人ともわかっていた。でも、僕たちは笑うことができた。2人ともそれぞれ経験したから。ほかの人ではだめだった」

母親の死後、ジョンはしばらく自分の世界に引きこもった。酒の量が増え、酔うと手に負えなくなった。「2年間、怒りを抑えきれなかった」と、ジョンは語っている。「酔っ払っているか、喧嘩をしているか。どうかしていた」

ポールは音楽のパートナーとしてそばにいたが、ジョンには音楽以外の道を象徴する友人ができた。美術学校で知り合ったスチュアート・サトクリフは優しく、気まぐれで、ハンサムな才能ある画家だった。愛読書はジョイスとキルケゴール。ジョンはスチュアートにロックの理想を重ねた――本物の人生を生きているアーティストだ。「僕はスチュを尊敬していた。真実を知りたいときは彼に訊いた。彼が何かをほめれば、僕はそれを信じた」

ジョンはスチュを無二の親友と呼び、自分の人生を導く光と称えた。スチュはベーシストとしてクオリーメンに加入し（演奏はほとんどできなかったが、ジョンは気にしなかった）、ジョンの最高の友人と最高のパートナーが肩を並べることになった。ポールは憤慨した。「彼（スチュアート）と僕はとことん対立した。いま思えば、僕たちはジョンの関心を奪い合っていたのだろう」

一方で、ポールはバンドの将来とも格闘していた。見通しは暗く、それなりのドラマーを確保することもできなかった。腕のいいドラマーは、もっと有名なバンドに行ってしまった。1960年にドイツのハンブルクの歓楽街で巡業をしたときは――バンド名はポールとスチュアートが考えた「ザ・ビートルズ」になっていた――パフォーマーというより「催事場の客引き」だったと、フィリップ・ノーマンは書いている。

巡業が始まって数カ月後、最悪の事態を迎えた。彼らはクラブのオーナーともめて、17歳だったジョージが就労年齢制限に抵触しているとして国外退去になった。そのすぐ後にポールと（臨時のドラマーだった）ピート・ベストが宿舎でコンドームを燃やし、放火未遂で逮捕された。スチュアートはドイツ人のアストリッド・キルヘルと恋に落ち、ドイツに残ると言いだした（その1年後、彼は突然、激しい頭痛に見舞われて脳出血で死亡する。21歳だった）。ジョンはギターを片手に、アンプを背負って、ひとりイギリスに帰った。「まだ若い自分がたった1人で外国を去る。強烈に打ちのめされる経験だった」

彼らは若かった。ポールは18歳、ジョンは20歳。熱意にあふれていたが、脆いアイデンティティは壊れやすく、漠然とした欲望のはけ口はいくらでも見つかるという非現実的な想像を抱いていた。これは年齢や経験に関係なく、ペアの始まりに共通する特徴だ。新たな人間関係の幕開けは、可能性と不確かさが混沌としている。融合は、何かを手放して未知に飛び込むことでもある。

1960年から61年にかけての冬は、ジョンもポールも複雑な感情を抱えていた。ハンブルクから自宅に戻ったジョンは、「うんざりして、数週間ほかのメンバーと連絡を取ろうとも思わなかった……彼らが何をしているのかも知らなかった。ただ引きこもり、バンドを続ける意味があるのだろうかと考えていた。これが僕のやりたいことなのか。さながら詩人か画家のように、『これでいいのか?』と考えていた。ナイトクラブ、みすぼらしい舞台、国外退去、クラブの不気味な人々」。

それは落胆した青年の愚痴というだけでなく、若いアーティストの本心だった。「バンドを続けるべきかどうか、真剣に悩んでいた。ジョージとポールは僕に腹を立てていた。彼らはそろそろ演奏できると思っていたから。でも、僕は閉じこもっていた。僕は修道僧だ。ちっぽけなパフォーマーだ。辞めるべきときを間違えれば生きていけない」

一方で、ポールも悩んでいた。反抗的なティーンエイジャーらしい虚勢の下で、彼は堅気な人生を思い描いていた。スチュアート・サトクリフがジョンに真のアーティストの道を示したように、ジム・マッカートニーはポールにとって、実直で愛される働き者の手本だった。

「ポールにはいつも、父親のことは無視して着たい服を着ろと言っていた」と、ジョンは語る。「彼は父親に反抗せず、細身のパンツをはかなかった。後でわかったのだが、父親は陰でずっと、僕をグループから追い出そうと画策していた。『ジョンとは縁を切れ、問題を起こすばかりじゃないか』とね」

「父親に立ち向かえ、くたばれと言ってやれと、いつも（ポールに）話していた。あいつは君を殴れやしない、君はあいつをやれる、向こうは年寄りだ。彼はポールを子供扱いしていた。17歳や18歳になっても息子の髪を切り、着る服も決めていた。でも、ポールはいつも折れてしまう」

ポールは以前からバンドと父親の板挟みになっていたが、ついに父親から最後通牒を突きつけられた。「仕事を見つけろ、それまで帰ってくるな」。ポールは小包を配達し、続いてマシー&コギンズというコイル巻きの工場で週給7ポンドで働きはじめた。

ポールによると、ある日ジョンとジョージが工場にやって来て、リバプールのクラブ「キャバーン」でステージがあると言った。「ここで安定した仕事を見つけたんだよ――彼らにそう言ってから、父親の警告が頭に浮かんだけれど、思い直した。『ちくしょう、やってられるか！』。そのまま工場の塀を乗り越えて、マシー&コギンズとはそれきりだ」

ジョンの記憶では、最後通牒を突きつけたのは自分だ。「父親にきちんとした仕事に就けと言われて、彼はバンドを捨てて工場で働きはじめた。『堅実な仕事が必要だ』とね。信じられなかった。僕は電話をかけて、いま来なければクビだと告げた。僕か、父親か。最後に彼は僕を選んだ」

ただし、2人の記憶は、どちらも大きな真実に触れていない。ポールとジョンは、すでに何年も前から同じ軌道を走っていたのだ。2人の関係をパートナーシップに発展させたのは、彼らの決断ではない。ビートルズが突然、人気を集めたことだ。苦汁をなめさせられたハンブルク巡業はバンドの結束を強め、意識を高めた。それまでは「よくなるよ、そのうち仕事が来る」と言われつづけていたと、ジョンは振り返る。しかし、イギリスに帰国して最初のステージで「突然、歓声があがった。僕たちは舞台の上で初めて喝采を浴びた」。

共同作業が順調に行きはじめると、ペアの結束を次の段階に進める促進剤となる人物が現れる。ビートルズはキャバーンで一躍人気者になり、噂を確かめに来た地元のレコード店主ブライアン・エプスタインがマネジャーに名乗りをあげた。ロンドンのレコード会社に片っ端から断られた後、1962年6月に、EMI傘下のパーロフォン・レーベルのプロデューサー、ジョン・マーティンが彼らに賭けてみようと思った。こうしてビートルズはバンドとして出発点に立ち、無口なピート・ベストは解雇されてリンゴ・スターが加入した。

まわりの世界が広がるにつれて、ジョンとポールの距離は縮まった。当初はジョージ・ハリスンを加えた3人組が注目を浴び、名前をつなげてジェイペジ3というユニットを組んだ。しかし、ビートルズとしての人気が高まると、ジョンとポールは曲作りにジョージを加えるかどうか真剣に悩んだ。そして「2人だけでやっていこうと決めた」と、ポールは言う。バンドの空気は明らかに変わった。「ジョンとポールは、『イケてるのは俺たちだ、おまえたち2人は黙って見ていろ』という態度を隠さなかった」と、ジョージは振り返る。ジョンとポールは2人だけで曲作りに関する契約を結び、エプスタインにバンドだけでなく2人のマネジメントも依頼した。マーク・ルイソンは次のように書いている。「(2人がエプスタインと契約書を交わした)1962年10月1日から、ビートルズとレノン・マッカートニーという2台のエンジンは力強く走りつづけた。一緒に走り、別々に走り、肩を並べ先を争い、並走する使命は絡み合い、互いを強化した」

エプスタインの秘書を務めたアリステア・テイラーは言う。「ジョンとポールがジョージとリンゴを引き連れ、世界中に反抗しているように見えた」

PART

第3部

弁証

DIALECTICS

すべてのものは2つのものが収束している。
その収束の範囲は、実に探究しがいがある。

ロバート・スミッソン（現代美術家）

人の性格は、普通は個人単位で考える。MBTI（マイヤーズ・ブリックス性格指標）の16タイプのどれに当てはまるか？　憂鬱になりやすいか？　楽観的か？　しかし、クリエイティブな人間関係を理解するためには、2人の性格を併せて考える必要がある。2人の異なる特徴から、どのような過程で動的な関係が生まれるのだろうか。複雑に絡み合う役割を明確にすることは、彼らがどのようなペアで、どのようなことを成し遂げるのかを理解するための重要なステップになる。

ペアの役割は、2人の専門性や異なるスキル、トレーニングから生じる場合もある。ドラマーにはギタリストが必要であり、建築家には建築請負業者が必要だ。フランシス・クリックは（生物学に転向する前は）物理学者として、ジェームズ・ワトソンは生物学者として訓練を受けていたから、互いの知識の隙間を埋めることができた。クリックは複雑なX線結晶解析についてワトソンに説明し、ワトソンはバクテリオファージについてクリックに講義をした。バクテリオファージは細菌に感染して複製を繰り返すウイルスの総称で、その複製がDNAの構造の解明にヒントを与えた。

数多くのペアの役割を調べていくと、「主演俳優と監督」「液体と容器」「夢想家と実務家」という3つのタイプがとくに多いことがわかった。それぞれのタイプが2人のクリエイティブな人生に弁証法的な発展をもたらす。「弁証」は格式のありそうな言葉だが、簡単に言えば、相互関係や二重性から1つの結論が浮かび上がる過程のことだ。

長い歴史がある偉大な知恵は、ある概念が反対の概念と結びつき、重なり合う概念に収束する。道教の陰と陽も、ヘーゲル弁証法の命題《テーゼ》と反対命題《アンチテーゼ》もそうだ。命題と反対命題は対立し、その対立を包括するような統合命題《ジンテーゼ》が生まれる。近年の協調ダイナミクスの研究が示すとおり、これらの哲学は自然界（と人間の心）の仕組みを反映している。無限に広がる複雑さのなかで、物事は繰り返しペアを組む。DNAの二重らせん構造は、化学物質のペア（塩基対）が連なっている。人間の生命と同じようにデジタルの世界も、すべては1と0のペアから始まる。

ペアも弁証法的な発展の段階をたどる。たとえば、チームのなかで1人ひとりが特定の役割を担うとき、たとえば選手とコーチのペアが生まれる。軍の狙撃手《スナイパー》と観測手《スポッター》のように、つねに同じ相手と組むとはかぎらないペアもある。さらに、創造的な思考の働きが相互関係をかたちづくる場合もある。1人の人間が頭のなかで考えていることが、どのようにしてもう1人の頭のなかと連動するのだろうか。

投資会社バークシャー・ハサウェイが毎年春に開催する株主総会は、「資本主義のウッドストック」とも呼ばれる。イベントも含めた3日間のスケジュールの目玉は、ウォーレン・バフェットとチャーリー・マンガーが壇上で株主からの質問に答える時間だ。「オマハの賢人」ことバフェットは完璧なエンターテナーで、ビジネスや公共政策について朗々と語る。ひとしきり演説をぶつと、彼はマンガーを見て、何かあるかと促す。マンガーの返事はいつも同じ。「とくにつけ加えることはない」

多くのパートナーシップは、1人がスポットライトを浴び、もう1人は舞台裏にいる。演劇の共同制作には、舞台裏の比喩がことさら当てはまる。たとえば、監督は作品の担い手として前面に名前が記され、プロデューサーや舞台装置デザイナーはそれぞれの役割が併記される。重要なのは、これが相対的な関係であることだ。フェイスブックのマーク・ザッカーバーグCEOは会社の代表として振る舞い、最終的な評価と責任を引き受ける。彼がスターであるとき、COOのシェリル・サンドバーグは舞台裏にいる。一方で、サンドバーグ自身もスターであり、その舞台裏にはベストセラー『LEAN IN』（日本経済新聞出版社）の共著者ネル・スコーヴェルがいる（スコーヴェルの名前は本の表紙には記されていないが、サンドバーグは謝辞の冒頭で執筆のパートナーとして紹介している）。舞台裏として優れたパートナーには、その人自身の舞台裏を務めるパートナーがいるものだ。

皮肉なことに、私たちの目は自然とスターを追いかけ、ペアの重心がよく見えていない。『大草原の小さな家』（福音館書店）をはじめとするインガルス一家シリーズの作者ローラ・インガルス・ワイルダーは、娘のローズ・ワイルダー・レーンに、「あなたの判断は私より正しいから、あなたが決めるとおりにします」と書き送っている。舞台裏にいる娘は、母親を有名にした作品の構想について判断を下し、おそらく主導していたのだろう。同じように、チャーリー・マンガーはウォーレン・バフェットほど注目を浴びず、自ら先頭に立つ機会も多くない。共同経営するバークシャー・ハサウェイの持ち分も、バフェットより少ない。しかし、ある年の株主総会でバフェットが言ったジョークは示唆的だ。「実際に話しているのはチャーリーだ。私は唇を動かしているだけさ」

舞台裏のパートナーが歴史に埋もれがちなことは、驚くまでもない。詩人のウィリアム・ワーズワースは、妹のドロシーが創造やアイデアや言葉を書き留めた日記を創作に生かしたが、ドロシーは自分が世間に認められることをあきらめていた。「自分が作者として名乗るという考えは嫌悪すべきものです。その喜びはWmの手に」と、彼女は兄を指して書いている。ドロシーと共有する経験を、彼女の観察力の助けを借りて散文で飾り、自分の鋭敏な心から生まれたものとして発表することも、ウィリアムの喜びだった。有名な「水仙」の冒頭で、「雲のようにひとりさまよい歩く／谷や丘のはるか上をただよう雲のように」という節は、ドロシーと散歩したときの情景を彼女の日記をもとに再現している。

パートナーの片方が正当に評価されないことは、不公平に思えるかもしれない。舞台裏のパートナーがどのように「利用」されているのかは、正しく理解する必要がある。たとえば、スタニスロース・ジョイスは、作家の兄ジェイムズ・ジョイスについて、肉屋が刃物を使うように自分を使うと率直に述べている。ジョイスにとって弟の「スタニー」は長年のパトロンであり、リサーチ係であり、使い走りであり、ベビーシッターだった。

ただし、パートナーシップの使命は、舞台裏にいるパートナーに支えられている場合が多い。インド独立の父マハトマ・ガンジーは孤高の英雄として記憶されているが、実際は「20世紀の最も革新的な社会事業体のひとつ」を指揮していたと、歴史学者のイアン・デサイーは言う。腹心のマハデブ・デサイー（イアンと血縁関係はない）は速記者であり、親友、通訳、ゴーストライター、編集者であり、万能の助手だった。毎朝ガンジーが起床する前に、デサイーは1日の予定を組んだ。ガンジーが一線を退いた後、デサイーは独立運動の公式記録の草稿をまとめた。デサイーの息子によると、ガンジーはときどき草稿を読み、1点だけ手を入れた。文末のM・D（マハデブ・デサイー）の署名を消して、M・K・G（マハトマ・K・ガンジー）と書くのだった。

「チーム・ガンジー」にとって、自分たちが表に出ないことは戦略のひとつだった。彼らの大志の成功は、杖をついた小柄で謙虚な男性がイギリス帝国に立ち向かうという、国際的なイメージに支えられていたのだ。「ガンジーの副官は自分たちの努力の跡を消し、控え目な独立独歩の活動家というイメージを強固なものにした」と、イアン・デサイーは書いている。

数十年後にアメリカ南部で始まった公民権運動も、少なくともテレビで見守る国際社会にとっては、1人のカリスマ指導者が率いていた。テレビや写真にうつるのはマーティン・ルーサー・キング・ジュニアで、ラルフ・デービッド・アバーナシーはほとんどカメラの前に出なかった。黒人コミュニティの教会で開かれる大規模な集会では、まずアバーナシーが状況を説明し、立ち上がれと群衆を鼓舞しながら、高まる緊張をジョークでときおり和ませる。続いてキングが演壇に立ち、道徳的な行動と非暴力の哲学にもとづく説教をした。「典型的なドン・キホーテとサンチョ・パンサのチームだ。表街道と裏街道が並行して走っている」と、キングの時代に関する3部作の著書があるテイラー・ブランチは語る。「アバーナシーは天性の説教師だった。人々を結びつけ、勇気を奮い立たせる才能があった。世の中のことに通じていて、気取らず、愉快で、即興で話を盛り上げる。キングもプライベートでは愉快だったが、公の場では堅苦しさを崩さなかった。自分が田舎の小さな教会だけでなく、(ロンドンの)セントポール大聖堂でも説教ができる存在であることを、強く意識していた」

彼らと同時代の牧師ネルソン・トラウトによれば、アバーナシーとキングは、いわば「ミスター・ラフとミスター・スムース」だった。世界の良心に訴え、アメリカの黒人を見下すステレオタイプを超越しようという運動のために、誰が主演男優に最もふさわしいかは明白だった。1955年に始まったモンゴメリー・バス・ボイコットを機に、キングは公民権運動の顔となり、スポークスマンとなり、哲人王となった。タイム誌はキングを1963年の「マン・オブ・ザ・イヤー」に選び、「アメリカのガンジー」と称えた。その記事でキングはアバーナシーを、「最愛の親友であり同房の友」と呼んでいる。

ある運動や現象が1人の人間をスターとして前面に立たせるときは、ブランドにふさわしい人物を選ぶことが多い。『大草原の小さな家』シリーズは、ローラ・インガルス・ワイルダーの物語だ。1870〜80年代の開拓地で過ごした、苦しいけれど愛があふれる家族の物語だ。一方で娘のローズは、母親の作品と自分の関係が公に認められたら「自分のブランド」を傷つけるとわかっていた。「ゴーストライティングと呼ばれるたぐいの仕事だ。私のような評価を得ている物書きは、決してやらない」

どちらが前面に出るかという問題は別にして、そもそもなぜペアの1人だけが注目を集めるのだろうか。主演俳優と監督のパートナーシップでは、観衆の側が、感情移入できる相手を1人だけ求めることが多い。出版業界では、共著者の本は単独の著者より一般に売れにくいとされる。読者は(しばしば無意識にだが)著者と直接コミュニケーションを取りたいと思うからだ。著者と読者が1対1でクリエイティブ・ペアを組む、と言ってもいいだろう。ウラジーミル・ナボコフの本を夢中で読みながら、作家が自分だけに語りかけているかのように感じる。自分がナボコフの女神となり、腹心の友となる。それに対し、ヴェラ・ナボコフの役割——6年にわたって夫の編集者であり、エージェントであり、リサーチャー兼秘書だった——を意識させられると、最初に感じた親密さが壊されるかもしれない。作家と1対1の関係だったはずが、突然、読者という名の部外者になる。

ただし、表舞台に立つ「主演俳優」が高圧的で独断的な場合(実際にそのような関係も少なくない)、一見すると、舞台裏のパートナーは「監督」とは思えないだろう。確かにペアの力学はもっと複雑だが、それについてはこの本の後半で考えたい。ここで重要なのは、自分だけが注目されたいという名声への渇望に、本質的な矛盾があることだ。主演俳優は、舞台裏のパートナーと共存しているというだけではない。競走馬に騎手が必要なように、彼らには監督が必要なのだ。

心理学者のマイケル・マコビーによると、歴史に名を刻む主演俳優の多くは、正真正銘のナルシシストだ。ナポレオン、フランクリン・ルーズヴェルト、ヘンリー・フォード、トマス・エジソン、スティーブ・ジョブズ。大胆不敵で説得力がある彼らは、未来を見据え、リスクを蹴散らかして突進する能力があり、この人についていこうと周りに思わせる。ただし、ナルシシストのカリスマ性と行動力は、同時に深刻な問題を伴う。自己認識や自制心に欠ける場合が多いのだ。妄想に走りがちで、偏執的にさえなり、自分の世界に入り込んでしまう。スポットライトのたとえは言い得て妙だ。スポットライトのなかに立つと、観衆からはあなたが見えるが、あなたからは観衆が見えなくなる。(1)

主演俳優を演じるパートナーを子供にたとえるなら、彼らの成功は、親としての監督との関係に依存しがちだ。監督は本当の親のように、忍耐強い寛容さと絶対的な権威を使い分ける。このような関係は、ペアの力学を詳細に見なければわかりにくい。ナルシシストは孤高の天才というイメージを助長しやすいからだ。ヴァレンティノ・ガラヴァーニとジャンカルロ・ジアメッティのパートナーシップは、ファッション業界の外では数十年間、ほとんど知られていなかった。2人の関係を明らかにしたドキュメンタリー映画『ヴァレンティノ』は、「主演俳優と監督」の力学を描いたなかでもとりわけ素晴らしい作品だ。

2人が1960年にローマのカフェ・ド・パリで出会ったとき、ヴァレンティノはファッション界では知る人ぞ知る存在で、まさにスターになろうとしていた。ジアメッティはヴァレンティノという人間と、会社と、ブランドのマネジメントを引き受けた。先見の明のある提携ビジネスを編み出し、ファッションのライセンス契約の先駆者となった。ジャッキー・ケネディやソフィア・ローレンが着るヴァレンティノのドレスに世間の注目が集まる裏で、ジアメッティは自分たちの豪華なライフスタイルの費用を捻出した。浴室のタイルやトイレの便座カバーなど、実に地味な製品もヴァレンティノの名前を冠した。「楽しかったよ」と、ジアメッティは語っている。「今年はあと200万ドル必要だ。どうしよう。バスルームで行こう、という具合さ」

一見すると、ジアメッティは明らかに影の男だ。彼が会社を経営し、ショーや店舗を企画して事業の資金を集める一方で、ヴァレンティノはステージからキスを投げる。「彼はつねに私の後ろを歩き、存在の薄い役割を受け入れていた」と、ヴァレンティノは語っている。「でも、2人の人間が同じ馬に乗るなら、どちらか1人が後ろに座らなければならない」。ドキュメンタリーのなかで、ヴァレンティノが怒りだす場面がある。カメラがほかの人に向けられたからだ。「ほかのヤツを追いかけるな!」彼はジアメッティに向かって叫んだ。「私を追いかけろ!……私の前では、みんなひざまずけ!」

「ヴァレンティノの友人であることと、恋人であること、そして従業員であることは、どこか似ている」と、ジアメッティは言う。「かなりの忍耐力が必要だ」

一方で、『ヴァレンティノ』はジアメッティの影響力もとらえている。2人がドレスのデザインについて話し合うときも、ショーの構成を確認するときも、初めて会ったのがカフェ・ド・パリだったか向かい側のカフェだったかと言い争うときも、彼らの口調と役割はいつも同じだ。ヴァレンティノは感情が揺れ動いて熱くなり、ジアメッティは冷静で落ち着いている。ヴァレンティノは話を盛り上げ、ジアメッティが決断を下す。

「主演俳優と監督」の創造の過程に注目すると、偉大な芸術作品についても、私たちが知っているつもりだったことをあらためて考える必要がありそうだ。たとえば、ヴィンセント・ヴァン・ゴッホの弟テオは一度も絵筆を握らなかったが、美術史上に残るゴッホの傑作について、テオを共同制作者だと認めるのは正当な評価だろう（実際、ヴィンセントも認めていた）。ゴッホ兄弟はアスペンの木立が天蓋《てんがい》をつくるように、枝先が絡み合っていた。2人の役割やスタイル、アイデンティティは明らかに違ったが、それぞれの領域から、率直で大胆な芸術を生み出すという共同プロジェクトに協力した。

このような創作活動は驚くような力をもたらし、繰り返されても色あせない。現代も愛されるヴィンセント・ヴァン・ゴッホの作品は、2人の兄弟がそれぞれ自分の役割を果たすなかで、情熱的に共有していたビジョンから生まれた。「私の絵はまだ十分に認められていないから、君の分まで私が享受しているものを埋め合わせられずにいる」と、ヴィンセントはテオに書いている。「でも、信じてくれ、私の絵が認められれば、君も私と同じように制作者になる。私たち2人が一緒に描いているのだから」

20代後半の絵を描きはじめたころのヴィンセントは、血の気の多い衝動的な青年だった。

画家を目指すようになるまでのいきさつは、家族にとって衝撃と危機と崩壊の連続だった。オランダの牧師の家に生まれたヴィンセントは、長子としての役割を果たそうとせず、10代後半でおじが勤める「グーピル商会」に就職した。欧米各地に支店を構える大手美術商で、絵画の印刷と複製が人気を集めた時代に乗って繁盛していた。

しかし、ヴィンセントは数年で壁にぶち当たった。独善的で柔軟性がなく、饒舌だが落ち着きがなく、冷酷なほど率直で愛想もない。要するに営業の才能はなかったわけだが、マグカップでコーヒーを飲むように美術書を読みあさり、敬愛する画家たちに関する知識を吸収した。たとえるなら、郊外の書店で働く店員が、ベストセラー本やチャート上位のCDをレジに積み上げた客に向かって、買うべき作品について講釈をたれたらどうなるか。ほどほどの教養がある客に有名な絵画の複製を売って儲けていたグーピル商会に、ヴィンセントの居場所はなかった。

ハーグ、ロンドン、パリを転々とした後、23歳で解雇。無断で休暇を取ったという解雇理由は表向きにすぎなかった。彼はテオに次のように報告している。「リンゴが熟すると、そよ風でも木から落ちる。そんなことが起こった」

両親は、ヴィンセントがようやく家族の「冠」を受け継ぎ、自分たちの長年の夢をかなえてくれるのではないかと期待した。しかし、1867年にグーピル商会を辞めてから数年間、ヴィンセントはふらふらとしていた。教師や書店の仕事は長続きしなかった。聖職者を志したこともあったが、専門の学校で7年間学ばなければならず、すぐに耐えられなくなった。ベルギーの炭鉱地帯ボリナージュで伝道活動を始めたときは、彼の激しい情熱にうってつけに思えたが、うまくいかなかった。このころから常軌を逸した振る舞いが増えた。敬虔な信仰と情熱と献身に突き動かされ、体を洗わなくなり、ぼろを着て床で眠る。周囲からは変わり者と言われ、恐れられた。父親は彼を精神科に入院させようとした。

27歳のとき、ヴィンセントはついに運命の選択をする。画家として生きていこうと決めたのだ。持ち前の粘り強さと強烈な情熱とともに新たな道を歩みはじめたが、決して1人ではなかった。画家としての人生を通じて、ヴィンセントは弟テオに支えられ、影響を受け、導かれることになる。

ヴィンセントより4歳下のテオ・ヴァン・ゴッホは、兄と同じ繊細さを持ち合わせていたが、がっしりとした体格で横柄な兄とは違い、物静かで病気がちだった。自分を持て余して破滅的だったヴィンセントが岩場に突っ込む艀《はしけ》なら、機敏で冷静なテオは湖上を滑る平底船だった。

兄と同じく10代でグーピル商会に就職したが、兄と違い優秀な社員で、ハーグとブリュッセルの支店で評価を高めた。会社から派遣されたパリ万国博覧会では、当時のフランス大統領と言葉を交わしている。その後、美術の都パリの本店に移り、出世頭として活躍した。一方で兄に経済的支援をするようになり、まもなく兄の唯一の支援者となった。

ここで重要なのは、「支援」という言葉の意味だ。テオについて一般に知られている記述の多くは、兄を支援する弟という言葉でひとくくりにしているが、誤解を招きかねない。そのような「支援」で思い浮かぶのは、アイダホ州に住む裕福でおもしろみのない銀行家の弟が、ニューヨークのグリニッジビレッジで夢を追いかける詩人の兄に送金する、といったイメージだろう。しかし、ヴィンセントとテオは、さながらアイダホ州に住む詩人の兄と、ニューヨークの大手出版社で編集者をしている弟だった。ヴィンセントが最初の傑作として知られる「馬鈴薯を食べる人たち」を描きあげたのは1885年春。本格的に絵を描きはじめてから5年が経っていた。画家ゴッホを象徴する代表作が生まれるのは、さらに何年も後のことだ。その間、テオは経済的にも感情的にも支援以上の力を尽くした。今はまだ認められなくても、きっとだいじょうぶだと、ヴィンセントにささやきつづけた。カネよりはるかに大切なものを、見下すのではない本当の励ましを、傲慢ではない本当の審美眼を、テオは兄に与えつづけた。

芸術家と美術商は、主演俳優と監督というパートナーシップの典型的な例だ。芸術家は広義の意味で、表現力のエンジンであり、真の力を秘めた素材に魂を込める。作品をつくるという物理的な作業を担い、自分のアイデンティティと作品を結びつけ、署名を入れる。これは私の作品だ、と。

一方で美術商は、やはり広義の意味で、芸術家の作品に意味を見出して市場を探し、クライアントを仲介し、作品を宣伝する。作品の販売に必要な環境を整え、ときには芸術家に金銭的な支援をして、所有権の一部や手数料を受け取る。

このように役割を列挙すると、冷淡で機械的に思えるだろう。芸術家が情熱の源で、美術商は仕事をこなす役人のように感じるかもしれない。しかし、創造的な傑作が生まれて世間に注目されるときは、ビジョンと苦労を深く共有している場合が多い。

ゴッホ兄弟は、そのわかりやすい例だ。聖職者の息子でありながら世俗的な世界に生きた2人だが、心の底で敬虔さと愚直なまでの熱意を持ちつづけた。「たくさんの人に会うほど、普通の会話に隠された姿が見えてくる」と、テオは書いている。「誠実なふりをしているときに語る言葉は、たいてい空虚で偽りに満ちている」。真贋を見きわめる兄の目に、テオはときどき腹立たしさを覚えながら、驚嘆していた。

ヴィンセントは、絵を描けるだけでは決して満足しなかった。芸術に目覚めたのはむしろ遅かった。遅咲きだったというだけでなく、彼が何よりも情熱を傾けたのは、神の救済を伝えることだったのだ。正式な聖職者になることはあきらめたが、伝道活動はやめなかった。「宗教的な芸術」の探究だと、研究者のデボラ・シルバーマンは書いている。「芸術に身をささげることを選んだヴァン・ゴッホは、伝道と奉仕と宗教的な慰めによって、芸術という新たな使命を追いかけた」

2人の関係が彼らを芸術に導いたのと同じように、芸術は2人の関係を深める手段となった。ヴィンセントは弟に、「金を工面するために君が自殺するくらいなら、絵をあきらめたほうがはるかにましだ」と訴えたこともある。ヴィンセントは自分の絵の影響力がいつまでも続くことや、自分とテオの美術品の収集を充実させることだけでなく、画家同士が美的にも精神的にも支え合い、ともに暮らして制作活動に励むような環境を夢見ていた。まさに桃源郷の夢だ。

共通の目標を実現するためには必死に働かなければならず、そのことが2人の距離を近づけると同時に引き離した。ヴィンセントは、自分たちは革命の時代にいるのだろうかと思いをめぐらせた。「2人とも変わっていないのだが、悲しいことに、気がつけば敵同士のように対峙していた。君は政府の兵士としてバリケードの前に立ちはだかり、私は革命家か、あるいは反抗分子としてバリケードの後ろにいる」。もっとも、命題《テーゼ》と反対命題《アンチテーゼ》のように真っ向から対立しているわけでもなかった。「ミスター・アウトサイド」のヴィンセントはだらしない身なりで、既成権力に認められたいくせに悪態をまきちらす。「ミスター・インサイド」のテオは清潔感があり、整然としたオフィスで日々妥協し冷遇されながら、新しい偉大なことを成し遂げたいと願ってやまない。

テオも、対峙するパートナーという役割の意味を理解していた。やがて妻となる女性と文通を始めたころに、彼女から、人生をともにする2人が幸せになるためには「誓いを交わす瞬間は完全に調和しているべきだ」と言われた。これについてテオは次のように記している。「実に美しく、実に若い考えだが、真実ではない……」

「ありのままの自分たちを知り、互いに手を差し出して、1人でいるより2人でいるほうが強くなれると信じ、人生をともにすることによって互いの間違いを認め、許し合い、それぞれの良いところと高潔なところを育みながら希望を胸に戦う。そのほうがはるかに大切だろう」。ヴィンセントとテオは、許し合い、信じ合うことができないときもあった。我慢できなくなり、相手を怒らせるときもあった。それでも彼らは励まし合い、助け合った。ヴィンセントに刺激を受けたテオは生活費を稼ぐだけでなく、前衛芸術を美術の世界の内側から支え、カミーユ・ピサロやクロード・モネ、ポール・ゴーギャンたちに美術商のなかでもいち早く注目した。

この経験が、ヴィンセントの助言者というテオの権威を高めることになった。ヴィンセントの初期の作品は暗くて陰鬱としていたが、テオは印象主義に注目するように促した。1886年2月に弟がパリに来るまで、ヴィンセントは印象主義のことを何も知らなかった。パリの街を歩く兄弟は「ちょっと変わった2人組だった」と、著名なきょうだいを研究しているジャーナリストのジョージ・ハウ・コルトは書いている。「大股で前を歩くテオは、アイロンのかかったスーツを着て、磨き上げたブーツを履き、茶色いひげは手入れが行き届いていた。ヴィンセントはひょこひょこと歩きながら、大切なことを言うときは身振りが大きくなった。破れたブーツに、つぎの当たったズボン、薄汚れたウサギの毛皮の帽子。赤いひげはもじゃもじゃで、フランドル地方で家畜の番をする男が着ていそうな青いスモックには絵の具が飛び散っていた」

ヴィンセントは弟が働く世界で画家たちの渦に巻き込まれ、テオは兄が放つエネルギーに巻き込まれていった。2人にとって怒濤の日々だった。ヴィンセントはある画家への手紙で、色彩の研究について次のように書いている。「荒々しい極限を調和させるために、青とオレンジ、赤と緑、黄色と紫の対比を探り、破綻した配色と無彩色を追求する。中間色の調和ではない、鮮烈な色彩にしたい」。色の対比は、兄弟の対比がやがて1つの激しいかたまりを形成することを雄弁に語っていた。ヴィンセントの自画像の大半はこの時期の作品だ（実際はテオを描いたと思われる「自画像」もいくつかある）。最初のひまわりを描いたのも同じころだ。こうしてヴァン・ゴッホは本物のヴァン・ゴッホになった。

1964年10月18日、ロンドンのアビー・ロードにあるEMIスタジオにいたエンジニアのジェフ・エメリックは、コントロールルームのスピーカーから聞こえてくるブーンという不気味な音に気がついた。「今のはいったい何ですか?」。チーフ・エンジニアのノーマン・スミスが、くすりと笑って音のするほうを示した。窓ガラスごしに第2スタジオを見下ろすと、ジョン・レノンがギターを片手にアンプの前にひざまずいていた。弦を弾きながら音量を調整し、鳥が感電したかのような甲高い音を響かせていた。

「ギターをアンプに近づけすぎたら金切り声をあげることは、誰でも知っていた」と、エメリックは書いている。当たり前すぎる常識だった。ただし、ハウリングを意図的に利用することとは、音楽の伝統を無視する新しい試みだった。その前のセッションで(「エイト・デイズ・ア・ウィーク」を録音していた)、ジョンはギターをアンプに立てかけたとき、音量を下げることを忘れていた。ポール・マッカートニーがベースをつま弾くと、ジョンのギターが耳障りな音を立てた。ジョンはその音が気に入って、録音しようと夢中になり、実際に「アイ・フィール・ファイン」の冒頭の5秒間に甲高い音が使われている。「ハウリングをこんなふうに使うレコードは、1922年のブルースが数枚あるくらいだ」と、ジョンは1980年に語っている。「ビートルズが始めた。ヘンドリックスより前に、ザ・フーより前に、誰よりも早く」

　ハウリングの一幕は小さな出来事だったが、バンドにおけるジョン・レノンの立場が明確になり、ポール・マッカートニーとのパートナーシップの窓を開けた。その後、60年代を通じてビートルズが時代をつくり、世界で最も有名で影響力のあるバンドとなっても、ジョンは因襲を打破しつづけた。初期のライブでジョンはいつのまにか後方に下がり、ポールに客席を盛り上げさせた。すると、ジョンがおもむろに顔をあげ、背中を丸めて耳障りなコードを弾く。音程をわざとはずし、「荒削りで品のない音を出す」ときもあったと、作曲家のリチャード・ダニエルポアは私に言った。

　1963年11月にロイヤル・コマンド・パフォーマンスに出演し、王太后やマーガレット王女の前で演奏した際は、「とにかく緊張していた」けれど「ちょっと反抗的なことを言ってみたくなった」と、ジョンは振り返っている。舞台に上がったジョンは、「ツイスト・アンド・シャウト」を演奏する前に呼びかけた――安い席の人は拍手をどうぞ、「残りの方々は宝石を鳴らして」。茶目っ気たっぷりの挨拶は会場を大いに盛り上げたが、暴走しがちで手に負えなくなるときもあった。1963年にはBBCのインタビューで次のようなやり取りがあった。

記者　これまでの人生で、ビートルズの一員として最も大きな影響を受けたことは？
レノン　ニール……僕たちのツアーマネジャーのニールだ。
記者　彼からどんな影響を？

レノン　まあ、それほどでも。
記者　(がっかりしたように) まったく影響を受けないことは、少々影響を受けるよりいいのかもしれませんね。
レノン　それはともかく (リンゴをかじって)、リンゴを1日1個食べていれば、ゲイは近づいてこない。
記者　ジョン・レノンは、ビートルズの4人のなかでいちばんユーモアに品がないと言われていますね。
レノン　(間髪を容れず) 誰が言ってた?
記者　新聞で読んだ気がします……話がかみ合いませんね。もう少し性格がいい人なのかと。
レノン　僕はいい性格じゃないんだ。
記者　どんな性格だと言われますか?
レノン　(楽しそうに) とてもいい性格だって! (笑い)

ポールは同じ記者の質問に律儀に答えた。学歴について、歌詞について、ビートルズがなかったら今ごろ自分は何をしていたと思うか。彼はバンドの対外的な顔となった。「何かを宣伝するときは、駆け引きをしてもいいし、しなくてもいい」とポールは語っている。「僕はかなり早い時期から、自分は野心が強く、駆け引きをしたいのだと意識していた」。ビートルズのなかで、「マスコミに椅子をすすめる」のはポールの役割だった。「こんにちは、何か飲みますかと声をかけ、気持ちよくしてもらう……いい記事を書いてもらいたいじゃないか。だから彼らをこきおろしたりしたくない……僕まで人をバカにする必要はないよ。ジョンのそういうやり方が、本当に気に入らなかった」

ジェフ・エメリックは、ジョンとポールをごく間近で見ていた。EMIのレコーディング・エンジニアの見習いとして、ビートルズがアビー・ロードのスタジオで初めて録音したアルバム『ラブ・ミー・ドゥ』のセッションに立ち会った。その後、『リボルバー』『サージェント・ペパーズ』『ザ・ビートルズ（ホワイト・アルバム）』ではチーフ・エンジニアを務めた。エメリックは共著『ザ・ビートルズ・サウンド』（河出書房新社）で次のように書いている。「初期のころから、ビートルズではなく、ジョン・レノンとポール・マッカートニーというアーティストだと感じていた」。そして、2人の違いにエメリックは興味をそそられた。

ポールは慎重で几帳面だった。いつもノートを持ち歩き、詩やコードをていねいに書き留めていた。対照的に、ジョンはカオスのなかを生きていた。いつも紙切れを探してはアイデアを書きなぐった。ポールはコミュニケーションの達人だったが、ジョンは自分の考えをうまく説明できなかった。ポールが外交官なら、ジョンは扇動者だ。ポールは穏やかな物言いで、ほぼどんなときも礼儀正しい。ジョンは尊大な物言いで、きわめて無礼だった。ポールは1つのパートを仕上げるために何時間でも費やすが、ジョンは気が短くて、すぐに次へ行きたがる。ポールは自分のやりたいことを明確に理解していて、批判されると腹を立てることも多かった。ジョンのほうがはるかに神経は図太く、他人の言葉に耳を傾けた。

特別なこだわりがないことなら変化も素直に受け入れた。

まわりを魅了する人と、やんちゃ者。優しい微笑みの人と（いたずらをするときさえ慎重だった）、茶目っ気のある笑顔の人（永遠の不安定さを隠しとおした）。彼らと一緒にいると、2人の違いが絶えず補完し合うことに感銘を受けた。「ジョンにはポールの注意力と忍耐が必要であり、ポールにはジョンのアナーキーな横道の思考が必要だった」と、ジョンの最初の妻シンシア・レノンは書いている。

秩序と無秩序の関係は、古代ギリシャの時代から人々の興味をかきたててきた。ギリシャ神話の神ディオニュソスとアポロンは、弁証法の命題と反対命題を構成している。ゼウスの息子2人は、人間の感覚、自発性、情動的な側面（ディオニュソス的）と、合理性、計画性、自制的な側面（アポロン的）を象徴しているのだ。

フリードリヒ・ニーチェは『悲劇の誕生』（岩波書店）で、この「ディオニュソス的」「アポロン的」の対比を、創造的作品を考察する概念として提唱した。近代の創造の研究も、形成と破壊や、挑戦と洗練という対比の関係に注目している。心理学者のフランク・バロンは、「構築と統合に対し、構造の破壊およびエネルギーと注意力の発散があり、相反するように見えるこれら2つの属性のあいだに本質的な緊張関係がある」と述べている。このような力学について、私は「組織する人とかく乱する人」「形成する人と破壊する人」という表現も考えたが、最終的に「液体と容器」を選んだ。液体は自然な状態だと分散しやすい。液体的な創造は、線の連続というより横の広がりで、刺激に満ち、無限に広がろうとする。リスクがはらむ可能性と危険性を体現しているのだ。液体タイプの人は、形を与えて制約を課したがる人を敬遠すると同時に引き寄せられる。制約がなければ液体は歩道にこぼれ落ち、太陽に照らされて蒸発してしまう。

一方の容器は、秩序と明確さを放ち、空洞が何かに埋められるのを待っている。移動しやすくする受け皿となり、中身の特徴を自らの特徴に取り込む。容器タイプの人は、自分の境界を押し広げようとする人に魅了されると同時に怯える。電気には電子の流れとそれを受け止める銅線が必要で、銅線には覆いが必要だ。

このような対比の関係が正しく認識されにくい理由のひとつは、狂気のアーティストに対する憧れがあるからだ。アップルが1997年から展開したキャンペーン「シンク・ディファレント」のテレビCMには「クレイジーな人たち」として、アルフレッド・ヒッチコックやマハトマ・ガンジー、パブロ・ピカソなど近現代の象徴的な人物の白黒写真が登場する。「反逆者、厄介者……世間とは違う見方ができる人たち……彼らをクレイジーと言う人もいるが、私たちは天才だと思う。自分は世界を変えることができると信じるくらいクレイジーな人が、本当に世界を変えているのだから」

ただし、俳優リチャード・ドレイファスのナレーションは素晴らしいのだが、「クレイジーな人たち」が世界を変えるためには明快な健全性とのパートナーシップが必要だ。「レディ・ヒッチコック」と呼ばれたアルマ・レヴィルは、夫アルフレッド・ヒッチコックの仕事をいわばCEOとして支えた。側近たちに囲まれていたガンジーは、政治的な勘の鋭い現実的な人間でもあった。ピカソが創造的な力やアナーキーな情熱を芸術に結びつけることができたのは、つねに周りが面倒を見ていたからだ。1946年から53年までともに暮らしたフランソワーズ・ジローによると、毎朝ベッドから出させるだけでも大仕事だった。

ジローが回想録で振り返っている朝の儀式は、ピカソが物事に構造を求めつづけた情熱を――滑稽なところもあるが――物語る。「彼はいつも厭世的な気分で目を覚まし、お決まりの儀式が始まった」。まず、部屋係のお手伝いがカフェ・オ・レと2枚のトーストを運んでくる。ピカソは薪ストーブの隣に置いた真鍮の大きなベッドに横たわっている。次に、秘書が新聞と手紙を持ってくる。続いて、私のお気に入りのくだりなのだが、ピカソは「うなり声をあげ、おのれの不遇を嘆きはじめる……病気がつらい……自分はこんなにみじめなのに、それを理解してくれる人はほとんどいない。[元妻]オルガがこんな手紙をよこした。人生は無意味だ。なぜ目が覚めるのだろう。なぜ絵を描くのだろう。魂がうずき、人生に耐えられなくなる」。

ジローはそんなピカソをなだめた。病気はたいしたことはないから。友だちはあなたを愛しているわ。あなたの絵は本当に素晴らしいし、みんなそう思っているのよ。「たぶん、お前の言うとおりだろう」と、ピカソは1時間近いやり取りの末に言う。「自分で思っているほど悪くないのだろう。でも、お前は本気でそう思っているのか?」。もちろんです、今日も素晴らしいことをしてください――そのあたりでピカソはようやく起き上がり、アトリエで待っている友人に挨拶をして、昼食後から夜遅くまで仕事をした。

「そして次の朝、また最初から始まるのだった」

自分でベッドから出て、自分で朝食を用意し、自分でスケジュールを管理しなければならない私たちは、クレイジーな芸術家の人生を空想するだけで胸が躍る。日々の雑用から解放されるという夢は、南の島のビーチで暮らすという憧れでもある。アップルの「クレイジーな人たち」のキャンペーンは、SUVのテレビCMと同じように、この憧れに直接訴える。狂気の芸術家たちの神話が支持されるのも、同じ理由からだ。画家のジャクソン・ポロックが怒りをたぎらせ、当時の芸術の流儀と決別し、ニューヨークのグリニッジビレッジの荒野を離れてロングアイランドの納屋のアトリエに移り住んだというストーリーに私たちが満足を覚えるのは、日常生活の重荷とは正反対のストーリーだからでもあるのだろう。日常生活の重荷を完全に手放すことはできないが、少なくとも誰かに任せられるかもしれない。ポロックも、妻であり、執事であり、マネジャーであり、自身も芸術家として成功していたリー・クラズナーの助けを得ていた。

クレイジーな人たちは、クリエイティブな作業をすべて1人でこなすように見えることも多い。たとえば、典型的なコメディアンのコンビにはツッコミとボケがいる。ボケを担当する道化役ばかりが注目されがちだが、真のリーダーはツッコミ役である場合が多い。コメディやパロディ映画の重鎮として知られるメル・ブルックスは、「私にとってヒーローはツッコミ役」であり、彼らは「構成とサポートと牽引役」を担うと語っている。

ハリウッドの経験則では、コメディの脚本やプロデュースを手がけるペアには「構成担当」と「ジョーク担当」が必要だ。同じような対比は、古代の陰陽の思想にも重なる。陰の特性は維持、内在、永続であり、収縮して内側に向かい、一体感や同化を表す。対する陽は発生、発散であり、膨張して外側に向かい、分離を表す。

陰陽と道教の勉強はこのくらいにしておこう。私たちにはジョンとポールというお手本がある。ごく初期のころから、ジョンが中心になって作る曲は斜に構えた倦怠感が漂い、ポールのサウンドは明るくて無邪気な傾向があった。デビューアルバムの最初の2曲は、ヒーローと悪役を並べて人間の二極性を表すというコミックの基本的な構図を描いている。愛は私たちを幸せにする一方で（ポールがリードボーカルの「アイ・ソー・ハー・スタンディング・ゼア」）、愛は私たちを不幸にする（ジョンがリードボーカルの「ミズリー」）。

2人の作品はしだいに複雑になったが、ポールは詩的にも音楽的にも、実質的にも形式的にも、心地よい構成を好んだ。「すべての孤独な人たち」を歌う「エリナー・リグビー」の詩は、「あの人たちの居場所はどこだろう」と思いを馳せる。一方、ジョンの詩は世間に背を向け、「すべての思考を止めて、空虚に身を委ねろ」とストレートに訴えるときもあった。

ここで重要なのは、ジョンがポールと一緒に何をしたかというだけではなく、彼がポールの影響を受けて何をしたか、その反対はどうだったかということだ。芸術の無秩序をもてはやすことには大きな誤解がある。芸術として私たちが目にする無秩序は、すでにかたちづくられたものなのだ。ポールはジョンが自分に差し出した挑戦的で大胆な素材を、ときにはさりげなく、ときには凝った技法で、ポピュラー音楽の言葉にのせた。たとえば、ジョンが歌う「ヘルプ！」のデモテープは、感情をむき出しにした告白調の詩と、ゆっくりとした単調なピアノの旋律を組み合わせた、ブルースの嘆きのような調べだ。ジョンはのちに、この曲は「窓から飛び降りたくなるような」陰鬱さから生まれたと語っている。

デモテープのなかで、ポールは主旋律にかぶせてカウンターメロディを試し、寂しげなボーカルがささやかなシンフォニーに代わる。テンポが急に速くなるのはポールの影響だろう（のちにジョンは、例によって不機嫌そうに不満を言っている）。詩人のドナルド・ホールは、詩はみじめさを熟考し、美しさに身を委ね、やがて2つが1つになると語っている。「ヘルプ！」は絶望を歌っているが、不自然なくらい意気揚々としたエネルギーも感じる。今にもそのエネルギーに肩をつかまれ、揺さぶられるような気がする。ジョンの声が誰か助けてくれとすがり、「誰でもいいわけではない」と訴える。自立すると胸を張っていたけれど、頼れる人が、心を開ける人が、助けてくれる人が欲しかった。ジョンは自分がどこかに流されていきそうな危険を感じていた。そして、自分の足で立てるようにポールが助けてくれた。

一方で、退屈になりそうな歌をジョンが複雑な趣で生き返らせると、ポールには手も足も出なかった。たとえば「ミッシェル」は、意中の女性を口説くフランスかぶれの青年を茶化すようにも聞こえる。しかし、ジョンは黒人ジャズシンガーのニーナ・シモーネを意識して、「愛してる、愛してる、愛してる。僕が言いたいのはそれだけ」というフレーズを加え、恋い焦がれるもどかしさを際立たせた。「彼（ポール）は軽やかさと楽観を吹き込み、僕はいつも哀しみと不和とブルースの香りを追い求める」と、ジョンは語っている。

ジョンとポールの違いは、「外部の影響」を受けて深まるときもあった——いわゆる精神に作用する薬だ。60年代のハンブルクでは、プレルディンと呼ばれる興奮剤が流行していた。ポールは「用心」しなければならないと思っていたが、「とくにジョンは1晩で4、5回はやっていた」と、バリー・マイルズに語っている。「すっかり興奮していた。あれは1回やるだけで、ちょっとした会話でもハイになった」。1964年にボブ・ディランからマリファナを教わると、メンバーはいつもキメているようになったが、ポールは曲作りの前に吸っていたことを後悔しているようだ。「しらふのほうがいい。（マリファナは）思考がくもるだけだ」。そして、1965年の夏に南カリフォルニアでツアーをしていたとき、ジョンはLSDと出会った（当時LSDはまだ合法で、ジョージやリンゴ、さらにはデビッド・クロスビーなど多くのミュージシャンが手を出した）。ジョンとジョージが初めてトリップしたのはロンドンの歯科医に誘われたディナーの席で、歯科医が食後のコーヒーにこっそり薬を混ぜた。その後、ジョンは「1000回はトリップした」に違いない。

ポールがLSDの洗礼を受けたのは1966年の秋で、本人によると「大勢の仲間のプレッシャー」に負けてしぶしぶ口にした。「現実とは思えなかった。ペイズリーの模様や不気味なものが渦巻いていた」。頭も混乱した。「自分のシャツの袖を見たら汚れていて、あまりうれしくないと思ったことは覚えている」

LSDはジョンとポールが2つに引き裂かれる前兆であり、原因でもあった。彼らの創造のプロセスとアウトプットは、明らかにずれていった。ジョンは神秘的な精神を呼び起こすことにのめり込み、ドラッグ讃歌の「トゥモロー・ネバー・ノウズ」のレコーディング中には、「ダライ・ラマが山頂から説法をしているようなサウンドにしてくれ」と注文した。自分を天井から吊るし、マイクの周りで揺れながら歌ってみようとも提案した。

一方で、ポールは形式的な実験に夢中だった。モータウンサウンドを試し（「ゴット・トゥ・ゲット・ユー・イントゥ・マイ・ライフ」）、ビーチ・ボーイズを真似てみる（「ヒア・ゼア・アンド・エブリホエア」）。当時、ジョンとポールは自宅にそれぞれブレネルのオープンリール式のテープレコーダーを持っていた。ジョンは簡単なデモテープの録音に使っていたが、ポールは実験的な曲作りに興味を持ち、レコーダーのヘッドを細工して、さまざまなノイズを繰り返すテープループを何本も作成した。それをレコーディングに持参して「トゥモロー・ネバー・ノウズ」のサウンドをつくり、虚無に身を委ねるジョンのサイケデリックな世界に物質世界の舞台を与えた。

10 ひらめきと努力──夢想家と実務家

ある夜、トマス・エジソンは会社で仕事仲間と雑談中に、秘書のサミュエル・インサルの金遣いについて冗談を言った。「インサルは反撃に出た」と、ランドール・ストロスは『メンロ・パークの魔法使い（*The Wizard of Menlo Park*）』に書いている。「みんなの前で、エジソンの本当の仕事ぶりを暴露したのだ。エジソンは研究室の助手にあれこれと課題を出す。徹夜は免れそうにない。エジソンは横になって眠り、翌朝目が覚めると、しっかり朝食を食べてから大声で言う。『夕べ私が仕上げた仕事は素晴らしいじゃないか』」

もっとも、「そこにいる全員が、あながち間違いではないとわかっていた」。エジソンは自分が1日18時間デスクにかじりつき、創造の炎が燃えさかって夜も眠れないのだと自慢していたが、彼は実行する人というよりビジョンを描く人であり、実務家というより夢想家だった。

「夢想家」は、悪口ではない。夢想家タイプの創造者にはたくましい性格の人が多い。アイデアを生み出し、新しいプロジェクトを立ち上げ、周囲を巻き込む力がある。一方で、達成できそうにないことでもとにかく始めてしまい、約束を果たさないときもあるだろう。

実務家タイプの創造者は正反対だ。生産的かつ効率的で、頼りになり、物事を終わらせる能力に長けている。何が可能かを現実的に見きわめ、優先順位をつけて決断を下す。ただし、独自性を出すことや、物事を主導すること、長期的な視点に立つこと、目的意識を明確にすることは苦手だという人も少なくないだろう。

エジソンは、天才は1％のひらめきと99％の努力だと言った。ただし、当のエジソンは他人を動かす才覚があり、うまく言いくるめて自分のアイデアを実行させた。いわば、現代の研究所のシステムを発明したのだ。大勢のスタッフと信頼できる一握りの助手が、設備を動かして実験し、検証する。エジソンは団長であり、はっぱをかける役だ。「発明の基礎が固まると、細かいところは周囲に任せた」と、キャスリーン・マコーリフは書いている。

クリエイティブな活動をするチームは、ビジョンと実行がうまく結びついている場合が多い。ピエール・キュリーは慎重に考え、科学の教訓に照らしてじっくり検討するタイプだったのに対し、マリーはもっと積極的で、体系的に考え、結果志向だった。オーヴィル・ライトは実直でユーモアがあり、シャイな機械屋だった。兄のウィルバーは容赦がなく、野心的で、しかしときどき思い悩む性格だった。世の中に自分の足跡を残したいと強く願っていたウィルバーは、動力飛行機をつくるという壮大な野望の先頭に立った。ある日、ウィルバーは兄弟で経営していた自転車店で、長方形の薄い箱を折り曲げながら、翼をねじれば柔軟性が増し、操縦しやすくなると思いついた。しかし、飛行実験に使う風洞の設計はオーヴィルが中心となった。トム・クラウチの著書『牧師の息子（*The Bishop's Boys*）』によると、ウィルバーの関心は「システムと全体像を描くことにあり、それを実現するのはオーヴィルの仕事だった」。

ペアの原動力は、表に出ないパートナーが担う場合も多い。現代美術家ジェフ・クーンズの代表作「バルーン・ドッグ」は高さ約6メートルの巨大なキャンディカラーの犬で、風船をねじって動物や花をつくるバルーン・アートの金属版だ。『バルーン・オレンジ（ドッグ）』は2013年秋に5840万ドルで落札された。しかし、よほどの愛好家でなければ知らないだろうが、実際に作品を製作したのはピーター・カールソンという男性だ。彼はサンフランシスコで美術品の製作を手がけるカールソン社を経営し、イサム・ノグチやエルデワーズ・ケリー、クレス・オルデンバーグとコーシャ・ヴァン・ブリュッゲンの共同制作など、著名なアーティストの作品をつくった（会社は2010年に廃業し、カールソンは別の事業を始めた）。

「夢想家と実務家」の役割分担は、「主演俳優と監督」と重なるところも多いが、そればかりではない。ラリー・デビッドは、従来のカテゴリーを打ち破ってテレビ史上、誰も見たことのない番組を作りたいと夢を描いた。ジェリー・サインフェルドはデビッドの荒削りの発想をやわらげ、すぐに降板するぞと脅すデビッドをなだめ、彼が書いた世界を愛嬌のある口調で画面に映し出した。デビッドはカメラの前には立たず、ジョージ・スタインブレナー（ニューヨーク・ヤンキースのオーナー）役の声でのみ出演した。『となりのサインフェルド』の成功のカギは、「気難しくて人間嫌いのラリー・デビッドが、人好きのする愛嬌のいいジェリー・サインフェルドを前面に出したことで、2人の笑いの感覚は共通していた」と、ロブ・ライナーは言う。

夢想家と実務家は、少なくとも外から見るかぎり一心同体だ。『サウスパーク』のトレイ・パーカーは正真正銘のビジョナリーであり、アイデアやストーリーの源だ。「真のオリジナル」

「自由なスピリット」「型破り」など、クリエイターにとって決まり文句の称賛を浴びている。「ラリったピーナッツ(スヌーピー)」とも呼ばれる『サウスパーク』の美学は、トレイが高校時代に腕を磨いたカートゥーンスタイルにある。彼は「クオーターバック」だと、アニメーターのアドリアン・ベアードは言う。月曜日の夜遅くまでデスクにかじりつき、水曜日に放映されるエピソードの残り5シーンに頭を抱え、「描くことは本当に孤独でさびしい」と嘆く。ときどきマクドナルドのチキンナゲットを食べて休憩するか、気分転換にレゴでスター・ウォーズのモデルを組み立てる。

対するマット・ストーンは、2つの意味で正真正銘の実務家だ。防音室では声優として、トレイの指示どおりにしゃべる(主な登場人物はマットとトレイが演じ分ける)。創作活動に関する環境を整え、テレビ局やスタジオ、弁護士との連絡を取るのもマットの仕事だ。彼はトレイの集中力が邪魔されないように守っている。

2人の役割分担は、それぞれの性格によるところが大きい。友人たちによると、トレイは自分の世界で生きていて、何かに夢中になると先のことは考えずにとことん追いかける。モルモン教と日本文化にも長年はまっていて、東京で鉄製の兜と鎧を27万ドルで買った。道徳には敏感だが、基本的に政治には無関心で、どんなに魅力的なパーティーがあっても自宅でパートナーの息子とゲームをしているほうが好きだ。トレイとマットが脚本を手がけたミュージカル『ザ・ブック・オブ・モルモン』のロンドンでのプレミア公演をモンティ・パイソンのオリジナルメンバーが訪れたときは、憧れのヒーローに会うことを想像しただけで緊張し、会場を逃げ出してマクドナルドに駆け込んだ。

マット・ストーンは対照的に、名前のとおり石のように手堅いと、旧友で仕事仲間のジェイソン・マヒューは語る。「マットはとにかく厳格だ。起床は毎朝7時。まだ寝ていたいかどうかは関係ない。トレイはそこまできちんとしていないかな。週に1回は財布や鍵をなくしているよ」。マットとトレイの代理人を務める弁護士のケビン・モリスは、1990年代後半に新しいプロジェクトについてマットと打ち合わせをしたときのことを振り返る。「事務所に来たマットは、髪がぼさぼさだった。二日酔いぎみだったのだろう。私は相談すべき10項目をリストにしていたが、彼はすべての答えを用意していた。ハリウッドのプロデューサーは何かと騒々しいが、彼らはそんなことはない。マットはいつも準備ができていて、着実に仕事をするタイプだ」

マットは社交の場で人気が高く、周囲は彼に魅了されて骨抜きになる。また、政治と文化に並々ならぬ関心を持っている。「彼のいちばんの楽しみは、［ブロガーでジャーナリストの］アンドリュー・サリバンと連れ立って、ヨーロッパの債務危機やウィキリークスについて話すことだ」と、マットの長年の友人で、『サウスパーク』を取り上げたドキュメンタリー映画『シックス・デイズ・トゥ・エアー』を監督したアーサー・ブラッドフォードは言う。ロンドンではモンティ・パイソンのメンバーと楽しいひとときを過ごした。ビジネスで面倒なことが起きれば、交渉役として出てくるのは基本的にマットだ。ケビン・モリスによると、『ザ・ブック・オブ・モルモン』の製作では「決めなければならないことが山ほどあった。主なスタッフだけでも60人と契約を結ばなければならなかった。マットはひとつひとつピースをはめて全体を構成した。振付師の助手も出演者も、すべて彼が決めた。経験がない人にはとてつもない苦労だった」。
『サウスパーク』ファンの多くがマットの役割に反発する様子は、乏しい情報で判断することの危うさを物語る。「ファンが集う掲示板は、マットをばかにして暇つぶしをしている」と、ジェイミー・J・ワインマンはカルチャー情報誌のマックリーンズで書いている。「トレイが全部のエピソードを書き、吹き替えと音楽もほとんど担当しているそばで、マットはだらだらしながら掛け声をかけるだけ——典型的な投稿はそんな具合だ」。これに対し、ワインマンは次のように指摘する。「『サウスパーク』のお決まりの悪態が（トレイ・）パーカーの才能であることは確かだ。ただし、テレビ番組の製作には芸術性以外のことも必要になる。そこで（マット・）ストーンの出番だ。パーカーが番組のクリエイティブな側面を担当するあいだ、誰かが（進行など）ほかの要素をとりまとめなければならない」

残念ながら、ワインマンも創造性の本質を誤解している。創造性とは、独創的な喜びや意外性、美的な満足を追求することではない。これらの要素が形になり、表現され、観衆に届くときに初めて、創造性の公式が成り立つのだ。

創造性≠トレイ
創造性＝マット＋トレイ

夢想家と実務家が出会ったとき、そこに創造性が生まれる。

11　役割の交代――生成と共鳴

夢想家と実務家という対比だけでは、マット・ストーンとトレイ・パーカーの精神的な力学を本当には理解できない。彼らはコメディ作家でもあり、長い時間をともに過ごしながら高め合い、刺激を与え合い、けしかけ合っている。ジェイソン・マヒューは、2人の歯車が初めてかみ合ったであろう夜を覚えている。彼らはコロラド大学の同級生エイミー・ブルックスの映画の撮影を手伝っていた。

「トレイは撮影監督で、マットはカメラの台車を押す係だった。撮影はレストランで夜10時から翌朝6時まで。2人は朝までずっと、品のないオヤジギャグで相手を――スタッフ全員を――笑わせていた。トレイが何か言うと、マットが少し変えて、ジョークをトスしているうちにわけがわからなくなる。あれからずっと、2人は基本的に同じことをやっている。どちらかがアイデアを出し、相手を笑わせて、そのネタを延々といじり倒す」

ここまで見てきた「主演俳優と監督」「液体と容器」「夢想家と実務家」の3タイプは、ペアの弁証法的な発展の一部分にすぎない。ペアの関係は、役割の交代を通じて発展するときもある。それが役割分担の4つめのパターン、「生成と共鳴」だ。

C・S・ルイスとJ・R・R・トールキンについて研究しているダイアナ・パブラック・グライヤーも、2人組の力学を「生成」という言葉で説明する。1925年から「レイシアンの詩」に取り組んでいたトールキンは、4年後に草稿をルイスに見せた。書きかけのものを他人に見せるのは高校時代の英語教師以来のことで、教師はトールキンの言葉に圧倒された。ルイスも最初は惜しみのない称賛を送り、読者として大いに励ました。多くの人が心の支えとする類の励ましだ。

ただし、称賛の後に同じくらい熱心な批評が続いた。ルイスは、架空の文学者——パンパーニッケル、ピーボディ、シック、ベントレー、シャファーと命名した——がトールキンの作品を論評するというかたちで、彼らの意見としてさまざまな指摘をした。文学にとってそれだけ重要な作品だという思いを込めた手法であり、ルイスの批評そのものが個人の感情を超えたエンターテインメントになっている（批評は、それ自体が独創的な執筆活動だ）。この手法を講義で教えるとしたら、カリキュラムの名前は「称賛にもとづく批評」となるだろうか。ルイスの返信にはトールキンへの反論も多いが、のちにトールキンが、ルイスだけが自分を励ましてくれたと語ったこともうなずける。

生成と共鳴の関係は、役割が簡単に入れ替わる。ルイスとトールキンのように、反応を求めて原稿を送った作家（生成）が、返答を受け取るときは読者（共鳴）になるだけではない。たとえば、ルイスの「編集」の跡からわかるように、より細やかなレベルでも役割の交代が行われる。

トールキンの草稿「彼の悪しき軍団が駆り集めた憎しみ」
ルイスの提案「彼の進軍する憎しみの軍団」
トールキンの改訂案「彼の駆り集められた憎しみの軍団」

ルイスの提案によって、トールキンの草稿に深みと動きが出ている。ルイスは返答しながら一時的に作者になった。トールキンは、ルイスの優雅な言葉遣いや文章の構造を取り入れつつ、自身の言葉と意図は守っている。編集者の批評を受け入れると同時に、作家仲間からの批評をもとに編集したのだ。

トールキンはルイスが提案するフレーズをそのまま使うときもあれば、全体的な解釈は受け入れるが、具体的な修正はしないときもあった。「ルイスが物足りないと思った行はほぼすべて、何らかの理由で改訂の印がついている」と、トールキンの息子クリストファーは書いている。「実際に書き直さなくても、多くの場合、ルイスが提案した修正や変更が文脈に取り入れられている」

2人の意見交換が大きな影響をもたらした最も明白な証拠は、作品に費やされた時間の長さだろう。1950年代半ばになっても「レイシアンの詩」の模索は続き、作品として発表されたのはトールキンの死後だ。クリストファーによると、「修正の一部は（ルイスの最初の編集から）少なくとも30年後になされている」。その30年のあいだに、ルイスとトールキンはそれぞれ文学史を代表する作家になった。トールキンの『ホビットの冒険』（1937年）と『指輪物語』（1954～55年）、そしてルイスの『ライオンと魔女』（1949～54年に書かれた『ナルニア国物語』7部作の第1巻）は合わせてのべ3億3500万部、文学史上最大の世界的なベストセラーだ。

もちろん、共鳴のパートナーは、賛同し合うだけでなく高め合う。インクリングズは荒々しい激論の場だった。「互いに称賛する内輪の会ではなかった」と、ルイスの兄でインクリングズに参加していたウォレン・ルイスは語っている。「良い作品は惜しみなくほめるが、悪い作品（と、それほど良くない作品）に対する批判は、残酷なほど率直になるときも多かった」

そのバランスはきわめて繊細だ。称賛は、作り手の励みになって創作活動を豊かにするかもしれないが、向上心が薄れて創作の力が弱まりかねない。批判は私たちを戸惑わせ、やる気をくじくときもあれば、奮い立たせて突き動かすときもあるだろう。『ザ・シンプソンズ』のスタッフライターのティム・ロングは、ライター陣の大御所ジョージ・メイヤーがこのバランスをうまく取っていることを、子守にたとえる。メイヤーが台本の草稿を読んだ後は、「子守をしているかのようだ。赤ん坊の具合が悪くなれば、彼が責任を持って教えてくれる」。

ペアを組んだ2人が相手のためにすることの大半は、称賛と批判と吟味と好奇心のバランスを取ることだ。さらに、あらゆる創造的な前進と同じくらい重要なのが感情のマネジメントであり、ここでもバランスがカギを握る。私の友人夫婦で、独立系出版社イディオッツ・ブックスとボブレディ・ブックスの共同クリエイターを務めるアーティストのロビ・ベールと作家のマシュー・スワンソンは、その好例だ。「ロビと私はそれぞれが感情のとてつもない機能不全に対応できる」と、マシューは言う。「感傷的な絶望の落とし穴にはまり、自己憐憫のもやに包まれ、憂鬱から短気を起こし、敵意をぶつけ、不愉快さをまきちらすときもある。でも、

2人が同時に屈することはない。どちらか1人の感情が悪化すると、もう1人の決断力が強まる。2人で一緒に体重計に乗っていて、私の気分が10%下がると、ロビが10%上がるという具合だ」

このバランス機能は、自分の意思からは独立しているようだ。「2人同時に落ち込まないように意識しているわけではない。単にできないのだ。どちらか1人がいつも岸に立っていれば、もう1人が水中に沈みかけても命綱を投げることができる。さらに、気分や安定、健全さを保とうとするときは、2人の個人ではなく、自動平衡制御装置がついた1つのシステムの2つの部品として機能する。個人としては、ときどき傾いて沈む。制御装置がないから。でも、1つの組織としてはつねにバランスを保っている。沈む心配はない」

12 「すべては対照的だ」――弁証の心理学

2人の人間を、恒常性を維持する1つの組織と見なすのはぎこちなく感じるかもしれないが、人間の基本的な機能を理解するきっかけになる。心理学では長年、人間は固定された特徴が集まった動物だと考えられてきた。一般社会ではこの概念が今も広く浸透しているが、社会心理学では、人間は製氷皿のキューブの集まりのようなものだという新しい合意が生まれている。私たちは継続する一定の姿かたちを取り、特定の環境ではそれを維持するが、社会条件によって形成される部分もある。

1968年に心理学者のウォルター・ミシェルは、性格の特徴が多様な状況を通じて一貫しているという概念を、心理学はいまだに証明できずにいると指摘した。私たちの振る舞いは、実際は状況的なきっかけに大きく左右されるとミシェルは考えた。それを痛感させたのが、1971年に行われた悪名高い「スタンフォード監獄実験」だ。24人の被験者（精神的に健康な大学生が選ばれた）をくじ引きで「囚人」と「看守」に分け、模擬監獄に閉じ込めて心理状態を観察するという実験は、衝撃的な結果となった。6日間で看守役はどんどん残忍になり、消火器をまきちらして、監房のバケツが排泄物であふれても放置した。

この実験は極端な例だが、環境が私たちの振る舞い方や考え方、さらには私たちという人間をどのように形成するかは、日常のあらゆる場面で見られる。たとえば、15歳の少年はガールフレンドの両親の前では礼儀正しく話し、その夜に友人たちと口汚い言葉を連発する。「私たちは周囲に合わせて（話し方などの）戦略を変える」と、歴史学者で心理学者のフランク・サロウェイは言う。「しかし、心理学のさまざまな研究は、私たちの基本的な性格は変わらないという前提に立っている。さらに言えば、これらの特徴は周りに誰がいても変わらないとされている」

ただし、振る舞いのすべてが他人によって決まるのではない。「私たちは自分の特徴が詰まった道具箱を持ち歩いているが、あらゆる場面ですべての道具を使うわけではない。周囲の振る舞いに合わせて道具を選ぶ」と、サロウェイは語る。

これは日常生活のさまざまな場面に当てはまる。上司と話すときと子供と話すときは、当然ながら変わるだろう。より広い意味では、一生のうちに性格が形成される過程にも当てはまる。人間は、チャールズ・ダーウィンが提唱した「形質分岐の原理」と同じ過程でニッチ（生態的地位）を見つける。生物の進化で「適応放散」と呼ばれる現象だ。ダーウィンはガラパゴスフィンチ属の鳥について、それぞれ特徴的なくちばしを持つ14の種が共通の祖先から進化し、多様なくちばしが鳥同士の競争を最小限にして、資源を最大限に生かせるようになったと考えた。木にとまった虫を食べやすいように進化したくちばしもあれば、果物や葉っぱを食べやすいくちばしもある。

人間も、周囲の状況を最大限に生かせるように自分を形成する。最もわかりやすい例は、生まれた順番によって性格に特徴があることだ。一般に、長子は何でもうまくできればほめてもらえるから、最初に確保した縄張りを必死に守る。真面目に勉強し、バイオリンで主旋律を演奏する。それに対し、弟妹は安全地帯がすでに占有されているため、別の縄張りを探さなければならない。彼らは道化役も辞さず、パンクロックで反抗する。サロウェイが科学のパラダイムシフトや改革運動、政治的な革命など歴史上の121の大事件を調べたところ、きょうだいのなかで下の人は上の人に比べて、急進的な立場を取る傾向が約2倍高かった。また、きょうだいの上のほうが現状維持を好む傾向が高かった（たとえば、ほぼ同時にそれぞれが進化の自然選択を見出したチャールズ・ダーウィンとアルフレッド・ラッセル・ウォレスは、ダーウィンが6人きょうだいの5番目、ウォレスが9人きょうだいの7番目。ダーウィンの進化論に強硬に反対したルイ・アガシーは長子だ[2]）。

「生まれた順番とリスクの取り方についてとりわけ研究が進んでいるひとつは、危険なスポーツに飛び込むかどうかだ」と、サロウェイは書いている。「アスリートが参加した24件の異なる研究について8340人をメタ分析したところ、ラグビーやアメリカンフットボール、サッカーなど危険なスポーツに従事する確率は長子より第2子以降のほうが1・5倍多い。長子や一人っ子は水泳、テニス、陸上など安全なスポーツを好む」。さらに、メジャーリーグの野球選手で兄弟がいる7000人のうち、弟のほうが盗塁を試みる確率は10・6倍高かったが、兄に比べてとくに盗塁がうまいわけではない。弟はホームランも三振も兄より多い。

私たちはつねに（無意識な場合も多いが）、何をすれば欲しいものが手に入るかという判断にもとづいて、何をするか、どのような人を目指すかを決める。ただし、この事実は当たり前すぎて見逃しがちだ。2005年に作家のデビッド・フォスター・ウォレスが、ケニオン・カレッジの卒業式のスピーチで魚のたとえ話をした。2匹の若い魚が泳いでいると、長老の魚がやって来て、「おはよう、水の調子はどうだい？」と声をかけて去っていった。若い魚の1匹がもう1匹を見て言った。「水って何？」

人間は社会的影響という水のなかを泳いでいるが、私たちは周りに水がないふりをする。個人の振る舞いについて、外的要因より内的要因を重視することを、社会科学では「根本的な帰属の誤り」と呼ぶ。

創造性を評価する際は、この誤りが障害になりかねない。外的要因を軽視することによって、アイデンティティの形成が個別の状況だけでなく他人に大きく左右されるという事実を、見逃しやすくなるからだ。ジョン・レノンの反抗心は、生来の性格に思えるかもしれない。タバコを万引きした少年が、青年になってアンプのハウリングに嬉々とするのは、ごく普通の成長だろう。

ただし、子供はディオニュソス的な生き物だ。彼らの目の前には、反抗すべき既存の秩序がある。反抗を楽しんで道をはずれるが、温かい食事と風呂がほしくなれば家に帰る。叱られた子供は、自分の無秩序な欲望が、秩序を押しつけられて閉じ込められたように感じる。

成長するにつれて、このようなエネルギーを持ちつづけることは難しくなる。高校時代の問題児が企業の組織に染まった例はいくらでもある。また、成長の過程で反抗を容認する文化も多い。厳格な規律で知られるアーミッシュの社会では、16歳になると親元を離れる「ラムスプリンガ」という習慣がある。その期間はあらゆる伝統から解放されて俗世で暮らし、酒やタバコも自由だが、ラムスプリンガを終える際に90%の若者がアーミッシュに戻ることを選ぶ。

ジョン・レノンは例外的な存在で、その才能ゆえに永遠の反抗期を生きたと思いたくなるかもしれない。アップルの「シンク・ディファレント」の精神そのものだ。しかし、ジョンも、永遠の青年と呼ばれるロックスターや芸人、有名建築家も、実は生まれつきの反抗心とは正反対の見本だ。大人が子供のように生きることができるのは、周囲が大人の役割を引き受けるからだ。ポールが記者を魅了しているあいだに、ジョンが彼らを侮辱したのではない。ポールが記者を魅了していたから、ジョンは彼らを侮辱できたのだ。しかもジョンは二重の意味で得をした。彼は成功の恩恵を受けながら、成功を毒づくことができた。成功のルールに従いながら、成功が気に入らないと怒りをぶつけていたのだ。


ペアの役割の仕組みを理解すると、相手との関係のなかで性格が形成される過程がわかりやすくなる。私たちが確実に1つの役割を演じられるのは、もう1つの役割をする人がいると知っているからだ。そして、これらの役割は基本的に一貫しているかもしれないが、絶対に変わらないわけではない。

性格のタイプに関する研究は役に立つが、ステレオタイプを鵜呑みにするべきではない。ペアの役割分担は、固定された静的なものではなく、複雑な状況に応じて変わるときもある。明確な役割分担はパートナーの絆を深めるが、厳格すぎる役割は息が詰まる。

「性格を定義する際は、本人が最も活力を感じるような精神的および道徳的傾向に注目するとわかりやすい」と、ウィリアム・ジェイムズは書いている。自分のなかから『これが本当の自分だ！』という心の声が」わき上がってくるように感じるかもしれないが、実際は社会的な状況から生まれる感覚だ。

「私自身のなかでも、本当の自分を感じる瞬間は活力を呼び覚まし、自信をもたらし、外的な要因が完璧なハーモニーを奏でるのだと確信する。ただし、ハーモニーが完成する保証はない。最初からわかっていたら、そのような瞬間を意識した途端に、停滞して刺激を失ってしまう」

つまり、社会的な状況が私たちの本質を引き出すことは間違いないが、そのような状況が固定され、変化を失ってはいけない。つねに驚きの経験とはいかなくても、少なくとも意外性の余地は必要だ。(3)

クリエイティブな人は、驚くほど柔軟性を大切にする。彼ら自身が驚くほど柔軟性が高いからだ。心理学者のミハイ・チクセントミハイと研究室の学生は1990〜95年に、91人の優れたイノベーションの担い手を調べた。「彼らの性格がほかの人と違う点を一言で表現するなら、『複雑』であることだ」と、チクセントミハイは著書『クリエイティヴィティ』（世界思想社）で書いている。「彼らは大半の人からかけ離れた思考や行動を持つ。そのとき彼らは『個人』ではなく、1人でありながら『多数』であるという極端な矛盾を抱えている」

「このような特徴は私たちの誰もが持っているが、普通は両極端な要素のどちらか1つを伸ばすように訓練される。たとえば、積極的で競争的な性格を伸ばしつつ、協調的な性格を抑えながら成長する人もいるだろう。複雑な性格の人は、レパートリーとして持つ特徴をすべて表現できても、普段はすべてを同時には出さない。私たちはある特徴を『良い』と思ったら、対極的な特徴を『悪い』と感じるからだ」

心理学者のフランク・バロンは、クリエイティブな人は「精神生活において多くの相反する要素を同時に受け止めることができる。しかし、大半の人にとって、相反する要素はどちらかの犠牲のうえに成り立つ」と書いている。創造性を研究するアルフォンソ・モンツォーリは次のように要約する。「創造的な個人は、継続する過程のなかで秩序と無秩序、単純さと複雑さ、正気と狂気を行ったり来たりする」

ポーランドの心理学者カジミェシュ・ドンブロフスキは、人間関係と環境にもとづく役割分担から離れ、要素が統合されて人格が形成される過程を、「積極的分離」の第一段階と定義した。

この分離がクリエイティブ・ペアの力学を形成する過程は、本書のなかで最も難しいテーマのひとつだ。一見すると、ペアの典型的な役割分担の理論と矛盾しているように思えるだろう。ペアの力学を弁証法的に説明するために、本書では、まず普段の役割分担を固定した。ジョン・レノンは液体で、ポール・マッカートニーは容器。トレイ・パーカーは夢想家で、マット・ストーンは実務家だ。続いて、役割の交代に着目した。2人の力学は少々複雑になるが、対照性ははっきりしている。ルイスとトールキンは生成と共鳴を交互に演じたが、それぞれの役割は、相手の役割に照らすと明確に異なる。

関連し合う二項の対立は、世の中を理解する基本的な構図だ。心と体、自然と養育など、さまざまな例がある。創造性の弁証法的解釈も同じだ。ペアについて考える場合、私の経験では、最初に明確な区別と役割に注目するとわかりやすい。そこを理解しなければ、パートナーシップの核心が隠されたままだ。マットとトレイは2人の役割の違いがわからないと、双頭の怪獣のように見えるだろう。ただし、ペアを本当に深く理解するためには、役割の柔軟性に注目する必要がある。

この太極図は、さまざまな事象の基本的な性質を陰と陽に分類するアプローチを表したもので、黒と白がそれぞれの領域を確保しながら寄り添っている。

黒と白の領域は、互いに巻き込むように回転しているだけでなく、互いの要素を含んでいる。つまり、白のなかに黒い点が、黒のなかに白い点がある。

クリエイティブ・ペアも同じだ。マットは実務家、トレイは夢想家で間違いないが、この違いを強調しすぎてはいけない。マットがトレイに共感できるのは、マットも夢想家だからだ。多くのペアの実務家役と同じように、彼の仕事にはまさにビジョンがある。そして、トレイがマットと一緒に仕事をするのは、トレイが物事を遂行することの価値を重んじているからだ。とはいえ、2人の役割の違いが重要であることに変わりはない。1日に何回も弁護士と電話で打ち合わせをするのは、トレイではなくマットだ。脚本の締め切りを前にモニターをにらみつづけるのは、マットではなくトレイだ。その関係は、彼らが機敏でありつづけ、独特な世界をつくりだす過程をうかがわせる。

ドキュメンタリー映画『シックス・デイズ・トゥ・エアー』のなかで、『サウスパーク』のライターたちが話している場面がある。「ここ半年の話題と言えば、NCAA（全米大学体育協会）がいかにバカで、選手に報酬を払わないアホ野郎かという話だ」と、マットが言う。

スタッフライターのヴァーノン・チャットマンによると、マットはいつも政治や最新のニュースに関連した話題を投げかける。「マットは読書家で、自分が何を言いたいのか強く意識している。『くそったれ』『違う、違う』といった捨てぜりふを言いたくてうずうずしていて、すぐに何かをののしる。そうした発言で自分を鼓舞するんだ」と、チャットマンは私に説明した。「トレイはむしろ、人の性格や個人的な物語、人間関係のようなものに刺激を受ける」

マットが話しているあいだ、トレイはテーブルのまわりをゆっくり歩き、壁を見つめている。冷蔵庫の前で立ち止まると、炭酸飲料を取り出して栓を開け、また歩きはじめる。トレイはいつもそうだと、友人たちは言う。周囲に注意を払ってはいるが、基本的に自分の世界に入っている。

「日曜日に2000万人の視聴者がテレビで彼ら（NCAA）の試合を観るのに、母親を会場に招待するカネもない。観客は白人ばかり……選手は全員が、少なくとも大半が黒人だ。90パーセントは黒人だよ。（NCAAは）選手の映像を売り、テレビゲームで儲けているのに」

テーブルを回るトレイは2周目に入っていた。彼はマットの不満を引き取って続けた。「カートマン［エリック・カートマン。サウスパークの登場人物］がクラックベイビー［親がコカイン中毒だったために障害を負った子供］を集めてバスケットボールをさせれば、大儲けできそうだな」

どっと笑いが起きた。

「ヤツらの映像を売ればたっぷり儲かるけれど、本人たちにはびた一文払わない。スタン［スタン・マーシュ。サウスパークの登場人物］の母親はボランティア先の病院でクラックベイビーの世話をしているから、カートマンは絶好のチャンスだと目をつける」

「なるほど」。マットはそう言うと、芝居をする表情になった。

トレイがカートマンの声で続けた。「カイル、君はクラックベイビーの代理人をするらしいな。いくらで雇われた？」

マット（カイル）「いや、無料奉仕だよ」

トレイ（カートマン）「なんだって？　タダでペニスに奉仕するのか」。ライターたちが爆笑する。「カネのために弁護をするならかまわない。よくわかる。でも、いったい何のために？ありえない！」

こうしてシーズン15のエピソード5「クラックベイビー体育協会」が生まれた。

普段の役割分担なら、トレイが『サウスパーク』の精神にもとづいて夢を語り、マットが主任プロデューサーとしてエピソードに息を吹き込む。しかし今回は、マットが夢想家として、自分が気になっている不公平をつぶやいた。トレイは実務家として、漠然とした話からマットのビジョンを取り出し、登場人物と物語という現実と結びつけた。

このような役割の逆転はどのペアにも見られるが、2人のもともとの違いを否定するわけではない。オランダの物理学者ニールズ・ボーアは、光は粒子であり波動でもあり、観測のやり方によってあらわれる性質が変わると考えた。ペアにとっても、明確な役割分担とその区別の柔軟性はどちらも重要であり、私たちがペアのどこに注目するかによって、どちらを重視するかを選ぶことができる。

さらに、2人のあいだに存在する弁証法的な二項対立は、それぞれ個人のなかにも存在する。ポール・マッカートニーは自分を励ますために楽観的な曲を書いた。ジョン・レノンはとても敏感で聡明だった。平和運動に身を投じた日々について、自分のことを「愛と平和を求める人間がいちばん暴力的だ」と語っている。「すべては対照的だ」。単純すぎる表現かもしれないが、すべての実務家は心のなかでは夢想家でもあり、すべての監督はスターでもある。

私たちの誰もが持つ対照性は、自分に関係のある他人を通じて現れることが多い。この話を心理学者で伝記作家のウィリアム・トッド・シュルツにしたところ、返信の手紙に、補償に関するカール・ユングの考察を思い出したと書かれていた。「ユングによれば、人の心には自己修正機能が備わっている。自分のある一面が表現されなくても――私たちは『シャドウ（影）』ではなく『ペルソナ（仮面）』を見せている――人間関係を通じて、それを補う対照性を無意識に求める。言い換えれば、自分の対照的な影を重ね、その人と関与することによって、自分の影と自分自身を理解する。これは、正反対のものが惹かれ合うという概念を、理論的に称賛しているようにも聞こえる。しかしユングは、このような自己修正をする理由はバランスだと語っている。私たちは完全な自分を必死に求め、自分を守るために排除したものを与えてくれる他人を見つける」

ユングの説を念頭に、マーティン・ルーサー・キング・ジュニアとラルフ・デービッド・アバーナシーの絆に関するテイラー・ブランチの説明を聞いてみよう。「キングは、気持ちが高ぶって大げさに、空想的になりすぎる傾向を自覚していたのだろう。アバーナシーはキングに人間の本質を思い出させ、自信過剰にならないように、大言壮語や手放しの称賛、雄弁さに溺れないように、意識させる存在だった。キングは謙虚で、違う自分を演じて楽しむところもありながら、同じくらい大げさな物言いや華やかな服装を愛するところがあった。アバーナシーはキングの内面に働きかけた。彼のなかにある王様の醜い側面を、思い出させる役割だ」

ペアの2人の特徴的な違いについて、本人のどちらか1人か、彼らをよく知る別の人に同意を求めようとすると、「でも、その反対も正しいよね」と反論されがちだ。このパターンは、マット・ストーンとトレイ・パーカーがCBSテレビの『60ミニッツ』に出演したときにも見られた。司会のスティーブ・クロフトが2人に、彼らと長年組んでいるプロデューサーのアン・ガレフィノの発言について質問した。ガレフィノは、マットはトレイより容赦のない皮肉屋で、ユーモアのセンスはトレイのほうがおもしろいと語っていた。

マット　アンは実に賢いね。
トレイ　あの女（2人とも声をあげて笑った）。
マット　でも、実際は反対だけど……。
トレイ　それを証明してみせよう。
マット　そう、容赦がないのはトレイさ。

トレイ　［ピーの音］アン。彼女はクビだね。

ガレフィノは間違っているわけではない。ただ、2人は固定観念を持たれたくないのだ。

忘れてはならないのは、どのようなかたちで現れるにせよ、2人組には弁証法的な二項対立が存在することだ。スティーブ・ウォズニアックとスティーブ・ジョブズは1977年に発表したアップルⅡによってパーソナルコンピュータを定義し、テクノロジーを一変させる会社というアップルの存在意義を確立した。ウォズは、成功できたのは「自分のエンジニアとしての技術と彼のビジョン」のおかげだと語り、自分は実務家でジョブズが夢想家だと言明した。彼は実務家のままでいることを選び、エンジニアとして会社の組織図の端に座り、事業の運営や人材の管理などの責任に縛られなかった。一方、ジョブズはその後34年間をかけて、コンピュータ業界で最も広く認められるビジョナリーとなり、アップルを率いてiPodやiPhone、iPadなどの革新を起こした。

ただし、ウォズは強力な新しいテクノロジーを概念化できる夢想家でもあり、ジョブズは新しいアイデアの可能性を理解して具体的なかたちをつくり、洗練させ、世の中に売り込む実務家だ。ジャーナリストのゲーリー・ウルフによれば、ウォズニアックのアップルⅡは、「1人の人間が設計した最初で最後の小売用コンピュータ」だ。プログラマーでもあり電気技師でもあるウォズニアックは、マシンの設計の全体像を描いた。しかし、製品として完成したのは供給網を采配するジョブズの能力のおかげであり、人気のマシンとなったのはジョブズが世論を育てて操ることに長けていたからだ。さまざまなことを実現させたのはジョブズだ。

C・S・ルイスとJ・R・R・トールキンの場合、トールキンのほうが洞察力が深くて粘り強く、数十年をかけて壮大な物語の世界を築き上げた。ルイスは全体像をつかんだら素早く、巧みに、大胆に結論を出す傾向が強く、痛みの性質や友情の本質、善と悪の関係など、あらゆることを論じた。

鉱石を探す炭坑作業員と、鉱石を精錬する技術者とも言えるだろう。ルイスがいなかったら、トールキンは生涯を中つ国《なかつくに》［トールキンの作品における架空の世界］で過ごし、誰にもその地を通らせなかったかもしれない。そして、トールキンがいなかったら、ルイスは自分が軽妙に論じる物事を深く突き詰めることはなかったかもしれない。トールキンは、日常の世界から自分を切り離すことによって無秩序を象徴した。そしてルイスは、世俗的な振る舞いや主張によって秩序を象徴した。

一方で、トールキンは中つ国の言語や習慣、系統にこだわりながら秩序を築き、ルイスの挑発的な創作は無秩序を生んだ。いずれの関係も、スリリングな興奮が2人を結びつける。どちらがアポロでどちらがディオニュソスか、どちらが陰でどちらが陽かという明確な区別より、そのスリルが重要だ。

「2人はいつも対極にいる」と、ヴァーノン・チャットマンはマットとトレイについて語っている。「2つの極のあいだをパワーが駆けめぐるときは、すべてがうまくいく」

13　心のなかの「他人」――創造的思考の対話

本書では、ペアの複雑で強烈な相互依存に着目している。これは必要不可欠なテーマだが、長く軽視されてきた。とはいえ、人は人生で他人から圧倒的な影響を受ける一方で、創造がときに1人の天才のひらめきから生まれることも事実だ。ポール・マッカートニーはある朝、目覚めたときに「イエスタデイ」のメロディが頭に浮かんだ。マリー・キュリーが放射能の概念を最初に考えたのは、自分の頭のなかだった。空飛ぶ機械をつくるというウィルバー・ライトの大胆な野心は、天啓か、あるいは彼自身の心のなかに芽生えた夢だったが、少なくとも弟オーヴィルから直接影響を受けたのではなかった。

しかし、1人の人間の心のなかで起きることは、他人との相互関係から独立しているわけではない。むしろ、相互関係の延長線上にある。同じように、2人の人間の創造的なやり取りを形成する弁証法的なプロセスは、1人のなかのプロセスにも当てはまる。この点を詳しく考える前に、孤独をめぐるロマンチックな誤解を混同しないようにしたい。

1902年にウィーンの士官学校で学ぶ19歳のフランツ・カプスが、詩人のライナー・マリア・リルケに助言を求める手紙を書いた。リルケは、力になることはできないと返信した。

「あなたは自分の詩がいいかどうかと私に尋ねる。ほかの詩と比べる。出版社へ送り、はねつけられたと自信を失う。さて、私は助言をすることを許されたのですから、言いましょう。そのような努力はすべてやめなさい。あなたは外に目を向け、上ばかりを見ているが、それこそ今すぐやめるべきことです。誰もあなたに助言したり、手を差し伸べたりすることはできません。方法はただひとつ。自分の内面に入るのです」

リルケは続ける。「自分の内に深く入り、自分の生命があふれ出る深さを知ること……創造の担い手は自分の世界に生きなければならず、あらゆるものを自分のなかと、自分が添い遂げる自然のなかに見出さなければならないのです」

リルケは6年間で9通の手紙をカプスに書き送り、『若き詩人への手紙』（新潮社）として出版されている。自己認識の重要性を力強く説く書簡だ。

ただし、詩人志望の青年に自立を説きながら、リルケ自身は他人の意見やスタイル、影響に深く依存していた。私設秘書を務めた彫刻家オーギュスト・ロダンの影響を受け、まったく新しい創造のスタイルに行き着いたのだ。すなわち、主観と感傷を捨てて簡素でコンパクトな表現を求め、ロダンの粘土とブロンズに相当する文学を追究した。

リルケはさらに、知識人の女神として知られる著述家のルー・アンドレアス・ザロメに30年近く恋い焦がれた。ザロメはニーチェとフロイト、そしてリルケの人生を竜巻のごとく駆け抜けた。「ザロメはとてつもなく優れた知識人であり、作家であり、精神分析学者だったが、彼女がヨーロッパの文化にもたらした最大の貢献は、（フリードリヒ・）ヘルダーリン以降のドイツで最も偉大な叙情詩人の助産婦として果たした役割だろう。若き『ルネ・リルケ』の気難しく敏感な感情と神経の束から天才が生まれる過程を理解し、さまざまな個人的危機を乗り越えて自分のなかの『他人』を受け入れられるように支えたのは、彼女だ」と、マーク・M・アンダーソンは書いている。ザロメとの関係がなければ、リルケは「『新詩集』や小説『マルテの手記』、最高傑作の連作詩『ドゥイノの悲歌』のモダニズムの様式を築く」ことはできなかったという。

ザロメの影響力のなかでも特筆すべきなのは、彼女がリルケを生まれたときの名前「ルネ」で呼んだことだ。リルケはザロメと出会った後、ドイツ人の彼女に合わせるかのように「ライナー・マリア・リルケ」と改名している。

カプスへの助言とリルケの実際の生き方の違いは甚だしいが（リルケは周囲の意見を熱心に求め、出版社に積極的に売り込んだ）、重要なのは彼が偽善者だったかどうかではない。それどころか、リルケの人生は、心のなかの「他人」を認め、創造の担い手が自分の心とどのように共感すればいいかを理解するという偉大な創造的作業について、ヒントをくれる。

芸術家は自分のなかに引きこもれば創造に打ち込めると思われがちだ。そこには個人と周囲の世界を対立させるという心理学の伝統的な概念がある。フロイトは、人間は反社会的な本能と、社会的関係の必要性（官能的快楽を求める衝動）を調整しなければならないと考えた。男性には父親を殺して母親を性的に求めたいという衝動があり、その衝動の方向を転換するか、少なくとも昇華させなければならない。フロイトにとって創造とは、攻撃的な願望を、より好ましい対象に向け直すことだった。メラニー・クラインなどフロイトの後継者は、二項のやり取りが心を形成する過程を洞察した。クラインがその発展に貢献した「対象関係論」は、自分以外の存在との関係を内的にイメージすることによって、人格が形成されると考える。

クラインに師事した精神科医のドナルド・ウィニコットは小児科医でもあり、対象関係論に重要な前進をもたらした。ウィニコットによれば、幼い子供は母親と関係なく健全に育つのではなく、母親との適切な関係によって健全に育つ。私たちの幼少期においては、自分の内面との激しい戦いではなく、外的な経験が内面の基礎を築くのだ。思考や意識など「内的世界の基本的な要素」は「個人的なものであり、まさに自我となる」と、ウィニコットは書いている。そして、自我は他人との対話のなかでかたちづくられる。

二項のやり取りに着目する心理学は、さまざまな方向に発展した。その全体像を描くことは不可能だが、とくに重要なのは、感情や振る舞いだけでなく思考そのものを形成する過程についてだ。

心理学者のレフ・ヴィゴツキーは、思考は社会的プロセスの4つの段階を経て生まれると提唱した。最初の段階は、外的な対話だ。幼児は、断片的な言語を日々育つ心でつなぎながら、大人に投げては返球を受け取る。このトスの往復が、物事や思考の象徴的な表現を形成する。第2の段階は、声を出してトスを続けながら、人形やおもちゃを使って一人語りを始める。

第3の段階は、幼児の言語が内向きの独白になる。目の前の物語を自分に話しかけながら、思考と合わせるように単語を意識して唇を動かす場面がよく見られるだろう。そして、最後の段階は心理学で言う内語の凝縮だ。この段階になると、言葉を発しなくても、思考を秩序立てて意味を把握できるようになる。

この意味で、思考とは、他人とのやり取りをダウンロードしていると言える。そして、外的なやり取りが相互作用の枠組みを形成するときは、逆向きのプロセスが起きる。重要なのは、人間のあいだ（自分と他人）のやり取りと、人間の内面（自分のなか）のやり取りが、継続的に相互作用をもたらしていることだ。

ウィニコットの関係性のモデルは、長年のあいだに多くの洗練されたモデルを生んでいる。社会的知性に関するダニエル・ゴールマンの研究によると、私たちがどのように考え、感じるかは、私たちが他人とどのように関わるかということでもある。精神科医で心理学者のダニエル・シーゲルは、自分の心とのやり取りは精神的な健康と共感力に欠かせないと指摘している。一方で、自分自身との関係は、あらゆる社会と同じくらい複雑だ。「自分はどのくらい幸せになれるかというテーマは、『幸せ』の定義が難しいと思われてきた」と、心理学者のポール・ブルームは書いている。「しかし、『自分』の定義のほうが重要なのかもしれない。今では多くの研究者が、個人は矛盾する複数の自分が共存するコミュニティだと考えている。ある自分の幸せが、別の自分をみじめにするときもある。この理論は、依存や衝動を振り払うことが難しい理由や、生活の大半を実際には存在しないもの——テレビ番組、小説、バーチャルリアリティなど——に費やす理由など、日常生活の謎を説明できるかもしれない」

このような思考の形成過程は、創造性とどのような関係があるのだろうか。最も創造的ではない精神状態の例として、たとえばテレビのホワイトノイズのように、音や感覚がざわめいて定まらない状態がある。いわゆる「モンキーマインド」だ。周囲に反応して目まぐるしく変わる心は、どんなものでも生み出せそうに思えるが、実際は何も起こらない。

対照的に、何かの洞察を得た瞬間は、情景やアイデアが混沌としていたなかから突然、有機的な構造が現れ、旋律や文章が頭に浮かぶ。このような経験を、「思考」が「出現」したと表現することもできるだろう。ただし、私たち自身の経験や、並外れて創造的な人々の経験を注意深く観察すると、そこには心の対話が存在する。

リルケは、まさにこの内的な対話を経験している。1911〜12年の冬に、彼はイタリア北部のアドリア海沿岸にある中世の城に滞在した。城の持ち主（リルケのパトロンだったマリー・タクシス公爵夫人）は次のように記している。「彼（リルケ）に大きな悲しみが降り注ぎ、この冬は……何も創作できないのではないかと思いはじめていた」

「悪くなる一方です」と、リルケはタクシスに語っている。「どんどん悪くなり、最悪になって、言葉ではとても表せません。私は一日中、自分の心の茂みを這いずりまわり、粗暴な人のように叫びながら手をたたく。身の毛もよだつ生き物が飛び出してくるのです」

身の毛もよだつ生き物——モンキーマインド——は奔放に走りまわる。この粗暴な猿に遭遇したときの驚きが自分の内にこもらせる。それは30分間の瞑想かもしれないし、3時間仕事に集中することかもしれない。リルケの場合、古城で孤独にひたりつづけた。静寂は不安を誘う。日常生活の社会的な役割から解放されると、洞窟で道を示す懐中電灯が消えたように突然、暗闇に遭遇する。その奥底に猿がいる。

しかし私たちは子供のころから、そうした不安に耐えることが美徳だと教えられる。リルケも耐えた——そして、何かが変わった。タクシスによると、ある朝、リルケは「仕事上の面倒な手紙を受け取った。すぐに片づけてしまいたいと思い、腰を下ろして数字の計算などに没頭した。外は強いボーラ（アドリア海沿岸の冬の北風）が吹いていた……城を出て海を見下ろす稜堡《りょうほ》に立ち、深く考え込みながら行ったり来たり歩いているあいだも、手紙の返事のことで頭がいっぱいだった。そして突然……うなる風のなかから自分を呼ぶ声が聞こえたように感じた。『私が声をあげて泣こうとも、はるかなる高みの天使の列序のなかで誰が聞いてくれようか』。リルケはすぐ創作に取りかかり、その日のうちに『ドゥイノの悲歌』の第1歌を書き上げた」

私が声をあげて泣こうとも、天使の列序のなかで誰が聞いてくれようか。
天使のひとりが不意に私を抱きしめたとしても、私はそのより激しい存在に焼かれて消えるだろう。

「うなる風のなかから」詩が降りてくる経験は、雷に打たれることと同じくらいよく聞くかもしれない。しかし、リルケに起きたことは、典型的というより劇的な例だ。クリエイティブな人々が繰り返し語るひらめきの瞬間――電球がぱっと灯るように、決定的な前進が訪れる瞬間――の描写は、イメージや文章やアイデアが、自分ではない源から突然、生まれるかのようだ。そのように出現したものは、意識して構築したり創出したりしたものより、はるかに優れた結果をもたらしそうな気がする。歌手のポール・サイモンは音楽ジャーナリストのポール・ゾロに次のように語っている。「私が本当に興味をかきたてられる歌詞は、自分が作った詩ではなく見つけた詩だ。思い浮かんだことに自分で驚くような詩でなければ、その力を信じないし、興味もわかない」

「自分がそんなことを考えていたなんて、思いもしない。そこに驚くんだ。その驚きに笑ったり、感情を揺さぶられたりする。そんな経験をするとき、私は観衆として反応する。反応するのだから、力のある詩だと信じられる。不安になる必要はない。自分が観衆になっているのだから」

サイモンはその詩を自分が書いたともちろんわかっていながら、自分が観衆になったように感じるという。さらに、「自分がそんなことを考えていたなんて、思いもしない」という感覚は、想像できるかもしれないが、詳細に説明することはかなり難しい。創作者と観衆というサイモンの視点の揺れが、その複雑さを強調している。

「考えるとき、私たちは健全な意味で我を忘れるのかもしれない」と、ヘンリー・デービッド・ソローは書いている。「そのとき私は人間という器であり、いわゆる思考や感情の舞台となる。自分自身からも他人からも遠く離れて立っているという二重性を感じるのだ。どれだけ強烈な経験でも、その存在と批判を私の一部と感じているが、実は私の一部ではなく、傍観者である私は経験を共有していないが注視している。その経験はもはや、あなたの一部ではないのと同じくらい私の一部ではない」

この経験を明確に定義するひとつの方法は、創造的な思考が生まれた源を、自分とは異なる客観的な存在と見なすことだ。古代ギリシャのムーサ（文芸を司る女神）、ダイモン（守護精霊）、ジーニアス（才能をもたらす精霊）は創造性を擬人化する思想で、創造性が人間に備わっているとは考えていない。作家のエリザベス・ギルバートはTEDのスピーチで、現代の芸術家は、創造のすべての源は自分だという幻想の重荷を背負っていると語った。素晴らしいものを創造する責任はすべて自分にあるというが、それはあまりに重荷ではないか。

むしろ古代の「創造の精霊」の神話に立ち戻ろうと、ギルバートは語る。「妖精が人々についてまわり、プロジェクトや作品に創造性の魔法の蜜をふりかける」ようなものだ、と。ばかげていると思うかもしれないが、ムーサに助けられるという考え方のほうが創造の概念をうまく説明できると、ギルバートは言う。それがムーサの力なのか、私たちの無意識なのかは、あまり重要ではない。私たちは1人でいるときも、自分だけで何かを創造することはないのだ。

ギルバートは、そのような経験をしたアーティストを紹介している。詩人ルース・ストーンは詩が「大地の彼方から突進してくる」のを感じた。ストーンは「無我夢中で走って」自宅に戻り、鉛筆と紙をつかんで、詩が自分を通り抜けてほかの詩人のもとに逃げていく前に書き留めようとした。ミュージシャンのトム・ウェイツもロサンゼルスのフリーウェイを車で走っていたときに突然、曲が聞こえてきたが、このまま忘れてしまうかもしれないとあきらめかけた。しかし、彼は曲に直談判をした。

「彼は空を見上げて言いました」と、ギルバートは語る。「運転中なのがわからないのか？今ここで曲を書き留められるかどうか、見ればわかるだろう？　本当に出てきたいなら、俺が相手をしてやれるときに出直してこい。そうじゃなきゃ、ほかをあたりな。レナード・コーエンとか」

ここでストーンとウェイツは、自分の創造的な洞察を、自分とは別の存在と見なしている。比喩的にも実際にも自分ではない力や声を、確かに感じたのだ。無意識から生まれたというポール・サイモンの曲も、まさに似ているかもしれない。彼はジャーナリストのゾロに語っている。

ゾロ　あなたを驚かせる考えが、自分を超えたところから来ると感じたことはある？
サイモン　いや。自分を超える？　意味がよくわからないな。
ゾロ　多くのソングライターは、ジョン・レノンも、自分が霊媒者になって、自分を超えたところから曲がやって来るように感じると表現している。
サイモン　それは潜在意識から出てくるということだ。そうじゃなきゃ、誰かがほかの惑星から信号を送っていることになる。もっとも、それが潜在意識の説明になっているようだが、私はそうは思わない。
ゾロ　そのプロセスが、むしろ魔法のようだと思うことは？
サイモン　だからこそ、そういう驚きで曲を書くのはおもしろい。
ゾロ　そういう魔法はあなたが持っているものか？
サイモン　実際に持っているわけじゃない。それを伝達する役目だ。自分を通り抜けていくけれど、持っているのではない。コントロールしたり、指図したりすることはできない。待っているだけだ。ただ待っている――ショーが始まるのを待っている。

サイモンの矛盾に気がついただろうか。「（創造性の魔法を）伝達する」という表現は、その前に否定した「誰かがほかの惑星から信号を送っている」ことと、まさに同じたとえだ。もちろん、重要なのはサイモンの発言に一貫性がないことではなく、彼が内的な対話について説明しようとしていることだ。

確かなことは、内的な対話の相手が自分の一部にせよ、女神ムーサにせよ、「創造性の魔法の蜜をふりかける妖精」にせよ、それがキャッチボールになっていることだ。

その点を頭において、リルケが若いカプスを励ました手紙を思い出してみよう。「方法はただひとつ。自分の内面に入る」「自分の生命があふれ出る深さを知る」「創造の担い手は自分の世界に生きなればならず、あらゆるものを自分のなかと、自分が添い遂げる自然のなかに見出さなければならない」。自分自身のなかに入ることができれば、自分の詩に関する他人の意見も気にならなくなると、リルケは若い詩人に語りかけている。他人の意見のなかに自分の声が聞こえるからだ、と。

自分の声を見つけるとは、どういう意味だろうか。2011年に高校生の詩作グループがホワイトハウスの座談会に招かれ、詩人のビリー・コリンズに、まさにこの質問をした。するとコリンズは、ほかの人の詩を読んでその声を真似することから始めなさいと答えた。最初は「ひたすら模倣する」のが理想だ。そのうちに6~8つの印象的な言葉が混じり合って結びつき、1つの新しい言葉が生まれる。自分が受けた影響を心に響く明快な声にまとめることができれば、その源は誰も気に留めなくなる。

「自分の声を見つけたら、それを真似できる人は1人しかいない。自分だけだ」と、コリンズは続けた。「それは正真正銘あなたのものだ。このように模倣から独創性に到達する方法は、執筆生活の矛盾のひとつでもある」

これが思考と意識の発達であり、クリエイティブな人が経験するやや神秘的な対話だ。幼児の思考が発達する過程と同じように、クリエイティブな人生の本質は自分と他人のやり取りから始まる。そこから内的な対話に発展していくのだ。

このような視点は、創造性を社会的なプロセスと見なす考え方と、孤独の必要性を強調する考え方をめぐる論争を超越できる。『凡才の集団は孤高の天才に勝る』（ダイヤモンド社）の著者で心理学者のキース・ソーヤーは文化的な背景に注目し、共同作業を過小評価するのは危険だと主張する。一方、『内向型人間の時代』（講談社）の著者でライターのスーザン・ケインは、内向型の人は「新集団思考」に圧倒されていると指摘する。どのような社会でも3分の1〜2分の1の人は内向型で、創造的な思考をする優秀な人の多くは内向型だ。しかし彼らは、学校や企業で個人の空間を排除され、チームやグループを組むように強制されて、疲れ果てる。ある学校の小学4年生の教室には「グループ作業のルール」が掲げられており、たとえば「グループの全員が同じ疑問を持つまで、先生に助けを求めないこと」などの指示が並んでいる。

人間は社会的な生き物であるという知識が、これほど非社会的な方法で押しつけられている現実は痛ましい。「創造性は社会的なものだから、全員をグループに所属させよう」という発想は、「花には水が必要だから、湖に突っ込もう」というのと同じだ。もちろん適切な量の水は必要だが、太陽の光と空気も必要だ。

人間の成長には別の人間との関係が必要だという事実も、バランスが問題となる。「共同作業は素晴らしい」なのか、それとも「創造者には孤独な時間が必要」なのかという議論は、呼吸は吸うことと吐くことのどちらが重要かという議論にたとえるとわかりやすい。私たちは間違いなく息を吸わなければならず、あらゆる科学がその必要性を証明している。一方で、息を吸うことばかり強調する主張は、息を吐くことが欠かせないという身体的な証拠を無視している。創造的な肉体は、社会的な支援と孤独の適切なバランスに依存している。暖房をつけても暑すぎず、冷房をつけても冷えすぎないようにしなければならない。

これらのバランスの条件を、遠くから指図することはできない。人によって必要なものが異なるからだ。たとえば、ジョン・レノンは自分の内面と向き合うことがひどく苦手だったため、ひとりで過ごすことがつらくてたまらなかった。友人のピート・ショットンは次のように語っている。「引きこもりがちな生活スタイルとは裏腹に、ジョンは完全にひとりになることに耐えられなかった――曲を書くときでさえ。（1964〜68年まで最初の妻と暮らした）ケンウッドの家では、私がまったりと本を読んだりテレビを見たりしているあいだ、ジョンは数メートル離れたところでピアノを鳴らし、紙切れに詩を書き留めていた」。「3日間ひとりきりで過ごすとしたら、何もしない」と、1967年にジョンはハンター・デイヴィスに語っている。「家でじっとしているわけじゃない……誰かに僕の姿を見ていてもらわないと。気分が滅入ると本当に参ってしまう。彼ら（バンドの仲間）の姿を見て自分自身を取り戻し、落ち着くんだ」

反対に、ソローはリルケと同じように創造者の孤独――と孤立――を擁護する。「大半の時間をひとりで過ごすことは健全だ。孤独ほど気さくな道連れはいなかった」。しかし、ソローもジョンも、人とのつながりゆえの最高の経験と孤独ゆえの最高の経験が、個人の創作活動のなかで同時に生じることについて語っている。同じように優れた共同作業は、独立した個人と絡み合ったアイデンティティが併存する複雑な相互関係を伴う。

孤独と共同作業の両極端が適切に結びついた最も素晴らしい例は、ダライ・ラマ14世だ。私はチベット亡命政府が置かれているインドのダラムサラを訪れ、ダライ・ラマ14世の個人秘書官を45年以上務めるテンジン・ゲシェー・テトンに話を聞いた。ダラムサラで私が会った当局者の多くは、テンジン・ゲシェーをダライ・ラマに最も近いパートナーだと評した。私は彼に、ダライ・ラマの人生にとって最も重要な人間関係について尋ね、最初の師や小学校の恩師、さまざまな判断について相談する賢人など優れた人々の話を聞いた。そのなかにはテンジン・ゲシェー本人も含まれていた。ダライ・ラマは多くの書籍で筆頭の著者になっているが、テンジン・ゲシェーは法王がひとりでパソコンの前に座ったことがあるとは思えないと語った。彼の著作の文章は、周囲との会話や説法、講演などから集められたものだ。

私が最も興味をそそられたのは、ダライ・ラマの1日のスケジュールだ。起床は（世界のどこにいても）毎朝3時。まずひれ伏して瞑想する。日が昇るころからスタッフとの打ち合わせが始まり、客人と面会する。ほぼ1日中、誰かと一緒に過ごすのだ。ただし、ひとりでいると落ち着かないのに、本当には人とつながることができないという、心理学者が懸念するようなタイプとは正反対だ。ダライ・ラマはひとりでいることにも人とつながることにも長けている。

ソローもまた、両方の世界の質が高かった。彼は孤独を楽しみながら、創造の文化にひたっていた。隠遁生活を送るボストン近郊のウォールデン湖畔から、素晴らしい知的および文学的コミュニティがあるマサチューセッツ州コンコードをたびたび訪れた。コンコードではソローのかけがえのない師、哲学者のラルフ・ウォルドー・エマソンも彼を待っていた。ウォールデンでソローが暮らしていた森のなかの小屋は、エマソンが所有する土地に建っていた。文字どおり、年長の賢者の空間で隠遁生活を営んでいたのだ。ソローは他者との関係——読者として、作家として、聞き手として、話し手として——を通じて、豊かな内面を築く資材を取り入れた。人と十分につながっていることが、ソローの孤独を支えた。孤独から人間関係に戻るときは、ウォールデン湖畔から日記帳を携えていた。

このような孤独と人間関係の二面性が、すべての人にとってつねに重要というわけではない。ひとりにしてくれと泣き叫ぶのは、周囲からの刺激を求めているのかもしれない。同じように、そばにいる人を求めながら孤独を愛しているのかもしれない。『若き詩人への手紙』が多くの創造的な人の心に響くのは、彼らがリルケのメッセージを求めているからだ。リルケ自身も、自分が求めているメッセージを自分に言い聞かせていた。

カプスに最初の手紙を書いたころ、リルケは友人に、詩人として理想の生活を思い描こうとすると、父親の「無分別」という声が頭のなかにこだますると打ち明けている。彼はさらに、自分の内に感じる母親の存在にも（こちらはそれほど強い言葉ではないが）抑圧されていた。「どれだけ走っても歩いても、彼女から遠く離れられないという不安が心の奥底にある。自分のなかのどこかで、彼女につらい思いをさせられた振る舞いを繰り返しているのではないか」。このような葛藤や、ほかにもさまざまな影響から、リルケは「私の詩が息づく庭園に面した窓を、近しい誰かに閉ざされた」ように感じていた。

つまり、リルケが孤独を称えたのは、彼の（内と外の）世界が間違った種類の関係にあふれていたからだ。作家で文学者のルイス・ハイドが指摘するように、『若き詩人への手紙』のやり取りはリルケが20代後半のときに始まっている。まさに「若き詩人からの手紙」でもあるのだ。

とはいえ、「若き詩人へ」というタイトルは実際にふさわしい。リルケにとって若いフランツ・カプスはパートナーとして必要な存在であり、自分にとって最も重要なことを伝えることもできたのだろう。彼が個を称賛したのは、相互関係の有益さを物語る格好の例でもある。カプスはいわば女神ムーサとして、リルケが本当に聞かなければならない思考を声に出すきっかけを与えた。『若き詩人への手紙』は、書き手も、最も重要な読者も、リルケ自身だったのだろう。

PART

第4部

距離

DISTANCE

友好的な関係は人間の距離を取り去るのではなく、距離に命を吹き込む。

ヴァルター・ベンヤミン（思想家）

『No』は、私たちが言語に明け渡した最も野蛮な言葉なのに。

エミリー・ディキンソン（詩人）

多くの人と同じように、私は人間関係について「親しいかどうか」の基準で考えてきた。しかし、より重要なのは、2人の空間が生き生きとしているかどうかだ。親密さと信頼を深めつつ、好奇心や意外性をいかに保てるかなのだ。そのことがしだいにわかってきた。

私は最初からペアの距離に注目していたわけではない。むしろ一連の研究で最も驚かされた発見が、2人の距離という特徴だったのだ。2人を隔てる距離がなければ人間関係は生まれないことに、私は何度もうなずかされた。創造的なペアが結びつき、融合して、弁証法的な関係をもとに役割分担が決まる。そして、互いが自由に動ける余地があるからこそ——余地があるにもかかわらず、ではない——共通の創造的行為に没頭できる。そのとき2人のあいだに何が起きているのだろうか。

理想的な距離の象徴として、あるカフェの一場面を想像してほしい。ジャン＝ポール・サルトルと内縁の妻シモーヌ・ド・ボーヴォワールが、店内の別々のテーブルで仕事をしている。これが、同じ志を持ちながら、個々が自由を持つことによって勢いづく関係だ。サルトルは自分たちの関係を「連邦的」と呼んだ。中央政府の哲学を共有しながら、各州が自治機能を持つというかたちだ。彼らはそれぞれが異なる経験を積み重ね、小説や評論を書き、自分の関心を追求した。互いに別の恋人がいて、ときには真剣な恋に落ち、別のパートナーと同居している時期もあった。ボーヴォワールが同居していた（肉体関係もあった）編集者クロード・ランズマンの妹イブリン・レイと、サルトルが付き合っていたこともある。ランズマンは、「サルトルにほんの少しでも対抗意識を持ったこと」はないと語っている。ボーヴォワールは、朝の執筆を終えると午後はサルトルと過ごした（サルトルも朝はひとりで執筆していた）。2人のスタイルは、本人たちも言うとおり、距離が2人共通のプロジェクトを育て、そのプロジェクトがそれぞれの自立性を強めた。哲学者デービッド・バナッハが書いているように、この関係性は2人にとって、人間は「客観的な世界に浮かぶ孤独な主観の島」だという実存主義的な信念に合っていた。ただし、不機嫌で冷ややかな距離感ではなく、興奮に満ちた距離だ。

主体性は相互関係の種をまき、相互関係が主体性を育てる。ボーヴォワールは2人のいわばマニフェストを記している。

「2人で1つの目的が私たちを駆り立てる。すべての経験を受け入れ、すべての経験の証言者となる。そのために別々の道を進まなければならないときもある。しかし、それぞれの道で発見したことを、少しでも隠す理由はない。ともにいるとき、私たちは自分の意思をねじ曲げてでも共通の使命を追求する。再び分かれる瞬間も、私たちは1つ。その距離が私たちを解放し、私たちが2人のなかに見出す自由が、可能なかぎり2人の距離を近づける」

14 創造的な修道僧と結合体双生児――究極の距離

ペアにとって最適の距離は、自然に生まれるときもある。ジェームズ・ワトソンとフランシス・クリックは、ケンブリッジ大学のキャヴェンディッシュ研究所で共有していた研究室で何時間もDNAについて議論した。しかし一方で、それぞれ自分のプロジェクトにも長い時間を費やした。クリックは博士論文の研究があり、ワトソンは研究室でほかの仕事も引き受けていた。肝心の研究の負担になりそうな気もするが、2人は役に立つスタイルだと思っていた。「ジムも私も（DNAの研究を）一緒にやれという外からの圧力を感じたことはなかった」と、クリックは語っている。「ある程度の時間は2人で集中して取り組んでから、少々離れることもできた」

意識して距離を保つペアもいる。グラハム・ナッシュとデビッド・クロスビーは、のちにスティーブン・スティルスとニール・ヤングも加わり、ユニットで活動する際はメンバーのラストネームをつなげた名前を使った。「理由があったんだ」と、クロスビーは言う。「バーズやホリーズ［クロスビーとナッシュがそれぞれ別のメンバーと組んだバンド］として活動するときに、自分たちがどんなふうに感じているか、わかっていたから。バンドの名前が自分のアイデンティティになる。でも、僕たちはつねに個人でもある。個人同士が一緒にやりたければやる、やりたくなければやらない」

さらに驚かされるのは、距離を意識するだけでなく、徹底してその距離を維持しようとする関係だ。なかには物理的にほとんど接触しないペアもいる。ドイツの作曲家リヒャルト・シュトラウスと、オーストリアの詩人で劇作家のフーゴ・フォン・ホーフマンスタールは著名なオペラや喜劇を共作したが、やり取りは郵便だった。シュトラウスは何度もホーフマンスタールをドイツに呼ぼうとしたが、彼はいつも言い逃れていたと、ある伝記作家は書いている。「私たちの今後の共通の関心すべてにおいて、友好関係は永遠に変わらない」。ホーフマンスタールはそう明言していたが、自分が誰かと一緒に仕事をするときは、物理的だけでなく知的にも、ひとりでいなければならないと強調した。そして、シュトラウスに対し、具体的なアイデアに言及したり、約束事を思い出させたりしないでくれ、「私を私として、誠意をもって扱ってほしい」とも要求した。

ホーフマンスタールを、孤独な人と呼びたくなるかもしれない。確かに彼は、物理的にも精神的にもかなりゆとりのある空間を必要としていた。ただし、創造的な人は世捨て人と誤解されがちだが、彼らの孤独を詳しく見ると、意図的な孤独をもとに生産的な円熟した人間関係を築いている。

意図的な孤独の格好の例は、詩人のエミリー・ディキンソンだ。ディキンソンの父親は弁護士で下院議員を務めるなど、地元マサチューセッツ州アマーストの名士だった。娘も幼いころは必然的に社交的だったが、10代後半から20代にかけて、彼女の立場の女性が求められる社交的活動から距離を置くようになった。地元の若い女性の中心として会合を催すこともなく、招待されても顔を出さなかった。30代後半のときには、「議会でも町でも、父の領域に足を踏み入れるつもりはありません」と語っている。彼女の決断は、地元の噂になるときもあった。自分の父親の葬儀が自宅で執り行われた際は階上の自室にこもり、ドアを細く開けて耳をすませていた。
しかも葬儀のあいだ、純潔を表す白い衣装に身を包み、詩を書いていたのだ。ただし、決して気がふれていたのではない。私たちが彼女に狂気を重ねたがることは、創造的な人間関係の距離に関する理解が浅いことと、小さくない関係がある。

まず、人間関係の基本として、顔と顔を合わせるほうがうまくいく人もいれば、つかず離れずのほうが関係を築きやすい人もいる。ディキンソンは紙の上の言葉を通して他人と結びついていた。彼女が記した書簡は約1000通が現存しているが、実際に書いたものの10分の1にすぎないだろうと考えられている。「彼女の書簡は、素晴らしいという言葉を超えている」と、ディキンソン研究の権威として知られるマウント・ホリヨーク大学のクリストファー・ベネフィは言う。「書簡にも詩と同じくらいの情熱と献身を注いでいたことを知らなければ、彼女を本当に理解することはできない」

ディキンソンは特定の読者に向けて詩を編むことも多かった。経済学者で新聞の発行も手がけたサミュエル・ボウルズには生涯で30通以上の書簡と50編近い詩を書き送っており、特別な共感を抱いていた。また、奴隷廃止運動の活動家だった著述家のトーマス・ウェントワース・ヒギンソンには、自分の「指導者」になってほしいと頼み、24年間で約100編の詩を書き送っている（2人の関係を研究した『白熱〔*White Heat*〕』の著者ブレンダ・ワイナップルによると、そのなかには「彼女の傑作の多く」が含まれる)。ヒギンソンは人生の恩人だと、彼女は折に触れて語っている。

ディキンソンが最も刺激を受けた創造の女神は、義理の姉スーザン・ハンティントン・ディキンソンだろう。スーザンは「想像力」そのものであり、シェイクスピアに続く知識の源だと語っている。隣同士で暮らしていたにもかかわらず、スーザンに200通以上の書簡と250編の詩を書き送った。

2人の親しさの矛盾に、ディキンソンはたびたび触れている。「あなたに会う前には数日、待たなければなりません……あなたはあまりに重要な存在すぎて。忘れないで、これは狂信的な崇拝なのです。些細なことでは決してありません」

スーザンへの興味深い讃歌のなかには、彼女を「いまだ他人」とする言葉もある。ある詩では次のように語っている[「What mystery pervades a well!(何という神秘が井戸を満たしていることか!)」より]。

彼女を最も多く語る人たちは
彼女の幽霊屋敷を
通ったことはなく
彼女の幽霊を
明かしたこともない

彼女を知らぬ人たちを
哀れむ思いは
無念さとともに深まる
彼女を知る人たちさえ
彼女に近づくほど
彼女がわからなくなるという無念

引きこもりの繊細な女性という一般的なイメージを裏切るように、ディキンソンが義理の姉に書き送った言葉や、彼女について書いている言葉からは、「哲学や精神的な問題と同じように、家族や人間関係のあらゆる複雑さと向き合っている」ことがわかると、エレン・ルイス・ハートとマーサ・ネル・スミスは書いている。「(ディキンソンは) 愛や拒絶、許し、嫉妬、絶望、刺激的な情熱を理解していた」。なかでも、人間関係の距離の矛盾についてはとりわけ深く理解していた。炎の最大の熱さは、炎の上に手をかざしてこそ理解できるように。

どのような痛みを、そしておそらく孤独を感じていたとしても、ディキンソンは素晴らしい知性と意志を費やして社交的な文学生活を築いた。彼女が遠ざけた他人との約束事の多くは、私たちの大半も勇気があれば回避したい、表面的なやり取りにすぎなかった。そして、人間関係に費やす時間が少ない分、本を読む時間はたっぷりあった。とくにシェイクスピア、ジョージ・エリオット、エリザベス・バレット・ブラウニングを好んで読んだ。また、スプリングフィールド・リパブリカン紙やハーパーズ・マガジンなど、自宅に配達される15の新聞雑誌も熟読した。

1862年4月のアトランティック・マンスリー誌に、作品を送ってくる多くの「新しい、あるいは無名の寄稿者たちへ」と題したヒギンソンの手紙が掲載されると、ディキンソンは4月15日付で次のように書き送っている。

ヒギンソン様
私の詩が生きているかどうか、教えていただけないほどお忙しいのでしょうか。
そのことばかり考えていてわけもわからなくなり、尋ねる人もいないのです。

ブレンダ・ワイナップルによれば、この手紙は控え目ながら機を逃さない鋭敏な対応で、自分が「最高の人」だと思う相手とだけつながりたい――「魂が彼女の社会を選び」「扉は閉じられる」――という野心あふれる女性ならではの先制攻撃だ。ディキンソンは、ヒギンソンに手助けを請うてはいない。のちに自分の師になってほしいと頼む人物の気を引こうとしているのだ。そして、ヒギンソンは引き寄せられた。彼はディキンソンに感銘を受け、興味をそそられ、驚嘆した。

アマーストを訪ねてディキンソンに直接、会った後に、ヒギンソンは次のように書いている。

「人と一緒にいて、これほど精根尽き果てたのは初めてだ。私が彼女に触れなくても、彼女は私から精神力を奪っていく。近くに住んでいなくてよかった」

現代の心理学では、ディキンソンは「ハイリー・センシティブ・パーソン」に分類されるかもしれない。これは1996年に心理学者のエレイン・アーロンが考案した言葉で、自分の周囲の環境にきわめて敏感に反応する人を指し、約15~20%の人が相当すると考えられている。ハイリー・センシティブ・パーソンは「豊かで複雑な内面の世界」を持ち、周囲の機微に対する意識が高く、「繊細な匂いや味、音、芸術作品に気づいて楽しみ」、深く心を動かされる。ただし、プライバシーを守ることができて、「刺激から逃れることができる」空間に引きこもる必要にも迫られる。大半の時間をひとりきりで過ごし、「動揺させられたり、圧倒させられたりするような状況」を避けて生活しようとする。

このような人は冷淡なのではなく、むしろ冷却するための空間が必要なくらいの熱情を持っている。共感力がかなり高く、感情的な反応が強くて、刺激にとりわけ敏感だ。当然ながら興奮もしやすいだろう。

そう考えると、ひどく孤独に見える創造的な人の多くは、充電するために物理的にも精神的にも余裕のある空間を必要としているのだが、普通の人にはあまりに広い空間に思えるのかもしれない。たとえるなら、創造的な活動をしている修道僧だろうか。隠遁して長い瞑想の修行に入る高僧とまさに同じように、創造のために孤独が必要なのだろう。

このような人を「内向的」と呼ぶのは、誤解を招きやすい。内向的という言葉は、他人から離れたがる性格を連想させる。しかし彼らは、敏感すぎるために多くのものを吸収しやすく、緩衝材が必要なだけなのかもしれない。心理学者のハンス・アインゼンクは(妻のシビル・アインゼンクと共同の研究で)、内向的な人は外向的な人より大脳皮質の覚醒レベルが高いため、内向的な人は刺激を最小限に抑え、外向的な人は最大限にする必要がある場面が多いと指摘している。

生理心理学のヤーキーズ・ドットソンの法則（心理学者のロバート・ヤーキーズとジョン・ディリンガム・ドットソンが発見した）によると、心理的あるいは精神的な覚醒によってパフォーマンスは向上するが、覚醒が最適なレベルを超えるとパフォーマンスは低下する。ハイリー・センシティブ・パーソンがはっきりと示しているように、ある種のバランスは誰にでも必要だろう。

ディキンソンとホーフマンスタールが創造的な修道僧の歩む道を象徴しているなら、アーティストのギルバート&ジョージは極端に距離が近いペアの好例だ。イタリア出身のギルバート・プロッシュとイギリス出身のジョージ・パサモアの2人組で、パフォーマンスアートのほかに写真やドローイングなども制作する。人前ではいつも2人一緒。おそろいのスーツを着ている。「2人で1人のアーティストになる」と、ギルバートは語る。「私たちは1人のアーティストだと思っている」と、ジョージも言う。

アンドリューアンドリューは、結合体双生児として生まれたというプロフィールで活動するパフォーマンスアーティストで、DJとしても知られる。彼らは可能なかぎり2人の距離を消している。出会ってから間もなく生活も仕事もともにするようになり、重ならない要素をことごとくつぶしていった。カーキのスラックスから籐のベルト、白縁の眼鏡まで、持ち物はすべて2つある。

双子を演じきる努力は、アイデンティティの奥深くまでしみ込んでいる。2人を区別する細かな違いは明かさない。ニューヨークのエース・ホテルのロビーに設置されたDJブースの前で彼らにインタビューをする際、私は彼らのラストネームや出生地など、2人が出会う前の人生について明かさないという誓約書に署名した。

2人のアンドリューは、自分たちの役割について軽く触れた。1人のアンドリュー（どちらかは教えてもらえなかった）はコミュニケーションの統括者として、たとえば公式サイトのイメージを作る。もう1人のアンドリューはエンジニアの責任者として、パフォーマンスに使う道具を管理する。互いに似せようとする努力は、2人のあらゆる違いを圧倒する。同じ本を読み、同じ誕生日を祝う。初めてアンドリューアンドリューとして表舞台に立った9月9日が、2人の誕生日だ。7年間、まったく同じ食事を取ったこともある。生物学者から、全身の細胞は8年で生まれ変わるだろうと聞いたからだ。

ただし、ディキンソンを孤独と見なすことが間違いであるように、アンドリューアンドリューを融合した1つの存在と考えるべきではない。何よりも、彼らは2人のあいだの距離に刺激を受けて力を発揮するのだ。

2011年にニューヨーク・タイムズ紙でアンドリューアンドリューを特集したマイケル・シュルマンは、「同一性の深さ」を維持するために「必要な規律」に感銘を受けている。「1人がブレザーのボタンをなくすと、もう1人も同じボタンをなくす……あるとき、画廊でアンドリューが上着に赤ワインをこぼした。すると、もう1人のアンドリューがとっさにワイングラスをつかみ、自分の上着にもこぼした」

シュルマンが「規律」と呼んだものは、「つねに変わらない注意力」とも言えるだろう。エース・ホテルのロビーで話を聞きながら、私は1人のアンドリューの髪が、もう1人より乾いていることに気がついた。もう1人はウェットタイプのジェルで髪を立てていた。1時間後、2人がDJブースに入ったときには、髪が乾いていたアンドリューもジェルを追加していた。またしても見分けがつかなくなった――しかし、それも一瞬だった。自分たちの違いをなくそうとする振る舞いが、2人がその違いを意識していることを強調するのだ。ワインをこぼし、ブレザーのボタンを引きちぎり、髪をジェルでセットする。そうした振る舞いが、彼らの違いを消すと思うかもしれない。しかし実際は、彼らがつねに自分たちの違いに気づき、つねに修正しているという証にほかならない。

うまく機能しているペアは決まって、良好な関係のカギは、相手に十分な空間を与えることだと言う。一方で、恋愛でもクリエイティブな関係でも、機能不全に陥っているペアが多いという現実がある。その大きな理由は、実際にどのような空間が必要なのか、普段の生活のなかで想像しにくいからだ。本書で紹介するペアには極端な例もある。それでも大半の人が求めるのは、物理的に完全に離れている状況と、できるかぎり近くで密着している状況の、中間あたりの距離感だろう。

とはいえ、そこに公式はない。2人にとって最適な距離は、それぞれの気質や追求するもの、一緒にいるときの過ごし方によって決まるからだ。2人のあいだの責任や義務は、2人が活動する分野の仕組みや仕事のフェーズによって変わる。たとえば、作家は数年がかりで書いた原稿を編集者に渡し、出版に向けてプロジェクトが動きはじめると、2人は毎日のように話し合う。スタートアップの共同創業者は1日16時間、一緒にコツコツと働き、やがて1人はCEOとして君臨し、もう1人は取締役に退くかもしれない。

もうひとつ複雑な要素は、距離がさまざまなかたちを取ることだ。地理的な距離もあれば

（街の反対側、あるいは海を挟んで暮らしているかもしれない）、一時的な距離もあるだろう（次に接触するのは1時間後かもしれないし、1年後かもしれない）。このように測定できる距離が、精神的な距離の経験と結びつくと、話が複雑になる。詩人のジェーン・ケニヨンとドナルド・ホールは同じ家に暮らしていたが、「二重の孤独」の生活だったと、ホールは語っている。別々に執筆し、キッチンで顔を合わせてコーヒーを飲むあいだも無言だった。「私たちは沈黙のなかで、互いの存在を完全に意識していた」。対照的に、人気司会者のオプラ・ウィンフリーと編集者のゲイル・キングはボルチモアで30年以上、一緒に仕事をしているが、同じ街に住んだことはない。それでも電話で声を聞かない日はめったになく、たいてい長電話になる。2006年のオプラ・マガジン（オー・マガジン）によると、1日に3、4回、電話で話すときもある。

エルトン・ジョンと作詞家のバーニー・トーピンが一緒に曲を作りはじめたころ、2人はロンドンのアパートメントで同居していた。トーピンが寝室から出てきて、書き上げた詩をリビングにいるジョンに渡し、ジョンはピアノでメロディをつけた。現在はトーピンが南カリフォルニアの牧場にある自宅からメールで詩を送り、ジョンは初めて見た詩を携えてスタジオに直行する。

長いキャリアのあいだには、2人の距離が変わることもよくある。なかには劇的に変わるペアもいる。2011年にマット・ストーンはトレイ・パーカーとの関係について、「今は結婚しているようなものだ」と語った。「おもしろいよ」と、パーカーが続けた。「『この前、僕がこんなことをしていたら……』と、わざわざ説明する必要はない。『そうそう、僕も見てたよ』

で終わりさ」。しかし、まさにこのインタビューを受けたころ、2人の関係は変わろうとしていた。生活も仕事もパーティーも一緒だった独身時代から、それぞれが結婚して家庭が中心になった。共通の友人のアーサー・ブラッドフォードによると、最近は2人が仕事以外で顔を合わせることはめったにない。マットはニューヨークを、トレイはロサンゼルスを、生活の拠点にしている。スタジオやライターが集まる部屋では今もよく一緒にいるが、昔とは違うという。マジシャンのペン・ジレットと相棒のテラーも同じような変化を経験しているが、距離感については独特の考えを持っている。昔は、ステーションワゴンのダットサン210で各地の祭りやイベントを回った。舞台の準備も、パフォーマンスも、取材も一緒。モーテルも2人で1部屋だった。「どちらかがセックスをしたくなったら、もう1人は駐車場で時間をつぶした」と、ペンは言う。しかし、ラスベガスでのステージで国際的な名声を手にした今は、それぞれ別の生活を送っている。2人の関係が長続きしている理由について、ペンは、物理的な距離を調整してきたからではなく、感情的に一定の距離を保ってきたからだと語る。

「激情的なグループは、レノンとマッカートニーや、マーティンとルイス［歌手のディーン・マーティンとコメディアンのジェリー・ルイスの2人組。映画「底抜け」シリーズで知られる］のように……彼らは恋愛関係だ。恋に落ちた2人だ……でも、テラーと私は、自然にわきでる愛情はまったく抜きで始まった。抱きしめたいとか、一緒にいたいとか、愛しいとか、そういう感情を私も多くの人に持つが、テラーに対してそんなふうに感じたことは一度もなかった。私たちの関係は基本的に、メールがない時代からメールのようなものだ。実にそっけなく、実に冷静なやり取りだ」。ただし、彼らは意見の相違さえ「知的」だった。「尊敬の上に成り立っていた。尊敬は愛より大切だ……テラーと一緒にやるほうが自分ひとりでやるよりうまくできると、私はいつも信じていた。クリーニング店か何かを一緒に経営しているようなもので、仲が良くなくても別に問題はない。実際、あえて仲良くするつもりはない。私たちはビジネスパートナーだ。炭酸飲料の機械を掃除する男にムカついても意味はない。彼の仕事は機械を掃除すること。それを認めればいい」

ペアの距離を考える際にもうひとつ厄介なのは、大きな傾向にまとまるわけではない、ごく小さなやり取りを重ねるうちに、2人の距離が生まれる場合もあることだ。私たちは毎日のように、微妙なかたちで他人と離れたり結びついたりしている。

そのようなペアのなかで私がとりわけ興味をそそられるのは、絵本「ぞうのババール」シリーズを手がけるロラン・ド・ブリュノフとフィリス・ローズの夫婦だ。大半の読者は気がついていないが、ババールの絵本の一部はフィリスが文章を書いており、奥付には彼女のコピーライトが明記されている。

フィリスの息子のテッド〔最初の結婚でもうけた子供。フィリスとロランは再婚同士〕が私の親友だったので、フィリスとロランとの交流も長い。前著『リンカーン』の最後の章は、キーウエストにある2人のゲストハウスで執筆した。

フィリスとロランは、表面上は違う世界で仕事をしている。フィリスはエッセイストであり伝記作家だ（『並行する人生〔*Parallel Lives*〕』は創造的な親密さに関する素晴らしい本だ）。家の女主人でもあり、パーティーを開くのが好きで、知的な人々の出会いを演出する。ロランははるかに寡黙な人で、ウールのベストを着て象の絵を描いている姿が印象的だ。

ババールは、ロランにとって仕事の中心でありアイデンティティだが、フィリスの世界では小さなピースの1つにすぎない。しかし、私は2人の話を聞きながら、シリーズとはいえ1冊ごとに自由なスタイルで創作していることと、ロランがフィリスのアイデアや意見に「24時間アクセスできる」態勢の重要性がよくわかった。2人のこのような関係は、ババールの本にぴったりだ。というのも、ロランの父ジャン・ド・ブリュノフが書いたシリーズ第1作は、ロランの母セシルが息子たちを寝かしつけるときに話してやった物語から生まれたのだ。息子たちからその物語を聞いた父親が、1冊の絵本を世に送り出した。

第1作が刊行されてから79年後、フィリスとロランはシリーズ76作目、ロランの代になってから54作目に取りかかった。タイトルは『ババールとセレステビル国のオリンピック』。フィリスとロランが感動した2つのテーマを結びつけた物語だ。ひとつは、その前年に2人で観戦したオリンピックで、そのときロランは飛び込みとバレーボールをする象の絵を描いた。もうひとつのテーマは結婚。夫婦で参列したインド流の結婚式が印象的だったという。

私が2人を訪ねたとき、ロランは本で使う絵をほぼ描き終えていた。ババールが王として治めるセレステビルの国でオリンピックが開催され、娘がアスリートと恋に落ちて結婚するというストーリーは、フィリスがあらすじをまとめた。ロランはフィリスを質問攻めにした。2頭の象を載せた馬車を吊り上げるためには鳥が何羽くらい必要か。少女が感動したときはどんな表情になるのだろう——。「24時間のアクセスというのは、冗談ではなかったのよ」と、フィリスは私に言った。「(クリエイティブな生活を送っていると)何か不規則な出来事が起きるのではないかと期待して、形式的に編集者と会うようになる。でも、それは現実的ではない。いつでも話せる相手が近くにいてほしくなる」

心理学者のダニエル・カーネマンとエイモス・トベルスキーも、つねに連絡を取れる関係を大切にしていた。かなりの時間を一緒に過ごしていたので、トベルスキーの息子は1歳半のときに、「アバ（ヘブライ語で「パパ」）はダニーとお話しすること」が仕事だと言っていた。自分たちは「双子だった」と、カーネマンは語っている。ただし、双子の関係は、ともに過ごす時間も離れている時間もたっぷりあったからこそ発展した。「エイモスは夜型で、私は朝型だったから、昼食を一緒に取り、午後も長時間ともに過ごすことが当たり前になった。それでも別々の仕事をする時間があった。毎日、何時間も、ただ話をしていた」。そして、言葉を交わさない時間も毎日たっぷりあった。互いに相手の考えが自分のことのようにわかっていたが、「いつも相手を驚かせようとしていた」と、カーネマンは振り返る。

2人は1971年以降、人間の意思決定と選択について従来の概念に疑問を投げかけ、人間の判断は合理的なモデルがはじき出す予測に反することが多いと指摘した。そして、行動経済学と呼ばれる新しい分野を切り開き、研究者としてのキャリアが花開いた。

ただし、距離が離れていることが繁栄をもたらした人間関係は、同じ要因で弱まった。1978年に、カーネマンはカナダのバンクーバーにあるブリティッシュバンクーバー大学の教授に就任。トベルスキーはカリフォルニア州パロアルトのスタンフォード大学に赴任した。1週間おきの週末はともに過ごし、1日に何回も電話をかけ、ときには数時間も話をしたが、2人の協力関係は薄れていった。「重要なアイデアが生まれる瞬間は必ず一緒にいること、定型的な分業をいっさい否定すること、ときどきしか会えなくなった今では贅沢になった無限の忍耐力。それらが2人の相互作用の成功を支えていたことを、私たちはまったく理解していなかった」

ジョン・レノンとポール・マッカートニーが互いに新鮮な驚きを与えつづけることができたのも、距離のおかげだった。世界各地で熱狂的なツアーを重ねていたころ、ビートルズのメンバーは一緒に暮らしているようなもので、その親密さが4人に合っていた。世間の目が届かないところでメンバーや家族、スタッフみんなでのびのびと暮らしたいと、いわばビートルズ村の建設を本気で考えたこともある。ギリシャの島を共同購入しよう。イギリスの村ごと買い取って、四隅に家を建てよう。「1人1軒ずつのつもりだった」と、リンゴは語っている。

しかし、1960年代半ばには、すでに決定的な別離が始まっていた。ジョンはロンドン郊外の高級住宅街ウェイブリッジに引っ越した。ポールは、ジョンの家から車で1時間ほど離れたセント・ジョンズ・ウッドに自宅を構えた。曲作りのときは顔を合わせるが、仕事以外の生活は明らかに違う方向を向いていた。ポールはスタジオで過ごす時間が長く、前衛的な実験音楽で知られるジョン・ケージの演奏を聴き、前衛芸術のインディカ・ギャラリー（設立時に出資もしていた）に足を運び、「とことんクールな」映画監督ミケランジェロ・アントニオーニの前で自分が撮影した抽象的な短編を上映した。

ジョンは自宅にこもる時間が長くなり、キッチンの隣のリビングでテレビを見ながらLSDをやっていた。

自分の空間を守ろうとするあまり、1歩たりとも踏み込ませまいと戦うときもある。私の友人のアダム・グッドハートは、南北戦争の起源を研究した素晴らしい著書『1861』を執筆していたとき、幸運にも伝説のノンフィクション作家リチャード・ベン・クラマーの近くに住んでいた。アダムがリチャードから贈られた助言は、私も何度も聞かされている。「嫌なヤツになることを恐れるな」。電話を無視して身を隠し、自分がやるべきことだけをやれ、という意味だ。

一方で、周囲をすべて拒否するのではなく、社会性の持続と孤独な追求の繊細なバランスが肝心だという考え方もある。先に述べたとおり、他人と同じ部屋にいるだけで、言語や自覚している意識をはるかに超える大量の情報を得ることができる。問題は、その情報をどのように取り込むかだ。これは今の時代にとりわけ興味深い問題でもある。さまざまなテクノロジーのおかげで、私たちはかつてないほど、物理的にもバーチャルにも相手の存在を感じやすくなっているからだ。ペアの場合、このツールをどのように使えるだろうか。ある建築家のペアは8000キロ以上の距離を挟んで仕事をしている。アビゲイル・チュリンの拠点はサンフランシスコ、ステファニア・カロスはロンドン。毎日スカイプで話をしているが、動画は使っていない。スカイプがないと遠すぎる距離かもしれないが、毎日の動画は近すぎる。

それぞれのペアに最適な距離があることは、「融合」の必要性と矛盾していると思うかもしれない。しかし、距離と融合は、どちらもペアにとって基本的な要件だ。人間は親密さと自立性を同時に必要とする。この基本的な緊張関係は、私たちが生まれたときから始まっている。「人間が肉体的にも感情的にも親に依存するレベルは、強さも持続期間も、ほかのあらゆる生き物より高い」

と、心理学者のエステル・ペレルは言う。「完全な依存であり、安全を感じたいという欲求がかなり強いため、何としても親を見失うまいとする」。しかし、成長するにつれて、私たちは自分の足でハイハイをし、立ち上がって、自分の道へと駆け出さなければならない。生きるということは、「人とつながりたいという基本的な衝動と、自分の行為の主体は自分であることを経験したいという衝動のバランスを取ることだ[4]」。

私たちは基本的に、ひとりでいるときは、自分のなかの無意識や、何の制約もない、取りとめのない考えに自由にアクセスできる。その究極の例は睡眠中で、創造性が最も活発な時間とされている。「夜には行き詰まっていた問題が、睡眠委員会が健闘した結果、朝起きたら解決しているという経験はよくある」と、作家のジョン・スタインベックは『たのしい木曜日』(市民書房)で書いている。近年の研究もそれを裏づけている[5]。

ドミトリ・メンデレーエフが作成した元素の周期表や、ローリング・ストーンズの「サティスファクション」でキース・リチャーズが奏でるリフなど、睡眠中に生まれた洞察の例はたくさんある。リラックスした状態から画期的なアイデアが出てくる例は、さらに多い。「一般の人に1日数回、ポケットベルで連絡を取り、その瞬間に自分がどのくらいクリエイティブだと思うかを評価させると、歩いているときや車を運転しているとき、泳いでいるときが、創造性を感じるレベルが最も高い傾向にある。いずれも半自動的な行為で、ある程度の注意力は取られるが、意識下の思考に向ける注意力も残っている」と、心理学者のミハイ・チクセントミハイは言う。

ただし、眠っているときや歩いているときに思いついた新しいアイデアは、ほかの思考方法で検証して確定しなければならない。「いざ『現実』に当てはめてみると、最初の発想は取るに足りない、あるいは単純すぎるかもしれない」と、チクセントミハイは書いている。「評価と詳細化という難しいプロセスを経て初めて、素晴らしいひらめきが認められ、実践される」。あるいは、否定されて見捨てられるひらめきもある。クリエイティブな人は、うまくいく解決策を1つ見つけるために、ときには1000通りの検証をする。制約のない自由な思考から生まれた1000通りのアイデアから、分析的な思考の力を借りて、機能する1つを見つけるのだ。

「創造のカギは、アイデアを生み出す過程と、評価と詳細化の過程を切り離すことだ」と、心理学者のグレッグ・フィーストは言う。「多くのクリエイティブな人にとって、生み出す過程は1人がいちばんやりやすく、比較的、制約を受けることもない」。他人がいると、自分のアイデアを確認したくなる。相手はうなずくだろうか、それとも顔をしかめるだろうか。パートナーはあなたのアイデアをリレーのバトンのように受け止めるかもしれない。あるいは、壊れたおもちゃのように放り出すかもしれない。パートナーが反応しなければ、どんなふうに思っているのだろうと、あなたは想像せずにいられない。

2人のあいだに十分な距離があれば、空間を共有する時間と1人で思考する時間を行ったり来たりできる。同じようなリズムは創造の過程にも影響を与える。アイデアを生んで、検証する。仕事に集中し、休憩する。1人で熟考し、2人で連携する。ジョンとポールが「ウィズ・ア・リトル・ヘルプ・フロム・マイ・フレンズ」を作ったときもそうだった。本書の冒頭で紹介したエピソードのとおり、2人は詩をいじったかと思えば、昔の曲や思い出話に興じ、曲作りに戻って、お茶をして、また没頭した。2人の曲作りは、いつもそんなふうに広がっていった。

あわてることはなく、余裕はたっぷりあった。

より大きな意味でも、2人は一緒にいるか離れるか、いつでも自分たちで選べると感じていた。「会いたくなったら、また一緒にやればいい。今後は（ビートルズは）趣味みたいなものだ」と、ポールはライブツアーを休止した後に語っている。「僕たちは1人のほうがいい」

ジョンは『ジョン・レノンの僕の戦争』の撮影でスペインに向かった。「楽しいこともあったし、映画のなかでモノポリーもやった。でも、うまくいかなかった。好きだと思える人に出会えなかった」。1966年11月にメンバーが再び集まって新しいアルバムの制作に取りかかったころ、ジョンは次のように語っている。「みんなに会えて、あんなにうれしいと思ったことはない。彼らの顔を見て、僕は平常心を取り戻した」

16 「ないものを求める」――距離の欲情

「最適な距離」とは、言葉のうえでは固定された静的な意味だが、多くのペアにとって親密さと距離の適切な割合は流動的であり、進行中のプロセスだ。空間に対する明確な定義ではなく、あいまいで不確かな要素がカギを握る。たとえば、月は、きれいな円を描きながら地球の周りを回っているわけではない。実際は、月は地球に向かって自由落下している。地球もつねに動いているから、月が円軌道上にとどまっているようなイラストになるだけだ。

ペアの最適な距離は、固定された位置関係というより、ダンスを踊っているようなものだ。ジョージ・バランシンとスザンヌ・ファアレルが、まさにそうだった。

ニューヨーク州立劇場の舞台で、ドン・キホーテを演じるバランシンは膝をついてファアレルに近寄り、彼女の膝に頭を預けた。彼女は自分の髪で彼の足を拭った。「融合」に到達した2人の献身ぶりはひと目でわかった。「彼はファアレルと踊っているだけでなく、ファアレルのために踊っていた」と、ロバート・ゴットリーブは書いている。ファアレルは、この夜のガラ公演は「精神的に消耗した」と語っている。バランシンとファアレルは公演後のレセプションを抜け出し、ドーナツとコーヒーで乾杯をした。そこは2人の世界だった。

バランシンとファレルにとって重要なことは、2人のあいだの空間をいかに埋めるかという情熱だった。心理学者のアーサー・アーロンと妻エレインたちが提唱した「自己拡張理論」によると、2人の人間が知り合うと、最初は他人と結びついたことに喜び、やがて自分の世界が大きく広がることに高揚感を覚える。自宅のなかで自分が知らなかった部屋を発見するかのようだ。

バランシンに「自分の人生の振り付け」をされたファレルは、ロシア帝国とバレエ・リュス（ロシア・バレエ団）の歴史の一部になることができた。19歳の天才バレリーナの快活さと忠実さと大胆なエネルギーを得て、バランシンは舞台の上で自分の踊りを再発見し、やがて生活も変わった。著名なバレリーナの妻を連れて高級レストランに通っていた振付師は、若いバレリーナとダンキン・ドーナツや地元のダイナーに足を運んだ。2人が共有する世界は、どちらにとっても、自分の世界と同じくらい大きかった。いや、自分の世界より大きかっただろう。ほとんど毎晩、夕食をともにした。バレエ団でパリを訪れたときは、2人でセーヌ川沿いを黙って散歩した。

しかし、まもなく自分たちのあいだに横たわる境界線が見えてきた。まず、仕事と私生活の区別がぼやけはじめた。それがインスピレーションの源となり、2人の世界を広げていたのかもしれないが、ファレルは問題の火種になることに気づいた。彼女はバランシンに恋愛感情を抱くようになったのだ。「私はこの男性を愛しはじめていた」。しかし、その先は見えなかった。彼女はカトリック教徒であり、信仰を大切にしていた。相手は妻帯者。4番目の妻は著名なバレリーナだったタナキル・ル・クラークで、ポリオを患い下半身が麻痺していた。

ファレルは、自分たちの愛は仕事のためだと思い込むことに慰めを見出した。しかし、バランシンは彼女に夢中になり、もっと自分に時間を費やしてほしいと願い、彼女を支配しようとした。夜は彼女の自宅玄関まで送り届けた。自分の所有物を、ドアの向こうに「ひととき預ける」かのような感覚に満足していた。自分が一緒に過ごせないときは、友人にエスコート兼ボディーガード役を頼んだ。ファレルが若い男性から贈られた指輪をわざとはめたときは、バランシンは激昂し、彼女は自分も憎からず思っていたその男性と連絡を絶った。

バランシンには「前科」があった。4回の結婚の相手はいずれも著名なバレリーナで、既婚者だった彼女たちに創造の女神を重ねて夢中になったのだ（ともにロシアを出たバレリーナのアレクサンドラ・ダニロワを入れると5人になるが、彼女とは正式に結婚しなかった）。彼の動機が恋愛だけだったかどうかは、よくわからない。「踊り手と結婚すれば、彼女がどこにいるのか、いつもわかる。スタジオで踊っているから」とも語っている。

欲望と支配欲の緊張関係は、私たちもよく知っている問題を招く。欲望は、相手との違いを埋めようとさせる。しかし、恋い焦がれる思いは（そして、私たちが相手に求めるものは）、違いから生まれる。「他人への情熱を持ちつづけるためには、刺激が交差しなければならない」と、心理学者のエステル・ペレルは書いている。哲学者のシモーヌ・ヴェイユは次のように語っている。「私たちのあらゆる欲望は矛盾している……私は、愛する人に私のことを愛してほしい。でも、彼が完全に私に夢中になったら、私の愛する彼はもう存在しない」

この矛盾を、詩人で文学者のアン・カーソンは「エロチシズム」と呼んでいる。

エロチシズムは基本的に、セックスに付属すると考えられている。辞書の定義には、「性的欲求や興奮に関連する、あるいはかきたてる性質」とある。しかし、セックスは肉体が他人と結びつく行為だ。他人のなかに入るか、あるいは入られるか。「copulation（性交）」の語源は、ラテン語で「結びつき」「つながり」を意味する「copula」という言葉だ。それに対し、エロチシズムは欲望を満たすのではなく、欲望をさらにかきたてる。

「ギリシャ語の『エロス』には、『求める』『欠けている』『ないものを求める』という意味がある」と、カーソンは『ほろ苦いエロス（*Eros the Bittersweet*）』で書いている。「恋人に、自分にないものを求める。しかし、手が届かないから欲しいものが、手に入った途端に欲しいものではなくなるのなら、欲しいものを手に入れることは不可能だ」。単なる言葉遊びではない。古代ギリシャの詩人サッポーから現代の思索家まで多くの人々が、エロスが抱えるジレンマに注目してきた。哲学者プラトンも熟考に熟考を重ねた。彼は4つの対話篇のなかで、欲望の対象は、欠けているもの、手が届かないもの、目の前にないもの、自分の所有物ではないもの、自分に属していないものに限られるという意味について考えている。

このテーマは古代ギリシャの図像学にも繰り返し登場する。古代ギリシャの詩人や画家は、恋人たちが両腕を広げて喜ぶ瞬間より「愛する人が背を向けて走り去る」瞬間に目を留めていると、カーソンは言う。「pheugein（逃げる）とdiōkein（追いかける）という動詞は、詩のなかで欲情をかきたてる表現として定番だった」

バランシンの創作は、追跡と逃亡に満ちていた。お気に入りのテーマだったというだけでなく、頭のなかがそのことでいっぱいだったのだ。バランシンのもとで長年、踊っていたジャック・ダンボワーズは次のように語っている。「彼の作品の多くは、女性や女神、男性が所有しようと試みる理想像が登場する。彼の人生を駆け抜けて、最後は失うものたち――手に入れたものは、失わなければならないのだ。夢を実現した後に、それ以上のものを追いかけられなくなるから。成し遂げて終わりではいけない。手に入れたものを持ちつづけてはいけない」

ギリシャ神話の文芸の女神ムーサは神だから、人間の手を逃れてインスピレーションと欲望の対象でありつづけることができた。ダンテにとってのベアトリーチェや、ペトラルカにとってのラウラは若くして死んだため、彼らのなかで神話と同じような存在になった。

しかし多くの場合、芸術家の女神として描かれてきた人々（その大半は女性だ）は、存在自体が究極の命題を投げかける――物理的な存在と精神的な存在を、どのように両立すればいいのか。フランシーン・プローズは『女神たちの人生（*The Lives of Muses*）』で次のように書いている。「女神には勇気と機知が求められる。目もくらみそうなほど高いところに張られた綱の上で、つねにバランスを取らなければならないのだ――手が届きそうなのに手に入れられない存在でありつづけ、つねに芸術家の心のなかにいるが、同時に十分な距離を取り、その亀裂に女神の献身的な僕《しもべ》が飛び込んで欲望をなだめようとする。その儀式が創作活動だ」

満たされない欲望を芸術として表現することを、心理学では「昇華」と呼ぶ。感情を間接的なかたちで吐露して、自己実現させる過程だ。詩人ジョン・キーツとファニー・ブローンの悲しい恋を描いた映画『ブライト・スター』のなかに、2人が壁を挟んで立つ場面がある。ブローンが片方の頬を壁に押しつけ、壁の反対側では彼女の頬があるあたりをキーツが手でなでている。結婚していない2人にとって、許される最短の距離だった。キーツが愛の詩にのせた言葉だけが、2人を隔てる壁を越える。

ファレルとバランシンのあいだにも似たような力学が働いていた。2人の関係は肉体的な密接を伴い、欲情的でさえあったが、性的な結びつきはなかった。彼らは自らの肉体で言葉を交わした。バランシンは自分が望む姿勢をファレルに取らせ、彼女は自分の体で彼の問いかけに答える。ジョアン・アコセラによると、ファレルと出会うまで、バランシンの作品は古典主義的な特徴で知られていた。しかし、彼女を得てからは、「ジャズの甘い性的魅了」を切なる思いで包み込み、舞台の上に「天使とロマが、未来と懺悔が」あふれ出した。この時期に撮影されたある写真で、バランシンはアーサー・ミッチェルが踊る男性パートの手本を見せている。ファレルと向かい合い、左足を彼女の膝のあいだへと伸ばす。2人は遠く離れているのに、すぐ近くにいる。高まる興奮。

2人はセックスをしたことはないと、ファレルは語っている。

それでも2人の作品は「究極の身体表現であり、隅々まで満たされていた……普通の人間関係とは、もちろん違ったけれど」と、彼女はドキュメンタリー映画『スザンヌ・ファレル』で微笑みながら語っている。「ほとんどの人間関係より情熱的で、愛にあふれ、求め合っていた。私たちは――」。彼女はそこで笑い声をあげた。「激しかった。素晴らしい時間だったわ」。ファレルとバランシンは6年にわたり、2人のあいだの空間を優雅に飛び越えてともに活動した。1967年初演の『ジュエルズ』の第3幕「ダイヤモンド」でリードを務めたファレルは、最後のパ・ド・ドゥが「ジャック（・ダンボワーズ）と私のあいだの勝利と幸福を、主と従を、導く者と受け入れる者を、見事に融合させている」ことに気がついた。

ただし、バランシンの作品が英雄の手から理想がこぼれ落ちることを暗示しているとしたら、バランシン本人はあまり賢明ではなかった。芸術は、芸術家より多くを知っている。おそらく、芸術の作り手は子供の心を宿しているのだろう。あらゆる限界に挑みたいと思いつつ、限界が最も明確に定義されている場所に引き寄せられる。アン・カーソンは次のように書いている。「幼い子供は境界線に気がついて分別を覚えるのだろう。なぜ、それが境界線だとわかるのか。境界線ではありませんようにと、心から願っているからだ」

バランシンにはお決まりの「パターン」があった。舞台では女性を力強く踊らせるが、プライベートでは若いバレリーナに執着し、彼女たちに合わせて作品をつくった。彼女たちと結婚する場合も多く、やがて次のバレリーナのもとへと去る。

したがって、ファレル(『ジュエルズ』を踊ったときは、わずか21歳だった)のほうがバレエの天才を拒んだという事実には驚かされる。ただし、彼女は彼を遠ざけたかったのではない。そばにいたかったからこそ拒んだのだ。バランシンとの密接な距離にいらだつというより、空間を伴う密接さを模索していた。ニューズウィーク誌で、バランシンの寵愛を受ける若いバレリーナの「トップというだけでなく最後の1人」と称されたときは腹を立てた。記事には次のようにある。「実に美しいファレルは、40年間、受け継がれてきた(海の乙女)ガラテアを踊る最新のプリマドンナだ。(アレクサンドラ・)ダニロワ、(タマラ・)ジェーヴァ、(ベラ・)ゾリーナ、(マリア・)トールチーフ、タナキル・ル・クラークと続いた乙女たち」

「私はリストに載せられることが我慢できなかった」と、ファレルは書いている。「どんなリストでも嫌だった」

ファレルが温室育ちだったことを考えると、意外なほどの自信だった。親友はおらず、趣味もなかった。母と妹と暮らし、バレエ団の外の世界のことは何も知らなかった。ただし、殻のなかで縮こまっていたわけではない。バランシンが彼女を求めれば、ファレルは彼の手を離そうとして、バランシンはさらに激しく彼女に向かっていく。さながらシーソーのようだった。1967年の秋にシカゴ・サンタイムズ紙が、2人は「近々」結婚するだろうと報じた。おそらくバランシンが書かせたのだろう。その後まもなく、ファレルは「ジョージと私は少し距離を置いたほうがいいと、あらためて思った」。しかし、簡単にはいかなかった。毎晩、食事を一緒に取るのはやめましょうと申し出ると、彼はみるみる痩せて、バレエ団のスタッフから彼に寄り添って励ますようにと迫られた。「彼と寝ればいいだけじゃないか」と、ある男性ダンサーは彼女に言った。「そんなに悪い話でもない」

実際、ファレルも結婚を考えたことがある。「彼が望んでいると思っているものを、私は与えることができる」と、彼女は書いている。しかし、そうなれば「私たちの独特の関係は……終焉を免れないかもしれない。愛の肉体的な側面は、多くの人にとっては何よりも重要だが、私たちにとっては違った。私たちは肉体的につながっていたが、それを表現するのは踊りだった」。彼女は、自分の人生がバレエに支えられているかのように踊っていた。「踊りは命綱だった。私を支え、吊るしている綱だった」

従来の女神は、師に刺激を与えつつ、ゴーストのように陰から見守る。しかしファレルは、自分の存在を知らしめたい、敬意を込めた恭順を示すだけでなく互いの権威を認めながら、物語の真の共同制作者になりたいと思ったのだ。

とはいえ、相手をつなぎとめるために遠ざけることは、容易ではない。困惑したファレルは、

2歳年下の男性ダンサー、ポール・メヒアと友だち付き合いを始めた。しかし、やがてメヒアから愛を告白され、ファレルは自分が危機に立たされていることを悟った。メヒアを拒むことはバランシンに屈することになり、それは彼女が何よりも嫌なことだ。しかし、メヒアと交際すれば、師を激怒させる恐れがある。(6) 絶望のあまり自殺も考えた。メヒアと過ごす時間が増えるにつれて、バランシンはファレルに冷たくあたるようになった。ファレルの母親は、偉大な恩師が望むようにするべきだと娘を説得し、首を縦に振らない娘と口をきかなくなった。ファレルは家を出て1人で暮らしはじめた。不安と孤独にさいなまれ、本当の友人と呼べるのはメヒアだけだった。そして、メヒアの求婚を受け入れた。バランシンはその2週間前に自身の離婚が成立したばかりで、ドイツのハンブルクに滞在していた彼のもとにバレエ団のスタッフが駆けつけた。

ファレルは結婚後もバランシンとの関係を続け、ともに作品をつくりたいと思っていた。バレエは彼女の人生であり、バランシンの人生であり、2人が出会った共通の世界だった。しかし、バランシンは捨てられた恋人として振る舞い、すねた子供のようだった。あるいは、狡猾な策士だったのかもしれない。自分に残された力を振るって、自分が望む結果を得るために。バランシンはそれまで、ファレルの代役を用意したことは一度もなかった。彼女が踊れなければ、舞台の幕は上がらない。それだけだった。しかし、彼は「ダイヤモンド」の振り付けを代役に教えるようにとファレルに指示した。2人の距離はさらに離れ——廊下で会えば彼は背を向けた——ついにファレルはバレエ団を辞めたいと申し出た。「その必要はない」と、バランシンは言った。「でも、ポールは辞めるだろう」

バランシンがファレルの夫のキャリアを左右する力を握っていたことは、ファレルとバランシンのパートナーシップが崩壊する最後の一押しになった。1969年5月8日、ファレルとメヒアの結婚から2カ月半後、ニューヨーク・シティ・バレエ団は『シンフォニー・イン・C』を上演した。ある男性ダンサーが直前に降板したが、メヒアが何回も演じたことのあるその役に、バランシンはメヒアより名前が知られていないダンサーを起用した。ファレルは、メヒアが舞台に立たなければ2人でバレエ団を辞めると申し出た。その夜、彼女は早めに楽屋に入って化粧を始めた。まもなくドアがノックされた。衣装監督のソフィー・ポワメルが入ってきて、ファレルの衣装をかき集めた。「スザンヌ」。彼女は泣きながら言った。「今夜、あなたは踊らないのよ」

こうしてファレルは流浪の身となった。

距離は懲罰に思えるかもしれない。破局に思えるかもしれない。確かにひとつの破局だろう。クリエイティブ・ペアについて後の時代にこうして考察することの贅沢な楽しみは、彼らのキャリア全体を見通せることだ。しかし、自分の人生を自分で見るときは現在進行形であり、どのような結末を迎えるのかはわからない。

ブルース・スプリングスティーンはバックバンドの「Eストリート・バンド」と演奏を始めてから17年目の1989年に、「共依存のような、まったりした」関係になって「マンネリ化」してきたと感じた。ある日、彼はバンドのメンバーに1人ずつ電話をかけた。クラレンス・クレモンズは、リンゴ・スター&ヒズ・オールスター・バンドの一員として日本公演に出演していた。クレモンズによると、2人はいつものように挨拶を交わした。

「やあ、アニキ!」

「やあ、ボス!」

そして、スプリングスティーンが言った。「もう終わりだ」

クレモンズは、リンゴのツアーのことだと思った。アメリカに戻ってこい、こっちの仕事が始まるぞ――。彼はできるだけ早く帰国して合流すると答えた。

「いや、違う、違う」。スプリングスティーンは言った。「バンドは解散する」

スプリングスティーンの伝記を執筆したピーター・エイムズ・カーリンによると、クレモンズは「驚きと悲しみを持て余し、ホテルの部屋をめちゃくちゃに破壊したい衝動に駆られた。何年もツアーをともにして、あれだけの犠牲を払い、レコーディングスタジオのスピーカーから完璧な音が出てくるまで何時間でもブルースを待ちつづけたのに。『その結果が、これなのか。俺(クレモンズ)は思った。人生のすべてをこのバンドにささげ、この状況を支え、この男に、彼の信じるものに賭けてきた。そして今、地元を離れている俺に、電話1本で済ませようというわけか』」


クレモンズと同じように、ファレルも放心状態だった。感情と芸術の問題だけでなく、自立できるかどうかという不安に襲われていた。バレエダンサーとしての将来は暗澹としていた。アメリカで彼女を迎えるバレエ団は、バランシンと疎遠になる恐れがある。しかも、彼女の訓練はバランシンの独自のスタイルにあまりに忠実だったため、ほかのバレエ団に馴染めるかどうかさえわからなかった。ファレルは23歳だった。

彼女とメヒアは安い練習場を借りた。地元の高校で、メヒアの振り付けで踊ったこともある。やがて、ベルギーでバレエ団の監督を務めるモーリス・ベジャールから、2人で来ないかと誘いを受けた。「ベジャールの作品はバレエというより、マルチメディアシアターの派手な出し物のようだった」と、ジョアン・アコセラは書いている。「バランシンのファンの多くは、ファレルがバイク乗りと駆け落ちをしたかのように感じていた」

しかし、流浪の日々は喜びに変わった。まったく知らない環境だからこそ、自分のアイデンティティの核心を手放さずに順応できたのだ。「忠誠を尽くす舞台は変わったけれど、誰についていくべきか、芸術性とは何かを忘れたことはなかった」と、ファレルは書いている。彼女はつねに、自分はバランシンのダンサーだと意識していた。ベジャールは自分の幸運に目がくらみそうだったが——彼女ほど自分を引き立たせてくれる人はいない。彼女はバイオリンだ。彼女の体から音楽が流れ出す——ファレルを自分のものだと思ったことは一度もなかった。彼女はバランシンの「精神的な娘」だったから。

バランシンの娘は、ベジャールのもとで成長した。自立したダンサーとして、新しいボスと向き合うことができた。新しい舞台があり、のびのびと過ごさせてくれる夫がいた。ホテルにチェックインをして、ダブルベッドの部屋を頼むときがたまらなくうれしいと、語ったこともある。

一方のバランシンは、ファレルが去った後はどん底だった。1年近くを経て、ようやく新しい作品を発表した。1972年には、もう1人の大切な共同制作者で作曲家のイーゴリ・ストラヴィンスキーの没後1年を記念したフェスティバルの演出を手がけた。これらの作品はバランシンの輝かしい名声に磨きをかけ、彼は前に進みはじめた。

ファレルはバランシンに何回か連絡を取ったが、返事はなかった。1974年、別離から5年後、ファレルはニューヨーク・シティ・バレエ団の夏公演を鑑賞した。そして、バランシンに生涯で最も短い手紙を送った。

ジョージへ

あなたのバレエを鑑賞できてうれしかったです。踊ることができたら、もっと素晴らしいでしょう。可能かしら。

愛を込めて

スージ

ファレルがブリュッセルに戻る前に、2人はニューヨーク市内で会った。ハグを交わし、ワインを1本空けたら、「『さて、いつから練習を始めようか』という雰囲気だった」と、ファレルは回想している。

バランシンは『シンフォニー・イン・C』にファレルを起用した。バレエ団を去ったあの夜、彼女が踊るはずだった作品だ。衣装監督のソフィー・ポワメルは、6年前にファレルの楽屋から持ち帰った白いチュチュを彼女に着せた。

しかし、すべてが同じではなかった。より永続的で、より信頼できる新しい緊張が2人のあいだに生まれ、新しい親密さを生んだ。彼女はもう、バランシンの言う「石膏のプリンセス」

でも、ファレルの言う「白にくるまれた純潔の少女」でもなかった。バランシンが彼女のために作った新作『ツィガーヌ』ではロマを演じた。「成熟した、セクシーで魅惑的な女性」だと、ファレルの回想録の共著者トニ・ベントレーは書いている。「力強い孤高の女性は――もはや子供ではない」。ファレルは定番の白い衣装ではなく、赤とゴールドと黒のリボンを引き裂いたようなスカートをまとった。さらには、以前の作品にも新たな命が吹き込まれた。「ダイヤモンド」は「ファレルが初めて踊ったときより、はるかに充実している」と、1975年にバレエ評論家のアーリーン・クローチェはニューヨーカー誌に書いている。

「最も冷淡で空虚な抽象性に、女性の大胆な不服従が込められている。それを見出したのはファレルだ。計り知れないほど豊かなダンサーに変身した彼女は、この世界に戻ってきた。あらゆる面で以前と同じくらい力強く、今その力を解き放つのは彼女自身だ。かつての彼女は完全な空洞に見えたが、今はダイナミックで、生き生きと柔らかい」

共同作業を再開したとき、バランシンはファレルに、つらくあたりすぎたと謝罪した。それは「懺悔」だったと、彼女は振り返っている。「いけなかった。私は年長の男性だ。君に対してあんな思いを抱くべきではなかった。君には君の自由がある。君には君の結婚生活がある」

ファレルは謝罪として受け入れることを拒んだが、2人の新しい関係の力強さは舞台に表れていた。以前のバランシンは女性を理想化し、いくらかの力を与えるが、彼女たちを軽んじるところもあった。しかし今は、真の力を得た女性が彼のために踊っていた。クローチェは次のように書いている。「もちろん、完全に自立したバレリーナというのは幻想だが、ファレルはその幻想を最大限に表現している。私たちが見たことのない幻想を。『ダイヤモンド』はこの世で最も自由な女性を描いた、魅力あふれる舞台になった」

1999年にスプリングスティーンが再びEストリート・バンドとクラレンス・クレモンズとともにステージに立ったときも同じだった。芸術にも人生にも、渡ることのできない溝があるという事実には一抹の寂しさを感じるが、創造的な2人は――ファレルとバランシンも、ブルースと「アニキ」も――一時的な別離が創造の可能性をかきたてる。ペアの生涯のなかで人生が重なるとき、この別離の力が浮き彫りになる。パフォーマンスアーティストのマリーナ・アブラモヴィッチとウライは初期の作品で、互いに叫びながら衝突し、唇を固く合わせたまま、窒息しそうになるまで互いの口に息を吐いては吸った。一方で後期の代表作『ナイトシー・クロッシング』は、2人がテーブルを挟んで向かい合い、1日中（会場の開館時間いっぱい）何も言わず、飲まず食わずで、身動きせずに座っていた。最初の展覧会ではのべ90日間。16日間連続でパフォーマンスをしたこともある。

ヴィンセント・ヴァン・ゴッホも弟テオとの距離に翻弄され、あらがったが、結局は2人の距離という現実を受け入れた。10代後半から20代は、ヴィンセントはテオに恋い焦がれ、2人のあいだの境界線は鳥がフェンスを越えるように軽々と越えられると思っていた。2人のことを話すときは「僕」と「僕たち」が入り乱れ、本当に区別がつかないのかとさえ思えた。テオを「旅の道連れ」と呼んだかと思えば、冷たくあたり、テオが資金援助をやめたら「自分で自分の首を切り落とす」かもしれないと訴えた。

パリで2年間、テオと同居した後、ヴィンセントは南に行こうと決めた。彼は画家のエミール・ベルナールに、テオのアパルトマンにあった自分のアトリエを昔どおりに整理して、「弟が、自分がそこにいると感じられるように」したいと頼んだ。そして、パリを発ってアルルに到着すると、すぐにテオが恋しくなった。1888年2月には次のように書き送っている。「旅のあいだ、これから出合う新しい街と少なくとも同じくらい、君のことを考えていた。いずれ、君も頻繁に来るようになると、自分に言い聞かせている」

「家族や友情、コミュニティに焦がれながら、気質として他人とうまくやっていけない。それがヴィンセントの人生の矛盾だった」と、ジャーナリストのジョージ・ハウ・コルトは書いている。アルルでは画家のコミュニティづくりを夢見た。最初の住人は自分とテオだ。やがて、ポール・ゴーギャンこそ画家の修道院の「最高の神父」だと思うようになった。ヴィンセントの祈りはかない、ゴーギャンがアルルにやって来た（彼もまた、テオの資金援助を必要としていた）。弟子も増えると説得されて、ヴィンセントは3部屋の「黄色い家」に椅子を12脚買いそろえた。

ヴィンセントは他人と握手を交わすような関係を思い描きながら、実際は拳を振るい合う関係になることも少なくなかった。共同生活が始まって7週間後、ゴーギャンはテオに、どうしても自分が去るしかないと伝えた。喪失感に襲われたヴィンセントは、ちょうど同じころ、テオの恋愛について知ることになる。1888年12月21日にテオは婚約し、母と姉妹にすぐ知らせた。兄のもとにも12月23日には手紙が届いたと思われる。その夜、ヴィンセントはゴーギャンと口論になり、自分の左の耳たぶを切り落として、箱に入れて売春宿の女性に渡した。

その後、ヴィンセントは精神科の病院に収容された。このころ、彼は精神疾患の発作を抱えているという事実だけでなく、自分とテオが違う人間であることも受け入れたようだ。自分は広大な嵐の海を1人でさまよう船なのだ、と。手紙にも、テオを自立した人間として認める表現が見え隠れするようになった。2人の関係を過去のものとして語るときもあった。「君が私にくれた優しさは、なくなってはいない。君のなかにある……その愛を、できるかぎり君の妻へと向けているだけだ」

自分の耳を切り落とすという錯乱状態は、テオの婚約と時期が重なった。そして、テオが結婚して子供が生まれた時期に、ヴィンセントの精神は崩壊した。心身が衰弱して発作と正気の境目があやふやになりながらも、作品に紛れもない正気さが宿っていたのは、創作を通してしか他人とつながることができないという感覚が、精神的などん底と創造的な頂点を生んでいたからだろう。サン・レミ・ド・プロヴァンスの精神科の病院の窓から見た景色は「星月夜《ほしづきよ》」を生んだ。渦を巻く空と星を貫くように、糸杉の木がうねりながらそびえ立っている。

ゴッホが憧れた共同体を、私は「ユートピア」と呼んだことがある。人間関係の理想の距離を突き詰める旅も、まさにユートピアを探す旅だ。そこには素晴らしい完璧な場所というイメージも込められている。しかし、1516年の著書でユートピアという言葉を最初に使ったイギリスの思想家トマス・モアは、ギリシャ語の「ou（無い）」と、同じ発音の「eu（良い）」をかけて、素晴らしい場所だが「どこにもない場所」という意味を込めていた。

同じように、創造的な親密さは神聖な概念で、私たちは触れることはできても本当には理解できない。エミリー・ディキンソンが断固とした決意で自分と他人の距離を冷静に守りつづけたことは、ゴッホの常軌を逸した感情的な人生と実に対照的だ。ディキンソンはまさに猫。いつのまにかそっと立ち去り、背中を丸めて相手を威嚇する。一方のゴッホは犬だ。入ってはいけない場所に飛び込み、ケージに入れられるとすねてみせる。

しかし、2人は本質的な矛盾の極限を生きた。親密さと孤立が同時に訪れるという人間の矛盾と、いらだちから表現が生まれるという創造の矛盾だ。「星月夜」を描いたときゴッホは36歳。とてつもなく孤独だった。孤独が彼に絵を描かせ、文章を綴らせ、パリにいる弟に絵と手紙を送りつづけた。アダム・ゴプニクによると、「芸術家の人生を内側から見つめた手紙のなかで、最も長く、最も温かく、最も観察力が鋭い」手紙だった。

テオは読み終えた手紙を机の奥に押し込み（返事もたくさん書いた）、キャンバスをベッドやソファー、食器棚の下にしまった。そして、家じゅうに兄の絵をとっかえひっかえ掛けた。テオの妻ヨーは次のように書いている。「『花咲く果樹園』は寝室、『馬鈴薯を食べる人たち』は食堂の暖炉の上、居間には……『アルルからの眺め』と『ローヌ川の星月夜』を」

兄は物理的にも精神的にも、はるか遠くにいた。しかし、兄の心のなかでテオが生きているかのようだった。

PART

第5部

絶頂

THE INFINITE GAME

世の中に人間が2人しかいなかったら、どのようにやっていくか。助け合い、傷つけ合い、おだて合い、中傷し合い、戦って仲直りをする。ともに生きることはできないが、相手がいなければ生きていけない。

ヴォルテール(哲学者)

イタリアは、ボルジア家が支配した30年は戦争、恐怖、毒殺、流血の時代だったが、ミケランジェロ、レオナルド・ダ・ヴィンチ、そしてルネサンスを生んだ。スイスはどうか。友愛の国が民主主義と平和の500年に生んだものは？　鳩時計さ。

『第三の男』ハリー・ライム(オーソン・ウェルズ)

1967年、リバプール郊外のセント・ピーターズ教会でポール・マッカートニーと初めて会ってから10年後、ジョン・レノンはジャーナリストのハンター・デイヴィスに当時のことを振り返っている。ポールのギターがうまくて「一発で気に入った」が、彼がバンドに加わったらどうなるだろうかと悩んだ。「僕がバンドの中心だった。そこに彼を入れたらどうなるか。周りと合わせられるだろうか」

ジョンは1970年にも、ローリング・ストーン誌のヤン・ウェナーに同じジレンマを告白している。「僕にはグループがあった。僕はボーカルでリーダーだった。ポールと出会って、彼を仲間に入れるかどうか、僕は――彼も――決断を迫られた。今のメンバーより明らかにうまい人間を加えたほうがいいのか。グループをより強くするか、自分がより強くなるか」

パートナーシップについて学んできた私たちは、ジョンの二者択一の視点は間違っていると言いたくなる。実際、ポールはバンドを強くして、ジョンのことも強くしたのだ。たとえるなら、無限の価値を持つ1つの企業について、2人が持ち分を所有したようなものだ。それぞれ異なるけれど調和する役割を担い、ジョンはポールに助けられながら、より自分らしくなれた。2人は十分な距離を保ち、ジョンは美学的にも知的にも、自分らしさを追求できる広大な空間を手に入れた。アーティストとして、ドラッグ中毒者として、楽観主義者として、反抗者として、恋人として、一匹狼として。

一方で、2人のパートナーシップは最高の支えだけでなく、大胆な挑戦ももたらした。相互依存と自分が勝ちたいという欲望が、複雑に絡み合ったのだ。そう考えると、ジョンの視点は間違っていたのではなく、むしろ複雑な立場を反映していた。他人との共存を「選んで、その関係に従事する」ことは、「対峙して競い合う」ことにもなる。

この緊張関係は、あらゆる偉大なクリエイティブ・ペアに当てはまるが、表現のかたちはさまざまだ。競争といってもとらえがたく、注意しないと気がつかないときもある。そうかと思えば、あまりにわかりやすい競争で、「ペア」と呼ぶのが不自然に思えるときもある。とはいえ、実際は、ライバル同士が頼り合い、高め合い、ともに1つの創造的な結果を生みだす場合が多い。このような関係を創造的なパートナーシップとして見ると、対照性が浮かび上がる。肯定と否定、敵対と協調、競争と協力が結びついて生まれる可能性だ。これらの特質は、電池のプラス極とマイナス極のように、創造的な活動のエネルギーを充電する。何が電流を流し、何がショートを起こすのだろうか。

17 最も親密な敵――創造的な企み

1970年代半ば、ミシガン州ランシングにあるエベレット高校のバスケットボールのコートでアービン・ジョンソンを止められる者はいなかった。15歳にして、地元紙のスポーツ記者から「マジック」の称号を贈られた。「君は特別だ」と、高校のコーチは言った。「でも、真面目に練習することを忘れてはいけない。いいか、世の中には君と同じくらい才能のあるヤツがいて、彼も同じくらい一生懸命に練習している。もっと一生懸命かもしれない」。マジックは行儀よくうなずきながら、心のなかで思っていた――そういうヤツに会ってみたい、いったいどこにいるんだ。

「そんなヤツが本当に存在するとは思っていなかった」と、彼はのちに振り返っている。

しかし、本当に存在したのだ。その名はラリー・バード。インディアナ州フレンチリックで育ち、「(2人の兄)マークとマイクは僕より体が大きくて、強くて、バスケットでも野球でも何でもうまかった」と、バードは語っている。「いつも押し倒されて、飛ばされていた。とにかく2人を負かしたかった。誰よりも2人に勝ちたかった。でも、それもマジックに会うまでのことだった。彼と会ってからは、倒さなければならない相手は彼1人だ」

マジックが大学1年のとき、バードがスポーツ・イラストレイテッド誌の表紙を飾った。マジックは「彼の数字(1試合平均32・8ポイント、13・3リバウンド)に圧倒」され、実際に対戦して数字だけではないことを見せつけられた。「自宅に電話をかけて兄弟に報告したよ。『このラリー・バードってヤツは本物だ』」。一方のバードも同じくらい感銘を受けていた。「大学バスケットで最高の選手に会った」と、彼は兄のマークに言った。「マジック・ジョンソンだ」

1979年3月26日、2人はNCAA(全米大学体育協会)トーナメントの決勝で対戦した。ミシガン州立大学の2年生だったマジックもまた、スポーツ・イラストレイテッド誌を飾る顔になっていた。4年生のバードが率いるインディアナ州立大学は開幕から無敗。全米で3500万人が、インディアナ州立大学の大敗をテレビで見届けた(NCAAの決勝戦として、今なお歴代最高の視聴率だ)。バードは2人の相手選手に張りつかれ、21本中14本のシュートを失敗した。試合終了のブザーが鳴り響いたとき、決闘を終えた2人のスター選手は勝負の明暗を体現していた。マジックは息を切らしながら片腕でコーチを抱き寄せ、もう片方の腕をテレビキャスターのブライアント・ダンベルの肩に回し、試合後のインタビューを受けていた。バードはベンチに下がり、頭からタオルをかぶって両手で顔を覆った。全国放送のテレビでマジックはうれしそうに舌を出し、コーチを称え、すぐに大学を辞めてNBAに入るのかという質問をはぐらかした。続いてカメラがバードを映すと、顔にタオルを押しつけていた。

スポーツは競争の原理をわかりやすく表現している。明確な対立があり、時間が限られていて、勝者と敗者をつくるルールや、最も成功した人から最も成功しなかった人までの順位がある。

ジェームズ・カースの言う「有限のゲーム」の哲学だ。異議が出るような判定などが混入しても、最終的な点数や公式記録がすべてのカタをつける。試合後は落胆して顔を伏せるか、興奮して両手を突き上げる。

そびえ立つトロフィーや権威あるタイトルなど、目に見える結果は私たちを競争へと駆り立てる。しかし、最も純粋な欲望は、勝利そのものかもしれない。言うまでもなく、誰かと対戦することは、あらゆる状況でパフォーマンスを向上させる。その効果は経験的に実証されているとおりだ。ある研究によると、ベンチプレスの競技では、観衆の前で1人で行うよりもほかの選手と競い合うほうが、平均で2キロ余計に持ち上げることができる。別の実験では21秒間、長くリフトできた。競争は、1人でのパフォーマンスに比べて、心拍数の増加や血圧の上昇にも関連する。身体活動をほとんど必要としない競技でも同じような効果がある（ミニカーを走らせるレースを対象とした実験でも同じだった）。

さまざまな世界の素晴らしい競争を思い浮かべれば、これらの数字も実感がわくだろう。ビジネス（スティーブ・ジョブズとビル・ゲイツ）、政治（エイブラハム・リンカーンとスティーブン・ダグラス）、芸術（パブロ・ピカソとアンリ・マティス）、人生相談コラム（双子の姉妹による「アン・ランダース」と「親愛なるアビー」）。スポーツの世界にも偉大なライバルの物語はたくさんある。ゴルフのジャック・ニクラスとアーノルド・パーマー、ボクシングのモハメド・アリとジョー・フレイザー、テニスのクリス・エバートとマルチナ・ナブラチロワ。偉大な実績がライバル関係から生まれることは、例外ではなく決まり事であるかのようだ。

競争という力強い動機の源は、誰かを上回りたいという思いだ。それは、ライバルとは違う存在でありたいという欲求でもある。しかし皮肉なことに、トッププレーヤー同士のあいだには奇妙な絆が生まれ、互いになくてはならない存在となることも事実だ。最高の相手と戦うことで、最高の力が引き出される。誰かにあなたを倒すと名指しで宣告されることは、ストレスが高まるという意味では最悪だが、パフォーマンスを発揮するという意味では理想的な状況だ。

ライバルゆえの愛情がことさら感動を呼ぶのは、敗北や挫折、屈辱が、振り返ってみればより良い道につながるからだ。1998年、ジョブズ(一度はアップルを追放され、倒産しそうな同社に復帰したばかりだった)とゲイツの競争があまりに一方的な勝負だったころ、ゲイツはある記者に言った。「どうして彼が挑戦してくるのか、理解できない。勝てないことは自分でわかっているだろう」。しかしその後、ジョブズは追放中に学んだ教訓を生かし、周囲と有効な共同作業を重ね、アップルを時価総額世界1位の企業にした。

40代半ばのリンカーン(当時は法廷弁護士で、下院議員を1期だけ務めた経験があった)は1858年に上院議員選挙に出馬した際、対立候補で現職のベテラン、ダグラスに大きく差をつけられ、自分にメモを書いて鼓舞した。「野心で私に勝てる者はいない。みな完敗だ。彼と争えば素晴らしい勝利を手にできる」。リンカーンは奴隷制廃止の枠組みを提唱してダグラスと戦い、敗れはしたが、全国的な知名度を手にした。1861年の大統領選挙はダグラスがリンカーンの前に屈した。

勝利と敗北の痛烈な対比に関して、ラリー・バードとマジック・ジョンソンの物語の右に出るものはない。1979年秋にバードはNBAのボストン・セルティックスに加入。前年は

29勝53敗だったチームは61勝21敗にまで躍進した。しかし、ファイナル進出はならず、バードはボストンのレストランでテレビを観ていた。ファイナル第6戦、マジックはロサンゼルス・レイカーズを優勝に導いた。

それだけではなかった。マジックはルーキーとして初めて、ファイナルのMVPに輝いたのだ。

「頭に来た」と、バードは振り返っている。これで2敗目だ。というのも、彼はまだNCAAの決勝戦を引きずっていた。数十年後もなお、「人生で最も重要な試合」「いちばんつらい敗北だった」と語っているほどだ。

しかし、バードは知らなかったのだが、マジックに火をつけたのは彼自身だった。ファイナル第6戦の前日、マジックはバードが新人賞に選ばれたことを知った。投票結果は63対3。「嫉妬に駆られ、頭がおかしくなりそうだった。自分は最高のシーズンを過ごしたつもりだった。それがたったの3票。ビールに八つ当たりしたよ。みんながラリーのプレーを認めるように、私のプレーも認めてほしかった」

「ラリーに対して個人的な感情はなかった」。マジックはそう言ってからつけ加えた。「いや、本当はあったな」

ライバルの動向を見て、出方を予測し、反応しているうちに、相手の存在が不可欠になる。バードにとって、2人の競争は「支え」だった。「彼がいなければならなかった」。毎朝いちばんに、新聞でマジックの成績を確認した。「ほかのことはどうでもよかった」。マジックも同じように感じていた。「新しいシーズンの日程が発表されると、ボストン(・セルティックス)との対戦に丸をつけた。私にとって（1シーズン82試合は）ボストンと戦う2試合と、それ以外の80試合だった」

ＮＢＡ2シーズン目となる1981年に、バードはセルティックスで優勝を初体験した。次のシーズンはレイカーズが優勝。そして84年、2人はついにファイナルで対決した。バードにとってＮＣＡＡ決勝以来の、待ちに待った再戦だった。セルティックスは最終第7戦で勝利。「ようやくあいつに勝った」と、バードは祝勝会でチームメイトのクイン・バックナーに語っている。「ようやくマジックを倒した」

マジックは打ちひしがれていた。「あんなに落ち込んだのは、たぶん人生で初めてだった」。2009年にも、あの敗北を「乗り越えるまでに何年もかかった」と書いている。「乗り越えられたのかどうか、まだわからない」。バードはライバルの傷心を喜んでいた。「傷ついてほしかった。死にたくなるくらいに……試合に勝つと自分がうれしいだけでなく、相手が苦しむことも、相手が苦しんでいるとわかることも、うれしいね」

この苦しみは刺激になった。「（84年の）ファイナルはマジックのキャリアを再定義した」と、チームメイトのマイケル・クーパーは語る。「あれ以来、彼は練習を怠らなかった」。85年に両チームは再びファイナルで対戦。第6戦でレイカーズが優勝を決めた。

コートの外でも、2人のあいだにはドラマがあった。マジックは友好的に接しようとするのだが、バードはいつもはねのけた。86年に、コンバースがバードとマジックの名前をそれぞれ冠したシューズを発売。ライバル関係を強調するようなＣＭを撮影した。すると、バードは撮影の合間にマジックと雑談をし、ランチにまで誘った。次のシーズンが始まって顔を合わせたとき、マジックは思わず「やあ、ビールでも飲みに行こう」と声をかけた。しかし、バードは頑なに断った。「本当に仲の良い友人になってしまったら……彼は同じようにプレーできるだろう。私はできない。そういうものだ」

マジックとバードは「foil」だった。この言葉には2つの意味があり、ライバル関係を表現するのにうってつけだ。動詞としての語源はフランス語の「fouler（押しつぶす、踏みつける）」で、「妨害する、失敗させる」という意味がある。名詞としては「互いの特徴の違いを強調するもの」という意味で、宝石の下に金属箔（ラテン語の「folium（薄い層、葉）」）を敷いて輝きを強調する習慣から生まれた。

「foil」は互いに活躍を邪魔し合いながら、互いの最高の特徴を引き出し合う。「ピート（・サンプラス）にもっと勝っていたら、あるいは彼と違う世代だったら、私はもっと優れた選手として人々の記憶に残ったかもしれないが、選手としては劣っただろう」と、アンドレ・アガシは回想録に書いている。従来の心理学は、あらかじめ用意された対決の勝者と敗者の関係が研究の対象だった。初対面の2人が試合で対決し、どちらかが勝ち、どちらかが負ける。それだけだ。しかし近年は、競争がライバル関係に発展することが注目されている。ニューヨーク大学のギャビン・キルダフらが「主観的競争」と定義するもので、「競争の客観的状況から独立した」対抗心の強い関係が生まれる。

競争は、相手をたたきのめして自分が欲しいものを手に入れるためのものだ。ライバル関係は、たたきのめしたい相手がいるということだ。そのような敵対意識——対抗する情熱——があると、それぞれが自分の欲しいものをより多く手に入れることができる。キルダフの研究によると、ランナーが単なる競争相手ではなく本物のライバルとともに挑むレースでは、5キロで平均25秒タイムが早くなった。

情熱的な対抗心は、スポーツにかぎらない。1958年にライフ誌は、ユダヤ系移民の双子姉妹を特集した。「わずか2年のライバル関係が、2人を世界で最も広く読まれ、引用されるライターに育てた」。彼女たちの名前はエスター・ポーリン・フリードマンとポーリン・エスター・フリードマン。「アン・ランダース」と「親愛なるアビー」として知られている。姉妹の絆は強く、合同で結婚式を挙げたほどだ。彼女たちの夫は第2次世界大戦で同じ部隊に配属され、戦後も一緒に働いたが、妹の夫のほうがビジネスの才能があった。姉エスターはシカゴに転居し、新聞の人気コラムの後継者を選ぶコンテストに優勝。アン・ランダースの筆名で執筆を始めた。妹ポーリンはサンフランシスコで、アビゲイル・ヴァン・ビューレンの筆名でやはりコラムを書きはじめた。

2年後、姉妹の人生相談コラムはそれぞれ数百の新聞に掲載されるようになり、週に数千通の手紙が届いた。差出人の住所が記されている手紙には必ず返事を書いた。ライフ誌が取材した当時、2人は52歳。漆黒の髪で、体重は約50キロ。毎日、ともに同じような生活を送っていた。朝、家族を送り出すと、タイプライターの前に座って黄色い紙をセットし、コーヒーを何杯も飲むのだった。

先にコラムを書きはじめたのはアンだが、ニューヨークの新聞に掲載されたのはアビーのほうが早かった。「彼女が心穏やかではない理由はわかる」と、アビーは語っている。「彼女は学校のオーケストラで第1バイオリンをやりたかったけれど、第1は私だった。彼女はお金持ちと結婚すると誓っていたけれど、実現したのは私。私は勝とうと思ったことはない。ポーカーのようなもの。勝つ必要がない人にいいカードが集まって、彼女はいつも勝たなければいけないと思っている」

「それは彼女の空想よ」と、アンは言う。「子供が犬をたたいていて、誰かが来たら犬をなではじめる。それと同じ」

本当の競争の舞台は、コラムが掲載される新聞の数と紙面での大きさだった。「新聞をめぐる戦いは興味深い」と、ライフ誌は書いている。「どちらも相手のコラムを売り込みたいわけではない。でも、ある新聞がどちらかのコラムを掲載すると、読者の関心に応えるために、同じ街のライバル紙はもう1人のコラムを掲載せざるをえない。その結果、2人は接戦を繰り広げ、高らかに笑ったかと思えば、悔しそうに不満をぶちまけ、地団駄を踏む」

2人の文章のスタイルは驚くほど似ており、互いに相手が真似をしていると非難した。ライフ誌によると、アンは妹には会わないし口もきかないと宣言していた。

アビーは、「彼女はいつになったら意地を張るのをやめるのかしら?」と問いかけた。アンは、「彼女はいつまで私を脅かすつもりなのかしら?」と問いかけた。ライフ誌の記事の最後に、2人は自分の質問に自分で答えている。

アビー　「永遠にやめないでしょうね」

アン　「いつまでも続くでしょうね」

傑出したライバル関係には、偉大なクリエイティブ・ペアと同じ特徴がある。ライバル同士は気質やスタイルにさまざまな違いがあるが、野心とビジョンは驚くほど似ている。「フレンチリックの田舎者」を自称していたラリー・バードは、愚直な労働階級の誇りを守るボストンの街にうまく溶け込んだ。攻撃的で、相手を見下すような発言を連発し、NBA最強の男たちと張り合った。コートの内外の乱闘では、パンチをお見舞いする分だけお見舞いされた。もっとも、寡黙で引っ込み思案な一面もあり、プライベートではめったに人前に出ず、暖かい土曜日に自宅の前庭の芝生を刈るくらいだった。一方のマジックは、ロサンゼルスの太陽を存分に浴びていた。普段の勝利にもファイナルで優勝したかのように祝杯をあげ、プレイボーイ・マンション［プレイボーイ誌の創刊者ヒュー・ヘフナーの豪邸］の常連だった。「大きなパーティー。大きなショー。とにかく楽しいよ」

プレーに関しては、バードとマジックはかなり似ていた。ボストンのスポーツライター、チャールズ・ピアースいわく、「同じ脳みそを半分ずつ」持っているようなものだった。2人とも離れ業をやってのける才能がありながら、周りの選手のサポートに徹し、チームを盛り立てた。「無私」という言葉は、どちらにもぴったりだ。「だからお互いに相手が嫌いだった」と、マジックは言う。「自分を見ているみたいだったから」

心理学者のキルダフによると、類似性がライバル関係に拍車をかけることは少なくない。人は、自分と重なる相手と敵対しがちで、よく似ている2人ほどライバル関係が燃え上がる。だからこそ、僅差の競争では「ほんの少し違う展開になっていたら……」と考えたくなり、その思いが競争心をさらにかきたてる。2012年にマジックと共同インタビューを受けたバードは、「1日にジャンプシュートを700本練習して、そろそろあがろうというときに、あいつは800本打っているんだと考える。そして、俺はコートに戻った」と語っている。マジックは、「彼にとって俺は目の上のたんこぶだった」と言った。もちろん、反対もしかり。「ラリーのおかげで眠れない夜が続いた。彼なら自分を倒せるとわかっていたから、とにかく怖かった。偉大な選手は相手にそんなふうに思わせる」

マジックとバードはスーパースター同士だが、人間は誰でも敵の存在がモチベーションとなる。想像上の敵でも、目に見える敵でも、人間は脅威に対処しながら進化してきた。進化の過程で人間の脳が急速に大きくなったことは、同じ種の敵を見分けて対応する能力の発達が関連しているという説もある。「自分に対して善意を持っている人だけでなく、悪意を抱いている人にも囲まれたとき、私たちは精神的に自分を試そうとする」と、心理学者のデービッド・バラシュは書いている。

敵という存在の重要性は、ナラティブ心理学と呼ばれるアプローチから見ることもできる。これは、人が自分に語りかける物語を通じて、その人がどのように考え、振る舞い、アイデンティティを築くかを考えるアプローチだ。「この人と結婚するべきか、この仕事を引き受けるべきか、国を横断して移動するべきかなど、重大な選択をするときは暗黙の物語にもとづいて判断する。本人が意識しているかどうかは別の話だ」と、心理学者のダン・マクアダムスは言う。このような人生の物語には、映画や6歳のときに読んだおとぎ話と同じように、舞台設定と情景、登場人物、筋書き、テーマがある。

ライバル関係はほかにもたくさんある。モリアーティ教授がいなかったら、シャーロック・ホームズはどうしただろうか。ハリー・ポッターにヴォルデモートがいなかったら。実話にもとづく物語も例外ではない。マキシーン・ホン・キングストンの小説『チャイナタウンの女武者』(晶文社)の語り手の母、英蘭(ブレイド・オーキッド)にも、マイケル・ムーアの映画『ロジャー&ミー』に登場するGM(ゼネラルモーターズ)のロジャー・スミス会長にも、引き立て役としての悪役が不可欠だ。日常生活では、引き立て役が私たちの精神的な健康を支えるときもあるだろう。

マクアダムスによると、「未来の世代の発展と幸福を促進することに関心があって、それに貢献する」「生産的な大人」は、目的を遂行した物語を語りたがる。自分は戦場で敵と対峙し、障害を乗り越えてきたという思いがあるからだ。別の研究によると、心理療法から大きな恩恵を受けた人は、自分の問題を外的な競争と見なそうとする。敵に名前をつけて(ウィンストン・チャーチルは自分の憂鬱を「黒い犬」と呼んだ)、それを倒す物語をつくるのだ。心理学者のジョナサン・アドラーいわく「勝利の戦いの物語」だ。

ただし、ライバルに勝ちたいと思うのは本能だが、本能だけでは何かを創造して達成することはできない。私は一連の研究から、ライバル関係がもたらす3つの重要なカギを見つけた。

1つめは、ライバルがいると、もっと努力をしようと思う「モチベーション」が生まれる。これはパフォーマンスにとって、渇望より強力な原動力となる。ライバル関係は血をわきたたせ、精神をかきたてる。

2つめは、ライバルが私たちに必要なモデルとなって「インスピレーション」を与える。これについては、真似をしたいと思わせる手本も、拒絶したい、あるいは改善しようと思わせる悪い手本も、同じような影響を与える。

3つめは、ライバルが私たちを戦わせつづけることだ。競争に「没頭」する粘り強さと執着は、情熱を賭して使命に取り組むだけでなく、やめたくなっても持続する力となる。

一般的な協力関係は、融合を実現するまでに時間が必要だ。同じようにライバル関係も、時間をかけて絡み合う。キルダフによると、過去の競争の度合いが、質的にも量的にも現在のライバル関係を発展させる。敵対するエネルギーが増える一方で、ライバルでもあるパートナーのパフォーマンスを向上させるのだ。トップレベルで争うライバルは、自分たちを理解できるのは、応援してくれる味方ではなく対決している自分たちだけだと気づくだろう。空気が薄い山頂で戦うのは自分たちだけだ。ウィリアム・ジェイムズは教え子のディキンソン・ミラーについて、「自分の最も辛辣な批評家であり、最も親密な敵」だと語っている。

1989年にラリー・バードが回想録を出版したとき、マジック・ジョンソンは序文に言葉を寄せた。「結婚のようなものだ」と、マジックは2人の関係について語っている。「離婚はありえない」

1980年代後半になると、バードにとってマジックとの競争だけが、バスケットを続ける原動力になっていた。85年にフレンチリックの実家で母親のために車寄せを修理していたとき、背中をひどく痛めた。医師によれば、車のドアに指を挟んだまま「誰かがドアを押しつづける」ような痛みだった。バードは一生、車椅子かもしれないと覚悟した。「でも、対決しなければならなかった。マジックとファイナルで対戦する可能性は、あと1回はあるだろうと思った」

2人の対決は、誰も想像しなかったかたちで終わりを迎えた。1991年の秋に、マジックはレイカーズの本拠地だったLAフォーラムでHIV感染と引退を発表した。当時のエイズ治療の状況を考えると、感染という診断は死刑宣告に思えた。バードは「落胆している」と記者たちに語った。彼はその夜もプレーをしたが、「コートに立ちたくなかった。そんなふうに思ったのは初めてだ……バスケットに対して何も感じなかった」。ジョンソンが引退してからは「新聞で成績を確認しなくなった。どうでもよくなった。まだ戦いをやめるつもりはなかったが、前と同じとはいかない。変わってしまった」。

その年のシーズンが終わり、バードは引退を発表した。最後のシーズンは背中の故障で37試合を欠場したが、引退の最大の理由に挙げたのはライバルの不在だった。「彼がいないことが、当たり前だと思えそうにない」

アンリ・マティスとパブロ・ピカソは50年近くにわたって互いに押し合い、突き合い、引き合い、相手より勝ろうとした。それぞれが相手の存在を確立し、ともに20世紀の近代絵画の基礎を築いたと言っても過言ではないだろう。2003年に欧米の有名美術館が共同企画したマティス・ピカソ展で、多くの評論家は2人の対峙を強調し、「チェスの試合」（スミソニアン誌）、「対決」（ニューヨーク・タイムズ紙）と呼んだ。「テート（・モダン）で知り合いに会うたびに、マティスとピカソはどちらの勝ちかと質問された」と、美術史家のジョン・リチャードソンはヴァニティ・フェア誌に書いている。「意味のない質問だ、論点がずれている。私はある人にそう答えた。この展覧会はボクシングの試合ではない」

「展覧会のカタログの寄稿文では、多くの人が、むしろ対話だと考えている。ただし、2人の画家のあいだに炸裂した火花を考えると――その火花は2人の作品の多くを照らしている――対話という言葉はおとなしすぎるだろう」。リチャードソンは最後に、ジョセフ・コンラッドの短編にちなんで、2人を「秘密の共有者」と呼んでいる。

彼らのような関係をどのように呼べばいいのだろう。そのためには言葉の表面的な意味だけでなく、新しい概念が必要になる。これまでの章では、競争を創造性の原動力として理解するために、競争が私たちを駆り立て、対立する相手と絆を結ぶ過程に注目してきた。この特徴を理解するうえで、チェスやボクシング、バスケットボールなどの対戦は有用なメタファーと例示になる。「有限のゲーム」——スポーツや選挙、マーケットシェアの獲得競争など、個別に測定できる対決——は、人が対峙する基本的な過程を説明できる。

ただし、代数学を学んで微分積分の問題を解くように、競争の先を理解するためには、競争そのものについて理解しなければならない。大半のクリエイティブな活動は、スコアボードで表すことはできない。勝者と敗者が決まって終わる対決は、スポーツの世界でも、最もおもしろいわけではない。悲しみに暮れて「来年こそは勝つぞ」とつぶやくファンは、1回の対戦が(どんなに重要な1試合だとしても)、継続的な物語の一部であることを知っている。

哲学者のジェームズ・カースによると、「有限のゲームは勝つことが目的であり、無限のゲームは戦いつづけるためにプレーする」。有限のゲームは決められたルールに従い、たった1人が頂点に立つためにほかのプレーヤーを排除していく。それに対し無限のゲームは、双方のプレーヤーが戦いを継続できるように、つねに調整が働く。有限のゲームは個性を抑えて既存の形式を遵守するが、無限のゲームはプレーヤーの特徴に合わせ、個々の違いを際立たせる。有限のゲームは、たとえるなら形式が決まったディベートで、人工的な制限のある秩序に従う。それに対し、無限のゲームは生きた言語の文法のように、有機的に成長して複雑さを増していく。有限のゲームは競争によって展開するが、無限のゲームは競争と協力が交差するところで動く。

自分が対決する敵を見きわめようとする過程で、競争と協力の境目が見えにくくなるときもある。1997年にアップルに復帰したスティーブ・ジョブズはその年のマックワールド・エクスポで、マイクロソフトから1億5000万ドルの資金提供を受けた提携の成果を強調。2社のあいだの訴訟を和解に持ち込み、アップルの新しいパソコンにマイクロソフトのインターネット・エクスプローラーがプリインストールされると発表した。観衆からの拍手はまばらで、ブーイングが鳴り響いた。当時のある映像には、顔を両手で覆う男性の姿も。マックに忠誠を誓う人々の多くにとって、マイクロソフトは「悪の帝国」だった。ジョブズの発表は、アップルの忠実なファンにとって、ルーク・スカイウォーカーがダース・ベイダーの前にひざまずいたようなものだった。

もっとも、マイクロソフトとアップルは長年のあいだ、むしろルークとハン・ソロのような関係であり、不安定な同盟のもとで戦う同志だった。実際に提携していた時期もある。1978年に発売されたアップルⅡに搭載された「アップルソフトBASIC」は、もとはマイクロソフトが開発したソフトウエアだ。1983年に開催された「マッキントッシュ・ソフトウエア・デーティング・ゲーム」の余興には、ジョブズが司会をするコーナーに、ゲイツがアップルのソフトウエアの開発業者として登場。マイクロソフトの翌年の収入は、半分をマッキントッシュのソフトウエアが占める計画ですと語って会場を沸かせた。

その後、両社は特徴的なオペレーティングシステム（OS）で熾烈なシェア獲得競争を繰り広げた。しかしマイクロソフトは、勝利を目前にしながらアップルに救いの手を差し伸べ、より広範な恩恵のために1つの勝利を見送った。マックのソフトウエアからの収益が引き続き期待できたことに加えて、ネットスケープとの戦いにアップルを引き入れようと考えたのだ（ブラウザ戦争は、今となっては奇妙な話に思えるが、当時は重要な戦いだった）。

ビジネスの世界では、このような「コーペティション（coopetition）」はよくあることだ。フィナンシャル・タイムズ紙はコーペティションを、協力（cooperation）と競争（competition）の「利点を組み合わせて」、「補完し合う領域でより大きな市場を創出する」ことと定義する。たとえば、1つの交差点に複数のガソリンスタンドがあると、それぞれのスタンドの顧客の減少分は、その交差点に行けばスタンドがあるという認知度の向上で相殺される。競合する映画スタジオが1つの作品に共同出資する例もある。トヨタとPSAプジョー・シトロエンは小型乗用車を共同生産し、それぞれのブランド名で発売している。フィリップスとソニーはコンパクトディスクを共同開発した。

協力と競争の共存は、企業の提携にとどまらない。心理学者のエレイン・アーロンによると、人間関係には2つの基本的な衝動がある。すなわち、結びついて共通点を見つけようとする衝動と、順位をつけて階層的な立場を築こうとする衝動だ。

「共存」という言葉は結合と対立の両極端を示唆するが、その普遍性を説明するには不十分かもしれない。実際は、協力も競争も、かなりあいまいなかたちで表れる。協力は、著述家のフランク・アサロの言葉を借りると、「団結する、結びつく、集まる、規則に従う、共同する」という人間の傾向を指す。2人の人間がゲームのルールに従うことに同意する場合や、規則や習慣に従うことも、協力と言えるだろう。一方で、競争は他者に対抗する行為で、「分離する、別れる、分裂する、混沌とする、個人主義を貫く」動きを指す。このような広義の競争は、相手を完全に倒す必要も、徹底的に傷つける必要もない。人を押しのける行為や辛辣な批判も当てはまるだろう。

ほとんどのペアは大半の時間でコーペティションをしているが、本人は意識していない場合もあるだろう。作家のシェイラ・ヘティに、創造のパートナーである画家で映画製作者のマルゴー・ウィリアムソンとの競争について質問したところ、次のような答えが返ってきた。「競争とは思わない。私たちは媒体が違うから。作家と画家が競争するでしょうか」

「彼女が仕事を迅速に進める姿を見ていると、私ももっとやろうと思える。彼女が本当に素晴らしい絵を仕上げた週は、自分が置いていかれた、怠けていると感じるときもある。それを『健全な競争』と呼ぶ人もいるでしょう。彼女を『負かしたい』とは思わないけれど、置いていかれたくはないのです」

ヘティの話を聞いてまず思ったのは、比較も競争の一種だということだ。違いや区別を求める感覚は、他人との区別を認めることによって刺激され、かき乱され、ときには圧倒される。この感覚を、ウィリアム・ジェイムズは「負けず嫌いの情熱」と呼ぶ（私の大好きな言葉だ）。彼は1892年に教職者に向けた講義で、この情熱を真剣に受け止めるようにと語った。「ライバル意識は私たちの存在の根本であり、あらゆる社会的な改善に大きく寄与する……私たちの最も奥深くにある行動の原動力は、他人の行動を見ることだ。他人の素晴らしい努力を見て、自分自身の努力が目覚め、努力を続けようと思う」。そして「真似は模倣に向かい、模倣は野心に向かい、野心は好戦性と誇りと密接に結びつく」。これら5つの「野心的な衝動」は区別が難しく、好戦性と誇りは加減が重要になる。好戦性は肉体的な攻撃性だけとはかぎらないと、ジェイムズは言う。

いかなる種類の困難にも負けたくないという一般的な感覚でもある。好戦性があるから、とてつもない課題を前に、圧倒されながらも意欲がわく。好戦性は、活発で積極的な性格の基本的な要素となる。最近は、教育における優しさの哲学が熱心に語られるようになった。あらゆることに対して「興味」を刺激してやらなければならず、困難さを平らにしてやる。学習という厳しく険しい道のりは、柔らかな教育学に取って代わられた。ただし、この生ぬるい空気には、努力という快活な風がない。教育において、すべての段階がおもしろいはずがない。戦いの衝動も繰り返し刺激しなければならない。意見の対立を怖がることは恥ずかしいのだと思わせ、高いところに上がれば落ちることを経験させ、生徒たちの好戦性と誇りを刺激し、内なる怒りに駆られて困難な場所に突き進むことの道徳的な意義を教えるのだ。そのような状況で手にした勝利は性格の転換点となり、岐路となる。そこで自分の最大限の力を発揮することが、自己模倣の理想的なパターンをつくる。このように生徒の好戦性の興奮を刺激できない教師は、最も有用な教授法を知らないということだ。

ジェイムズが語る健康的な好戦性は、ヘティの「健全な競争」と共鳴する。ただし、このような感覚は、あくまでも外部から刺激され駆り立てられるものだ。「戦いの衝動」は、「最下位になりたくない」という順位づけと明らかに関係がある一方で、結びつきを求める傾向とも複雑に絡み合う。ヘティは自分が頂上に君臨したいとは思っていないが、パートナーと一緒に高台に昇りたい、さらに上を目指したいと思っている。その欲求は、マルゴーの模倣の情熱によってさらにかき立てられる。まさに無限のゲームだ。

1966年秋、ビートルズから9週間、離れているあいだに、ジョン・レノンはアコースティックギターである曲を作った。映画『ジョン・レノンの僕の戦争』の撮影でスペインの田舎町に滞在中に最初のデモテープを録音。数週間後に自宅に戻り、2本目を録音した。11月24日、ロンドンのアビー・ロードにあるEMIのスタジオでバンドとエンジニアに曲を披露した。そのまま録音に入り、4週間後に「ストロベリー・フィールズ・フォーエバー」のファイナルカットが仕上がった。このときポール・マッカートニーは、のちに「ペニー・レイン」となる曲が頭に浮かんだ。

「お互いの歌に答えることは」自分とジョンの習慣だったと、ポールは語っている。「彼は『ストロベリー・フィールズ』を書いた。僕は（スタジオを出て）『ペニー・レイン』を書いた……競い合うためにね。ただし、とても友好的な競争だった。どちらが勝っても褒美は山分けだから」。ポールは両手のひらを合わせ、左右の指を交互に上へと伸ばしながら、最後は両手を頭上に上げた。「僕たちはつねに高め合っていた」

「互いに答える」という言葉のとおり、ジョンとポールはともに曲をつくり、対立しながら、1つの大きな対話を紡いでいた。ジョンの曲の舞台は子供時代の思い出の場所「ストロベリー・フィールズ孤児院」で、広い庭で伯母のミミや地元の仲間と遊んだ。語りかけるような詩は、思い出の場所を歌うだけでなく、そこに私たちを連れて行き、ジョンが5歳のときからずっと考えていた疑問を投げかける。人生は現実なのか夢なのか、自分は「僕の木」の上でひとりぼっちなのか、その木は高いのか、低いのか――自分はみんなの上にいるのか、下にいる

のか。(7)

「ペニー・レイン」も同じような構造だが、さながら遊園地のゆがんだ鏡に映し出された世界だ。ポールは46番バスと99番バスの路線が交わる交差点をリバプールの中心に選んだ。「ジョンと僕はよくペニー・レインで会った」。詩は街角で人々が出会う様子を描いている。ジョンと同じように、ポールは通りに語り手を立たせるだけでなく、「僕」もその場面に入り込もうとしている。

ジョンもポールも、象徴的な場所を使って心の奥底を探った。ジョンはさらに、いつものように自分の疑問を投げかけた。のちに振り返ったときも、それらの疑問を単刀直入に語っている(「ストロベリー・フィールズ・フォーエバー」では、「自分はクレイジーなのか、それとも天才なのか」を知りたかったという)。一方で、ポールが歌に込めた意味はわかりにくく、本人も具体的に説明したことはない。「ペニー・レイン」のピクチャーブックの写真では、通りで床屋と消防士がいつものように仕事をしていて、ポールが「おかしいよね」と歌う。晴れたかと思えば雨が降り出し、季節は夏と11月を行き来する。

一般的な解説によれば、この2曲はジョンとポールの違いを鮮明に描いている。「ストロベリー・フィールズ・フォーエバー」は音楽的には「気だるくて平坦」なのに対し、「ペニー・レイン」は「快活な縦の動きが調和している」と、イアン・マクドナルドは書いている。ジョンは芸術を使って人生を探索し、ポールにとって芸術と人生の概念はあいまいなままだ。ジョンは世界を見つめ、現実なのか夢なのかと問いかける。ポールは自分の性格を描写する脚本のような詩で現実を見つめる。

ジョンとポールの「有限のゲーム」の1つは、シングルが舞台だった。「どちらの曲をA面にするか、ポールとのあいだにささやかな競争があった」と、ジョンは語っている。A面はDJが針を落とし、評論家が批評して、チャートの対象になる。2人はいつも全力を注いだ。どちらも勝ちたかった。少なくとも世間の注目と印税の分け前に関しては、A面かどうかで得るものが大きく違った。

「ストロベリー・フィールズ・フォーエバー」と「ペニー・レイン」は、どちらも優れていることは誰もが認めるとおりで、イギリスでは「両A面」としてリリースされた。無限のゲームでは、プレーヤーが戦いつづけられるようにルールが変わるときもある。

ジョージ・マーティンは次のように語っている。「2人が1本のロープを引き合うようなものだ。互いに笑顔で、つねに全力で引っ張る。このとき2人のあいだの緊張が2人を結びつけている」

競争に順位づけと結びつきが共存するのは、人間関係だけではない。原子の結合と分離、食物連鎖を構成する敵と味方など、自然界の基礎でもある。遠く離れたところから見ると、協力と競争の最適な緊張関係がわかる。ひとつの衝動を抑えられなくなると、寄生生物が宿主を殺しかねない。

人間も力を持っているだけでは満足できず、周囲から孤立すると意気消沈する。力（資源を統括する力）と、権威や地位（愛情や忠誠心、連帯につながる敬意）の組み合わせが奇跡を起こすのだ。言うまでもなく、最も有能なリーダーは両方を備えている。強力なCEOは採用と解雇の権限を持ち、社内を鼓舞し、あるいは指示を出す。

競争に挑むすべての人は、目に見えるか見えないかは別にして、それぞれ自分のエコシステムに支えられている。ただし、その連鎖を強引に駆け上がろうとすると、全体が崩壊する。自転車選手のランス・アームストロングは禁止薬物を服用して、より速く自転車を漕ぎ、より上の順位を目指して集団から抜け出した。しかし、最後は自分の正統性を守ってきた仕組みを破壊して、すべてを失った。

協力しすぎる弊害もある。2012年のある研究によると、感じがいい――信頼できる、率直、利他的、素直、謙虚、優しい――と思われている男性は、あまり思われていない男性に比べて、仕事の成果が約18％低かった。女性の場合は約5・5％と、もう少し小さいが有意な差が見られた。別の研究によると、過剰な寛容さは、過剰な身勝手さと同じくらい貧弱な見返りしかない。

競争と協力の最適な緊張関係は、バランスとは異なる。「バランスは、静止や均衡、安定と同じ意味だ。つまり、変化がない」と、フランク・アサロは書いている。創造性の研究で知られるアルフォンソ・モンツォーリは次のように指摘する。「無秩序を除外した秩序を重んじるシステムは、硬直した同質の均衡を保つシステムになり、変化の可能性さえない」

創造的な前進にとって、変化は欠かせない。あらゆる創造的なやり取りには協力の要素があるが、全体として競争のほうが少し優位だ。人間は基本的に秩序と結束と関係を求めるものだから、意外に思えるかもしれない。しかし、進歩には無秩序と流動性が必要だ。私たちのバランスを大きく崩す人が、私たちの創造の最も強力な助っ人になるときもある。

パブロ・ピカソにとって、人生最大の衝撃のいくつかはアンリ・マティスからもたらされた。2人が出会ったのは20世紀初めのパリ。マティスはフォービズム（野獣派）と呼ばれる絵画運動の旗手だったが、見かけは急進派らしくない画家だった。フランス北部の出身で、三つ揃いのスーツを好み、赤みを帯びたひげはきれいに手入れされていた。友人からは「教授」と呼ばれていた。「アメリカの人たちには、普通の男だと紹介してほしい」と、マティスは1912年にニューヨーク・タイムズ紙で語っている。「家庭を大切にする夫であり父親だ。素晴らしい子供が3人。映画館へ行き、乗馬を楽しみ、心地よいわが家で美しい庭と花を愛でている。どこにでもいる男だ」

マティスより12歳下のピカソはスペイン出身で、まったく異なるタイプだった。落ち着いていると言うより気まぐれで、行儀がいいと言うよりせっかちだった。2人はさまざまな面で完璧な対照を描いていた。マティスは昼型で、静物やモデルを照らす自然光が不可欠だったが、夜型のピカソは想像で描くことも多かった。マティスは時間をかけて系統的に美学を発展させたのに対し、ピカソは頭の回転が速い博識家で、新しい刺激に飢えていた。マティスのほうが社交性は高く、画廊でもサロンでも天性のカリスマを発揮した。ピカソはさながら不満を抱いたロマで、つたないフランス語のために上流社会との付き合いに苦労した。しかし、ピカソには注目を集めるスターの本能があり、つかむべきものや相手を間違えない感覚が研ぎ澄まされていた。

1905年から07年にかけて、マティスの作品はパリで話題になった。「帽子の女」「生きる喜び」「ブルー・ヌード」。鮮烈で騒々しい色彩と人間の不自然なポーズは残酷なほどの荒々しさをまとい、ゴッホやゴーギャンやセザンヌが去った美術界に激しい論争を巻き起こした。切り紙絵の「ブルー・ヌード」がアメリカに上陸すると、シカゴ美術館付属美術大学の学生が模擬裁判を開き、「芸術の殺人者」「色彩の堕落」「一般的な美学の逸脱」と糾弾して火あぶりの刑に処した。

「ピカソはマティスと彼の作品の力に気づいていたが、何か行動を起こすというわけではなかった（マティスもピカソにそれほど注目していなかった）。しかし、『ブルー・ヌード』がすべてを変えた……ピカソは自分のアトリエにこもり、何週間も姿を見せず、店に出る前の5人の売春婦を描きあげた」と、評論家のタイラー・グリーンは書いている。数百枚のスケッチと習作を経て完成した巨大なキャンバス（縦約244センチ×横約233センチ）の作品名は、「アヴィニョンの娘たち」。正面を向いて不思議なポーズを取る5人の裸婦の前に立つと、こちらを見つめ返されているような気がする。女性2人の顔はアフリカの仮面のようだ。

この作品はアバンギャルドの世界にも怒りを巻き起こし、ピカソの画商は「狂った男の作品」と呼んだ。しかし、やがて20世紀で最も重大な影響を与えた作品として広く認められるようになり、キュビズムの先駆けとなって、芸術に何ができるかという基本的な概念を破壊する一歩となった。2003年のマティス・ピカソ展のキュレーターを務めたカーク・バーネドオーは次のように述べている。「『ブルー・ヌード』の荒々しさと残酷さに勝りたいという思いが、ピカソをさらに前進させた。マティスの倍以上に残酷で、攻撃的で、より超越したところに到達したのだ」

「アヴィニョンの娘たち」の誕生に多大な貢献をしたマティスだが、本人はその作品に圧倒された。「彼は西洋の伝統に押し戻された。いわゆるイタリアの原始美術だ……ある意味で、マティスがピカソを向こうに押しやり、ピカソがマティスをあちらへ押しやり、相手の挑戦のおかげでそれぞれが自分らしさを深めた」と、バーネドオーは解説する。

ピカソとマティスの関係だけでなく、彼らを取り巻く大きな流れも見逃してはならない。彼らはさまざまな影響に応えた。なかでもポール・セザンヌの存在は大きかった。さらに、2人はそれぞれのサークルを持っていた。「アヴィニョンの娘たち」は、画家ジョルジュ・ブラックとの協同の第一歩となった。5人の裸婦像に衝撃を受けたブラックは、最初はひるんでいたが、すぐにピカソのかたわらで（文字どおり隣で）創作活動をするようになり、ともにキュビズムを発展させた。2人の深い絆について、ブラックは「ロープでつながれた山登り」のようだと語っている。さらに、レオとガートルードのスタイン兄妹のような収集家にも、マティスとピカソは支えられていた。2人を最初に引き合わせたのはスタイン兄妹で、土曜日の夜に開催していたサロンにも招いた。

ピカソとマティスを取り巻く世界は大きく広がったが、それぞれにとって相手の居場所がなくなることはなかった。むしろ広くなった。「あれこれ考えてみると、マティスしかいない」と、ピカソは語っている。マティスも言う。「私を批判する権利があるのは1人だけ、ピカソだ」

これは、敵が友人に変わったのではなく、反目と友好が絡み合う二重らせんの物語だ。相互に尊重して、必要として、対立する2人を見ていると、マティス・ピカソ展でどちらが「勝った」のかという質問をあざ笑うようなジョン・リチャードソンの答えが理解できる。本人たちは、相手が床に倒れて起き上がれないことなど想像もしていない。ゲームは永遠に終わらないのだ。

19「誰だって力を手に入れたいさ」——明確な力と流動的な力

競争が活力の源となることを知り、無限のゲームで競争と協力が絡み合う過程を知ると、日常的な競争について理解しやすくなる。典型的なペアは、明らかなライバル関係にあるだけでなく、優劣を競いながら絆を深め、比較しながら深く結びつき、互いに相手を受け入れる。ただし、クリエイティブ・ペアの力学を正しく理解するためには、単純な競争と協力の関係だけでなく、2人の権力《パワー》の差に注目する必要がある。

ここで言う権力とは、あらゆる人間関係に浸透する真の力だ。ユニフォームに縫いつけられた優勝回数を示す星のようにひと目でわかるときもあれば、上から一瞥する視線のようにわかりにくいものもある。さらに、多面的にも多層的にもなる。

「人生のなかで、一度でいいから支配する側に立ってみたいね」と、『となりのサインフェルド』のある場面でジョージ・コンスタンザが言う。「俺には権力がない、まったくないんだ……どうすれば手に入る?」

「誰だって力を手に入れたいさ」と、ジェリー・サインフェルドが答える。「権力をつかみ取るのは大変だ。最初から握っていなくちゃいけないんだ」

そのとおりだ。ここで、権力の心理学を考えてみよう。アフリカの草原では集団を率いる男女が最上位に君臨し、彼らに従う人々は明らかに振る舞いが違う。都会のコーヒーショップやオフィス街でも同じで、自分が優位な立場にいるか、従属的な立場にいるかに合わせて振る舞う。サミュエル・ジョンソンは次のように語っている。「2人の人間がじっとしていられるのは30分が限界だ。どちらか1人が、もう1人より優れているという証を手にする」

これについて、リチャード・コニフは著書『重役室のサル』(光文社)で「30分もかからない」と指摘している。スタンフォード大学で行われたある実験では、大学1年生の男子グループに課題を与えたところ、15分以内に自分たちを階層分けした。わずか5歳の子供でもすぐに社会的な順番をつけ合い、その上下関係は驚くほど持続した。

権力に対する服従は、必ずしも意識的なものではなく、気がつかない場合もある。コニフは次のような例を挙げる。「ケント州立大学の研究者は、人間の会話のなかで500ヘルツ以下の低周波に注目した。言葉のないハミングのようなやり取りだ。すると、すべての会話で、2人の話し手の周波数が収束していた。ただし、心地よい中間点ではなく、より大きな声量の周波数に収束する。会話の途中で、どちらか1人がもう1人の『権力の合図』に従って自分の声を切り替えていた」。この低周波の会話からは、どちらが話の主導権を握っているかも感じとることができた。さらに、米大統領選の候補者の討論会について調べたところ、1960年から2000年に実施されたすべての選挙で、相手の声に合わせた候補者は選挙に敗れていた。

声質よりはるかに大きな影響をもたらすのは、権力の力学だ。2人の人間のアイデアや感情が食い違うとき、基本的には権力を持つ人のスタンスにもう1人のスタンスが収斂する。

心理学者のダニエル・ゴールマンは著書『SQ　生きかたの知能指数』で、「パートナーの1人が感情を大幅に調整して、もう1人の感情に収斂する」と書いている。カップルは、ある状況でどちらがより大きな権力を持つか、暗黙のうちに交渉している。言い換えれば、パートナーの役割分担は、それぞれの権力の領域を定義する。「2人の感情の収斂は、権力が弱いパートナーのほうが、自分自身のなかで調整する部分が多い」と、ゴールマンは書いている。

人間関係における権力は、物質に働く重力のようなものだ。ただし、目に見える物理的な現象ではなく、その源はわかりにくいものもあれば、偶然からも生まれる。自分がボスだと信じるところから、あるいはボスらしい態度を取るところから、本当にボスになるときもある。この態度には振る舞いも含まれ、振る舞いは期待につながり、期待は習慣を形成する。

平等主義者の理想を打ち砕くかもしれないが、権力の非対称性は、人間関係にとってさほど問題ではない。むしろ、水平な関係は非対称な関係ほど親密にならないかもしれない。多忙な2人の仕事仲間がいるとしよう。1人が連絡をすると、もう1人は忙しくて出られない。留守番電話のメッセージを聞いて折り返し電話をすると、今度は最初に連絡をしたほうが手を離せない。留守番電話が「代理人」となり、2人が直接、電話で話す機会はない。

一方で、非対称な関係の場合、優勢なパートナーが電話をする時間を決め、従属するパートナーは自分の予定を空けて待つ。次の連絡も、その次の連絡も同じだ。親密さは経験の共有から生まれる。ここでは権力の差が経験の共有を促している。

クリエイティブ・ペアは、権力の違いが明確にわかる場合もある。長官のスティーブ・ジョブズ（最高経営責任者）と副官のジョナサン・アイブ（最高デザイン責任者）や、振付師のジョージ・バランシン（バレエカンパニーのCEO）とダンサーのスザンヌ・ファレル（従業員）がその一例だ。あるいは、トレイ・パーカーとマット・ストーン（『サウスパーク』のクォーターバック）や、ジェームズ・ワトソンとフランシス・クリックのように、どちらがリーダーなのか、近い関係者にしかわからないペアもいる。クリックの死から9年後の2013年に、私はワトソンに話を聞いた。「最近は昔のように、自分は賢いと思うようにしている。そう思うのはクリックが死んだからだ。フランシスが生きているあいだは自分の立ち位置がわかっていた」。同僚の研究者はライターのホレース・フリードマン・ジュドソンに、「フランシスからの敬意がジム（・ワトソン）を突き動かしていた」と語っている。

権力の存在が明確であることの主な利点は、衝突が起きないことだ。「ヒエラルキーにおけるパートナーの位置関係が競争によって決まる場合、ヒエラルキーの構造を明確にすれば、将来のもめごとをなくせる」と、霊長類学者のフランス・ドゥ・ヴァールは言う。「階層の下にいる人々は上へ上へと昇りたいところだが、彼らが理想ではないが次善と思える位置に落ち着けば、平和が訪れる。ヒエラルキー内で互いの位置を頻繁に確認していると、上に立つボスは、実力行使で地位を固める必要がなくなる」

クリエイティブなパートナーシップでも権力の格差は自然に生じる。強い権力を持つ人は、権力に伴う思考状態へと簡単に切り替わる。数多くの実験で証明されているとおり、権力を持つ人は、ほかの人も自分と同じように世界を見ていると考える傾向がある。心理学者のアダム・ガリンスキーは被験者に、自分が権力を手にした経験か、何の権力もないと感じた経験のいずれかを語らせた。続いて、自分の額に「E」の文字を書かせた。すると、自分で鏡に映った自分を見ると正しい向きになるが、他人からは反対向きに見えるように書く傾向は、権力を手にした経験を語った人々のほうが3倍高かった。

権力を持っている人は、自分のアイデアこそ重要だという自信がある。草案をまとめ、試作品をつくり、打ち合わせをしながら、自分の意見を売り込むのだ。心理学者のエイミー・カディによると、体の姿勢で権力を表現するだけで、パフォーマンスが向上する。「スピーチに立つ前や会議に出席する前は、椅子に座ってノートパソコンやiPhoneを抱え込んでいる人が多い。これは逆効果だ。このような振る舞いは自分を小さく見せる。廊下を歩きまわり、両腕を頭上に上げてみよう。自分の席に座り、脚をデスクの上に載せよう。つま先立ちでバンザイをしよう」

ただし、権力がもたらす優位は、すべてが不利益になりうる。たとえば、自分の目に見える範囲に集中しすぎると、世界が狭くなりかねない。ガリンスキーの実験で「E」を逆向きに書くようなものだ。さらに、自信を反映した行動そのものが、他人の視点に対する不注意を反映している。

これは、集団を率いる人々と彼らを取り巻く文化に共通する問題点でもある。権力を持っている人は持っていない人に比べて、よくしゃべり、相手の話をさえぎって、からかうようなことを言い、すぐに争いごとに加わりやすいとされる。監視の目がないため、抑制を完全に失うのだ。リンドン・ジョンソン元大統領はトイレに入ったまま打ち合わせを行い、多国籍企業タイコのデニス・コズロウスキ元会長兼CEOは、会社から横領したカネを含む200万ドルで妻の誕生パーティーを開いた。これは単なる奇行や貪欲さというだけではない。権力が最初から腐敗しているのではなく、純粋な権力は腐敗を免れないのだ。「権力を手に入れて人々を効果的に率いるために最も重要なスキルは、権力を手にした瞬間から退廃する」と、心理学者のダッチャー・ケルトナーは言う。

エグゼクティブ・コーチのケイト・ルードマンとエディ・アーランドソンは著書『部下の心をつかむセルフ・コーチング』（ダイヤモンド社）で、「世界はアルファ・メイル（人の先頭に立つパワフルな人）を必要としている」と述べている。「彼らの勇気、自信、疲れ知らずのエネルギー、闘争精神は、適切に活用すれば、競争の場にふさわしいリーダーになれる。問題は、これらの類まれな強みを不適切に使い、悲劇的な欠陥に発展させてしまうことだ。自信は傲慢さになり、強靭さは攻撃性になり、競争力が強すぎるゆえに、チームメイトのことも征服すべきライバルと見なして徹底的にたたきのめす」

これらの強みと欠陥は混じり合いやすい。ルードマンとアーランドソンは1507人の被験者をもとに、「（強力なリーダーとしての）強みが著しいほど、リスクも高い」傾向があると指摘している。リスクとは、組織内の人間を不幸にすることだけではない。複数の実験によると、自分に権力があると思っている人は、他人をステレオタイプに当てはめて評価しがちだ。たとえば、地位の高い教授が部下を評価すると、部下が上司である教授を評価する場合より正確性に欠ける。権力のある人は、良くも悪くも、世の中を自分の視点から見がちだ。このような状態が野放しになると、当然ながら甚大な問題に発展する。だからこそ、自分の権力を長期的かつ効果的に使う人々は、自分より力のない人々に助けを求める。権力とは実に複雑なものだ。

クリエイティブ・ペアは、どちらが優位なのかはわかりやすいが、主従関係に絶対的なパターンは存在しない。これは権力の力学のパラドクスだ。たとえば、高いレベルの創造的なやり取りは階層的な力関係と流動的な力関係の両方にもとづくという説明は、矛盾しているように思えるだろう。あるいは、強力なペアは、それぞれがリードもすれば、相手に従うときもある。

この矛盾の本質を、タンゴを例に考えてみよう。「タンゴは2人で（Takes Two to Tango）」という歌は、本書のテーマソングとも言える。2人のソングライター（アル・ホフマンとディック・マニング）が創作し、2組のデュエットがカバーした（レイ・チャールズが、ディック・マニングおよびアレサ・フランクリンと歌った）ことで知られている。「Takes two to tango」というフレーズは英語のイディオムとしても定着し、「タンゴを踊るには2人必要（タンゴは1人では踊れない）」という意味から、どのような状況になっても互いの存在が不可欠な関係を表すようになった。

この歌が頭のなかに流れてきたとき、私はふと疑問に思った。どうしてタンゴなのか。そのときは、歌のタイトルとして覚えやすいリズムの言葉を選んだのだろうと納得した。しかしある日、タンゴを踊る作家のジリアン・ローレンとランチをしていたときに、彼女がタンゴはダンスのなかで最も社交的な形式だと言った。「フォックストロットやワルツと違って、タンゴにはステップがないの。いろいろな技術があるし、練習も大変だけど、決まった動きを覚えて再現するわけではない。踊りながら発展するのよ」

ジリアンはタンゴを始めたころ、女性は基本的にフォロワーとなり、リーダーを務める男性についていくことが、受け入れがたかったという。「筋金入りのフェミニストとしては、感情を揺さぶられる経験ね。まったく違う文化に足を踏み入れてしまったのだから。相手の言うことを黙って聞く力と言われても、別の世界の話だから」

女優のジェイミー・ローズはタンゴで学んだ人間関係について、『とにかく踊ろう！（*Shut Up and Dance!*）』という本を執筆している。彼女によると、パートナーと踊るダンスのなかで、タンゴは「リードとフォローの役割が最も厳格に分かれている……車を運転するようなものだ。ハンドルを握って運転できるのは、一度に1人だけだ」。一方でローズは、この主従関係を受け入れることによって、フォロワーはとても大きな力を手に入れることに気がついた。

ジリアンも同じ経験をした。「上級レベルになると、リーダーはもちろんリードするけれど、フォロワーとその反応にも細心の注意を払う。フォロワーはリードを受け止めるだけでなく、自分の反応が瞬間的にすべてを変えるときがある。フォロワーがリーダーに、どのようにリードすればいいかを教えるのよ」

この点をさらに理解するために、従う側の視点に注目しよう。ある研究で、大学の地位の高い教授と低い教授に同僚の評価をさせた。すると、階層の下から見上げる人のほうが、自分の上で起こっていることがはるかに明確に見えていた。きょうだいに関するいくつかの研究では、他人の意図や考えを理解する能力は弟や妹のほうが高かった。また、スタンフォード大学の心理学者デボラ・グルーエンフェルドが米最高裁判所の判決1000件以上を調べたところ、少数意見を支持した判事のほうが、意見書に細かいニュアンスが多く盛り込まれる傾向が見られた。

実際、権力が低い人の視点のほうが、意識や注意力はかなり高い。「権力のある人は見返りの可能性に注意を払い、権力がない人はリスクの可能性に注意を払う」と、コニフは書いている。「権力がない人のほうが、解雇や無理な仕事を押しつけられるなど、あらゆる種類の脅威にさらされやすいから、自分のまわりで起きていることをつねに警戒しなければならない」

さらに、有能な「二番手」は、完全には服従しない。無条件に服従するのは、パートナーではなく追随者だ。多くのクリエイティブな人間関係は、2人の権力の差は明確だが、権限を分け合っているという感覚が強い。だからこそ、どちらが優勢かという力関係がはっきりしているることが強みとなり、権力を持つ人の視点と持たない人の視点が生む創造性を活かすことができる。『シャペルズ・ショウ』の現場では、デイブ・シャペルが最終的な決定を下した。「失敗したら、ステージで恥をかくのは君ではなく僕だ」と、シャペルは共同制作者のニール・ブレナンに話していた。もっとも、実際にそのような権限を振るうことはほとんどなく、意見が合わなければ双方が納得するまで話し合った。

スザンヌ・ファレルは振付師のバランシンに従っていたが、バランシンもかなりの権限を彼女に任せ、プログラムの演目や出演者を選ばせるときもあった。上司と秘書のように非対称性が最も顕著な人間関係も、価値のある関係を築くためには、ある程度の権力の分散が必要となる。実業家でテレビのパーソナリティーも務めるバーバラ・コーカランは、起業家にとって「最も重要な決断は、事業の詳細を自分と同じくらい有能な人に任せることだ」と語る。彼女の秘書のガリ・エイブラハムセンは、毎日大量のメールを整理して、コーカランが関心を示しそうな案件を選別する。

このような流動性に関して最も警戒すべきリスク――権力を持つ側にとってのリスク――は、逆転現象が起きることだ。「ザ・ディトゥアーズ」は、ロジャー・ダルトリーが結成した彼のバンドだった。ダルトリーはベーシストのジョン・エントウィッスルを誘い、彼の紹介でギターのピート・タウンゼントも加入した。2年後にはドラムのキース・ムーンも加わった。ダルトリーはライブの出演を取りつけ、セットリストを考え、会場までバンを運転した。彼に逆らえば「(パンチを)5発は食らった」と、タウンゼントは語っている。しかし、本格的なデビューに向けてオリジナルの曲が必要になると、タウンゼントの才能が欠かせなくなった。バンド名を「ザ・フー」に変えて、最初のシングル「アイ・キャント・エクスプレイン」をリリースすると、タウンゼントが主導権を握るまでに時間はかからなかった。当時ダルトリーのことをどう思っていたかについて、タウンゼントは率直に語っている。「キースは天才だった。ジョンも天才だった。僕はかろうじて天才だった。そして、ロジャーはシンガーだった。それだけだ」

ただし、ダルトリーは従属の地位に甘んじたが、白旗を揚げたわけではなかった。「とにかく声をきわめたい、バンドのために本物の声をきわめたいと必死だった」と、ダルトリーは語っている。1960年代の終わりに、タウンゼントは初めての長編ロックオペラ『トミー』を書きあげた。目が見えず、耳も聞こえず、話すこともできない三重苦の少年が主人公で、多くの曲が一人称で書かれていた。普通のボーカルを超えて成長したいという執念に駆られていたダルトリーは、タウンゼントに言った。「僕はトミーになれるだろうか?」

「いいんじゃないかと思った」と、タウンゼントは振り返る。「ロジャーはトミーになった。

登場人物とひとつになった。やがて、僕たちは信じられないくらい強力になった。バランスが取れたからだ。結婚のようなものだ。ただし、いい結婚だ。輝かしい日々だったよ」

とはいえ、創作活動にとっては輝かしくても、日々の生活は話が別だ。「ザ・フーは競争の上に成り立っていた」と、ダルトリーは語る。「ステージの上でも降りてからも、すさまじい競争だった」。そして、沸騰して吹きこぼれることも少なくなかった。あるとき、タウンゼントがエレキギターでダルトリーの肩に殴りかかった。ダルトリーは体を引いて構え、タウンゼントを殴って気絶させた。バンドの力関係から生じる緊張は高まるばかりで、些細な小競り合いと片づけることはできなくなった。リードボーカルがバンドのリーダーではなくなり、曲作りの中心になりバンドのビジョンを描くメンバーは、独裁的な支配は絶対的につまらないと気がついてしまったのだ。

20 「オーヴとやり合うのが好きなんだ」――対立

明確な権力は対立を抑えるが、一方で創造性を窒息させる。ペアには明確な力関係とともに、ある程度の柔軟性が必要だ。それでも2人の力学が形成される過程において、対立は不可欠な要素となる。

対立は、必ずしも悪いわけではない。

対立は、解決すべき問題であるというより、むしろ正しい振る舞いから生まれる。人が自分の役割を果たし、自分の意見を表明して、自分の見解を持つなかで、いらだつこともあれば、自分の意見にこだわることもある。考えごとをしていて遅刻する人がいれば、他人の遅刻に我慢できない人もいる。機能の向上が必要だと主張する人もいれば、製品化が先だという主張もある。

具体的な事柄をめぐる対立もあれば、プロセスに関する対立もあるだろう。対立は、公的な立場と個人的な感情の区別をあいまいにしかねない。そのような区別は厳格にするべきだと助言する指南書もある。しかし、現代の職場問題に詳しい経営学者のエイミー・エドモンドソンと心理学者のダイアナ・マクレーン・スミスによると、現実にはそのような区別はほぼ不可能だ。

対立は感情を熱くするが、感情的になると、理性的な境界線は自然と消える。議論が白熱すると不確定な要素が増え、「手元にある事実を検証しても解決できなくなる」と、エドモンドソンとスミスは書いている。そして、「異なる（ただし、当然と思われている）価値観や信念や関心」を持ち出すのだ。

TVプロデューサーのマーク・V・オルセンとウィル・シェファーは、夫婦でHBOの人気ドラマ『ビッグ・ラブ』を手がけている。2人は、ほかのスタッフに言われたら許せないような激しい言葉で口論する。筋書きなどの意見が分かれるときだけではない。「昔の話を持ち出して言い合いになる」と、オルセンは言う。「（ロサンゼルスの高速道路の）21番セクションあたりで、いつも怒鳴り合いになる」

ペアに関する私の研究のなかで、とりわけ印象深い男性作家がいる。彼は創作のパートナーを「天才」と呼び、「（彼との出会いは）人生で最高の出来事」だと語って、こう続けた。「でも、彼といると、頭がおかしくなるどころではない。ときどき彼の目をナイフで突き刺したくなる」。私がこの告白に衝撃を受けたのは、同じような表現を聞くのが2回目だったからだ（ちなみに、1回目は「はさみ」だった）。

ペアの歴史には壮大な対立の物語がたくさんある。映画監督のヴェルナー・ヘルツォークは、『アギーレ／神の怒り』や『フィッツカラルド』などの作品をともにつくった俳優のクラウス・キンスキーを「私の最高の悪魔」と呼んだ。もっとも、キンスキーがヘルツォークについて並べた言葉に比べれば、悪魔でもおとなしいくらいだ。キンスキーは回想録で、彼を「みじめで、悪意に満ち、邪悪で、しみったれていて、金の亡者で、意地が悪く、サディスティックで、陰険で、裏切りも脅迫も当たり前の卑怯な人間。何から何まで嘘だらけ」と称している。

真正面からの対決は、クリエイティブな作業に不可欠なのかもしれない。相手の考えに問題があれば、「(ジェームズ・)ワトソンは単刀直入にくだらないと言った。逆の立場のときは私も同じだった」と、フランシス・クリックは語っている。「無作法すぎると思う人もいるかもしれないが、一緒に働く人が文句なしに率直であること」はクリックにとって欠かせなかった。「礼儀正しさ」は真の協力を葬り去るのだ。

ワトソンとクリックが互いに辛辣な批評家であることは、彼らの研究に役立った。一方で、DNA構造の解明に取り組む同時代の研究者として、あらゆる意味で彼らより有利な立場にいたもう1組の科学者は、権力の力学に邪魔されて研究に没頭できなかった。1951年1月、生物物理学者のモーリス・ウィルキンスは休暇を終えて勤務先のキングス・カレッジ・ロンドンに向かった。キングス・カレッジはDNA研究の重要な拠点のひとつだった。すると、X線解析の研究室に、ロザリンド・フランクリンという若い女性科学者がいた。自分の新しい助手だと思ったウィルキンスは、研究の調子はどうかと声をかけた。『あなたの顕微鏡はあちらですよ』という返答に戸惑った」と、ウィルキンスは振り返っている。フランクリンは研究室でウィルキンスが使っていたスペースを与えられており(彼の下にいた博士課程の学生も彼女の助手として配属されていた)、彼のチームの一員ではなく独自に研究できる立場だった。彼女の採用について、ウィルキンスは研究室のJ・T・ランドール室長から何も聞いていなかった。彼女はDNAに2つの型があるという重要な発見をして注目を浴びたが、ウィルキンスとは冷戦状態が続いた。

ロンドンから北に約100キロのケンブリッジでは、ワトソンとクリックが互いに尻をたたき合っていた。「私たちの協力関係は、暗黙だが有意義な方法を確立していた」と、クリックは書いている。「ロンドンのチームには決定的に欠けていたものだ。私たちは、どちらかが新しいアイデアを提案したら、真剣に検討して、遠慮なく論破しようとする。ただし、そこに敵意はない。そのような議論がきわめて重要だった」

1953年1月、ワトソンはロンドンのウィルキンスの研究室を訪ね、フランクリンが撮影した写真を見せられた。「その瞬間、私は固まった」。それは、現在は「フォト51」として知られるB型DNAのX線写真だった。ワトソンとクリックはすでに、DNAはらせん構造ではないかと推測していたが、裏づけるデータがなかった。フォト51は、らせん状に絡み合っていることだけでなく、2本の鎖の距離がわかるくらい鮮明だった。

とはいえ、謎は残っていた。DNAを構成する4つの塩基――アデニン（A）、チミン（T）、グアニン（G）、シトシン（C）――は、二重らせん構造のなかでどのように並んでいるのだろうか。1953年2月19日の議論では、ワトソンはAとA、TとTなど同じ塩基を組み合わせるという考え方に傾きかけていたが、クリックはAとT、GとCなど相補的な結合を主張した。「どちらか1人が方向を間違えると、もう1人が修正した」と、クリックは語っている。

2月の終わりに研究室を訪れたある科学者が、水素結合のルールに従えばらせん構造内は相補的な結合になり、AとT、CとGという組み合わせになるのではないかと提案した。2月27日の夜、ワトソンはDNAの分子模型をいじりながら、リン酸基のバックボーンが内側にあるとらせんを描くのが難しいとぼやいた。そのときのことをワトソンは私に話してくれた。

「フランシス（・クリック）は、らせん構造の分子模型を構築するのは難しいことに気づき、『（リン酸基を）外側に置けばいいんだ』とつぶやいた。私はふざけた口調で答えた。『それなら楽勝だ』」

「じゃあ、やってみれば」と、クリックが言った。

翌朝、美しい二重らせん構造が誕生した。さらに、分子模型のらせんをほどくと複製をつくる仕組みも説明することができ、DNAの複製の洞察につながった。分子模型の完成にはさらに1週間かかった。その日の昼、「フランシスは（2人が通っていたパブ）イーグルに駆け込んで、生命の秘密を発見したと声をあげた」。

ロザリンド・フランクリンとモーリス・ウィルキンスは、争いこそしなかったが、口をきくこともなかった。作詞家のアラン・ジェイ・ラーナーは回想録で、ミュージカル『マイ・フェア・レディ』をともに手がけた作曲家のフレデリック・ロウとの関係が悪化したときのことを、「過ぎたるは及ばざるがごとしだった」と振り返っている。「最後のころは、ノエル・カワードの初期の脚本に登場するカップルのようだった。『あの2人は喧嘩をしているの？』『いや、不幸すぎると喧嘩にならない』」

実際には多くのペアが幸せな喧嘩をしている。たとえば、ウィルバーとオーヴィルのライト兄弟の喧嘩は容赦がなかった。「ひどい口論になった」と、機械工のチャールズ・テイラーは語る。「とんでもない言葉で怒鳴り合っていた。頭に血がのぼっていたはずだ。私が知るかぎりで最悪の口論をした翌朝、オーヴが私のところに来て、自分が間違っていたと思う、ウィルのやり方でやるべきだろうと言った。その数分後にウィルが来て、よく考えてみた、オーヴが正しいのだろうと言った。意外にも、彼らは同じことで何回も口論していたが、相手の考えが正しいと認めたのはそのときが初めてだった。

「オーヴとやり合うのが好きなんだ」と、ウィルバーは語っている。「彼は喧嘩がうまい」

奇妙に聞こえるかもしれないが、辛口の攻撃を楽しむことは、互いに相手の機嫌をとって和気あいあいと過ごすことに比べて、必ずしも人間関係のスキルが劣っているわけではない。むしろ、同じ種類の喜ばしい関係かもしれない。テキサス大学の心理学者ジェームズ・W・ペネベーカーが往復書簡の言葉について調べたところ、対立を強くにおわせる言葉が増えると、親密さを示す表現も増えることがわかった。あなたがすぐに口論になる相手も、いちばんの親友ではないだろうか。

対立は、社会的な遊びのひとつでもある。人間にかぎらずさまざまな動物にとって、社会的な遊びは楽しさと親密さを生む。動物のなかには、「五分五分のルール」に従っているように見える対立行為もある。どれだけ力の差があるとしても、どちらも同じくらい勝ったり負けたりするように競い合うのだ。

クリエイティブ・ペアの場合、社会的な遊びの基本は気さくな冗談を交わすことだと、C・S・ルイスは自伝『喜びのおとずれ』で書いている。「彼の異端を正そうとすると、彼は私の異端こそ正してやろうと思っている。激しい喧嘩になると毎晩、遅くまでまくしたてる。一緒に美しい田舎道を歩いていても、互いに目を合わせようとさえしない。相手の拳の重さはよくわかっている。友人というより、尊敬し合う敵同士のようなときも多い。そのときはわからないのだが、互いの考えを修正し合っているのだ。このような永遠のいがみ合いから、心のつながりと深い愛情が生まれる」

ただし、状況を知らない人には激しい喧嘩に見えるときもある。女性解放運動に取り組んだエリザベス・キャディ・スタントンの娘マーガレットは、母親とスーザン・B・アンソニーが背中を向け、別々の方向に歩きだした光景を覚えている。「40年間の美しい友情が、ついに終わりを迎えたのだと覚悟したとき、2人が腕を組んで歩きながら戻ってきた……そして、決裂したその場所から仕事を再開した。まるで何もなかったかのように……言い訳も謝罪もせず、涙も流さず、穴埋めをしようとさえしない」

対立は、その最中は喜べなくても、中長期的に新しいものを生み出すかもしれない。たとえば、対立は視点の違いを浮き彫りにするが、視点の違いは、解決すべき問題を迅速に見つける際に役に立つ。

結婚について研究しているジョン・ゴットマンによると、否定的な言葉1つにつき5つの肯定的な言葉を交わす夫婦は長続きする。コンサルタントのマーシャル・ロサダと経営学者のエミリー・ヒーフィが仕事のチーム内で肯定的な発言と否定的な発言を計量化したところ、パフォーマンスが高いチームは、否定的な発言1回につき肯定的な発言が約6回あった。パフォーマンスが中程度のチームは、否定的な発言1回につき肯定的な発言が2回。パフォーマンスが低いチームは肯定的な発言1回につき否定的な発言が3回だった。

このような計量化の正確さについては議論もあるだろうが、重要なのは、否定だけでなく適度な肯定も必要だということだ。ただし、クリエイティブな作業は肯定と否定の区別がつきにくい。

否定的なやり取りが、肯定的な結果につながるかもしれない。批判や反論は、最初はハチに刺されたような痛みでも、時間が経つと注射針に刺されたようなものだと思えるかもしれない。瞬間の痛さは同じだが、その後に起きたことを併せると治療のようにも感じるのだ。ゴットマンのある研究では、結婚した当初に喧嘩が少ないカップルのほうが、喧嘩が多いカップルより結婚生活が幸せだと答えた。しかし、3年後に再調査をしたところ、喧嘩が少ないカップルのほうが離婚したか離婚を考えているケースがはるかに多く、喧嘩が多いカップルはぶつかり合いながらも、ともに問題を乗り越える傾向が強かった。

ゴットマンによれば、対立と軽蔑を区別することが重要だ。対立は雨のようなもので、家の骨組みには問題がなく、庭には恵みとなる。一方で軽蔑は、家の基礎をむしばむシロアリだ。さらに、家には「修理」が必要だ。壁を塗り替えなくても、部屋の雰囲気を少し軽くするだけでいい。ゴットマンは、車の購入をめぐる夫婦の口論を例に挙げる。オリビアはミニバンが欲しい。ナタニエルはジープに乗りたい。2人は以前にも同じことでもめた。話し合う声が大きくなったとき、ふと空気が変わった。「オリビアは腰に両手をあてて舌を突き出した。4歳の息子にそっくりだ。ナタニエルは妻がそろそろ息子の真似をするだろうとわかっていたから、先に舌を出していた。そして、2人は声をあげて笑いはじめた」

修理は、意図や目的を2人が共有しているという合図になるだろう。嵐が起きたから救命ボートに乗り移るのではなく、水漏れの箇所を修理しておくことが肝心だ。2人の関係をここまで運んできたボートに乗りつづけることに意味がある。

どんなことにも裂け目があるかもしれない。レナーエンの歌詞（「Anthem」）のとおり、そこから光が差し込むためだ。ペアが秘める可能性は、性格や流儀、バックグラウンド、考え方における根本的な違いから生まれる。2人の違いを関連づけるためには努力が必要だ。狭義の権力や修理の負担は、どちらか1人に偏るかもしれない。しかし、真のクリエイティブ・ペアはつねに、互いに手を伸ばしている。

ペアにとって最も邪魔なものは、完全な安定だ。そのことをライト兄弟は、創造の過程だけでなく結果でも証明している。彼らが実家や2人で営む自転車店で口論ばかりしていたころ、世界中で多くの科学者が空を征服しようと努力していた。1896年にサミュエル・ラングレーという著名な天文学者が、ポトマック川の上空で自作の無人飛行機を飛ばした。カタパルトから発射した飛行機は1キロ以上、飛行した。

ラングレーの次の目標は、50馬力のエンジンを製造することだった。仮説では、頑丈な機体に強力なエンジンを搭載して上空に打ち上げればいい。彼を含む著名な専門家は、ボートに近い飛行機を想像していた。舵で操縦し、エンジンで前進させるために、ラングレーは機体の安定が何よりも重要だと考えた。ポトマック川の水上で実験を繰り返したのは、穏やかな風が絶好の条件だったからだ。彼が飛行機の開発に投じた費用は総額5万ドル。今の時代なら130万ドルに相当する。

一方で、ライト兄弟の実験費用はわずか1000ドル。飛行機のエンジンは12馬力しかなかった。ラングレーと違って、専門的な技術者の支援も十分ではなかった。最初の飛行実験に向けてライト兄弟は米気象局に手紙を出し、全米各地の風の情報を集めた。条件に合う強い風が吹く地域のうち、ノースカロライナ州のアウトバンクスは広くて平らな砂地があり、人家もまばらだった。彼らはライトフライヤー号を携えてキティホーク郊外の砂丘に向かった。

ライト兄弟が世界初の有人動力飛行に成功したのは、2人の役割分担にふさわしい技術的な原則を取り入れたからだ。上空で機体を維持するカギは、強力で頑丈な機体をつくることではないと、彼らは見抜いていた。柔軟性が必要なのだ。上空は風が強く、状況がつねに変わるから、機体と操縦士は簡単な操作で素早く適応しなければならない。固定された安定ではなく、動的な安定が不可欠だ。そして、動的な安定を実現するカギは、不安定さを受け入れることだった。

21　アルファとベータ——ヒッチコックのパラドクス

ペアの力関係に不可欠な柔軟性は、さまざまなかたちで見てとれる。どちらか1人が容赦のない支配を試みる極端な例として、アルフレッド・ヒッチコックは伝説的な存在だ。1961年にヒッチコックはティッピ・ヘドレンという31歳の無名のモデルと出演契約を結んだ。彼女はテレビドラマの通行人のような役だろうと思っていた。ところが、次回作『鳥』の主演だというではないか。

「まったく初めてで難しい経験だった」と、ヘドレンは語っている。「大変すぎて反応が過剰になり、言われるままに動いているときもあった」。スクリーンテストで一緒になった俳優のマーティン・バルサムは、彼女はとても不安げで、自信がなさそうだったと語る。「それでもすべての台詞と動きを研究して、すべてをこなそうと懸命だった」

まっさらな白紙で、熱意にあふれ、とにかく従順な女優——まさにヒッチコックが求めていたものだ。「私は彼女のあらゆる表情をコントロールした。私が指示したこと以外は、いっさいさせなかった。すべて私がコントロールしていたのだ」。ヘドレンが何を着て、何を食べ、誰と会うかも指図するようになった。彼女のすべてを監視するため、スタッフに尾行もさせた。

これがヒッチコックのやり方だった。『めまい』にキム・ノヴァクを起用したときは、彼女を自宅に招き、あらゆる話をした――ただし、彼女が知らない話題ばかりを選んで。「その日の夕方には、彼女はヒッチコックの望むとおりになっていた」と、『めまい』のプロデューサーは振り返る。「素直で、服従的で、少し困惑している女優になっていた」

ヒッチコックはモンスターだという解釈で片づけたくなるが、多くの業界で、暴君に近い権力を振るうリーダーはめずらしくない。ヴォーグ誌の編集長アナ・ウィンターは、「ニュークリア・ウィンター（核の冬）」とも呼ばれる。『トゥルーマン・ショー』『ノーカントリー』など数えきれないほどの話題作を手がけてきた大物プロデューサーのスコット・ルーディンは、5年間で250人のアシスタントをクビにしたと報じられた（本人によると119人だ）。今は食べたくない味のマフィンを持ってきたという理由で、クビにしたこともある。すぐにオフィスの電話機を投げつけるので、アシスタントたちは電話のコードの長さを確認していた。「新入りは彼の近くに立ちすぎる」と、あるアシスタントはジャーナル誌に語っている。

ニュースクール大学経営学部教授のマーク・リプトンによると、先見の明があって尊敬を集めているリーダーには、理不尽ないじめや癇癪など、9歳の子供のような振る舞いがよく見られる。多くのCEO（最高経営責任者）は振る舞いがひどく、精神病理学の典型的な症状がうかがえる。「彼らを救っているのは、そんな彼らがリーダーとしてやっていけるのは、副官や配偶者など彼らのそばにいる人たちのおかげだ」

彼ら「アルファ」が成功するためには、服従しながらともに歩む「ベータ」が必要だ。アルファとは完全に非対称を描きつつ、創造的な影響力を感じさせる存在だ。精神分析学者のマイケル・マコビーによると、先見の明のあるナルシシストは、彼が「生産的な強迫型人格」と呼ぶ相棒に大きく依存している。相棒はナルシシストの要求に敏感でなければならないが、必要なときは抵抗する。アップルの草創期に、スティーブ・ジョブズはスティーブ・ウォズニアックに対し、ハードウエアの仕様を変えてコンピュータをもっと小さく、もっと手頃な価格にするべきだと主張した。ウォズニアックが「そういうコンピュータが欲しければ、自分でつくれ」と言い返すと、ジョブズは引き下がった。ウォルター・アイザックソンによると、ジョブズの一流のパートナーたちは、彼に「敬意を払う」一方で「言い返す」こともできる「微妙なバランスを維持していた」。ジョブズの下でCOO（最高執行責任者）を務めたティム・クックは次のように語っている。「自分の意見を言わなければ彼にたたきつぶされることは、すぐに理解した……反論することに抵抗を感じるなら、（ジョブズの下では）生き残れない」

「アルファの下で働くには、精神的にタフでなければならない」と、エグゼクティブ・コーチのエディ・アーランドソンは言う。「ただし、アルファは相手を支配したいと思うのと同じくらい、効率的に仕事をしたいと思っている。反論されれば腹を立てるかもしれないが、彼らは反論を必要としている」

そのような反論は、ベータにアルファとの戦いを放棄させる結果になるかもしれないし、対等にやり合うエネルギーと意志と才能を呼び起こすかもしれない。ヒッチコックは、ある女優を選び、孤立させ不安にさせた。彼が承認するそぶりを見せないと、彼女は回し車のなかで走りつづけるハムスターのようにがむしゃらになる――私に気がついて、私をほめて。それがヒッチコックの典型的なパターンだった。「彼は私を完全にコントロールしていた」と、女優のジョーン・フォンテインは語る。「彼はつねに私を不安な状態にしようとした。彼自身の喜びのために。自分以外は誰も私のことなど認めていない、自分以外は誰も私が好きではない、自分以外は誰も私のことをよく言わない。ずっとそう言われていた」

フォンテインは自分の足もとを見失いかけたかもしれないが、うまく立ち直った。1940年の『レベッカ』と41年の『断崖』でヒッチコック作品に主演し、2年連続でアカデミー主演女優賞にノミネート。41年にオスカーを手にしている。

とはいえ、虐待と呼べそうな状況から、どのようにして創造的なものが生まれるのだろうか。たとえば、こんなふうに考えられるかもしれない。アルファが暴君のように振る舞い、服従者の恐怖心を引き出すことによって、服従者は主を喜ばせよう、満足させようと必死になるか、あるいは立ち向かおうとする。ウィリアム・ジェイムズが言うように「闘争の衝動」が刺激され、「好戦的な意欲とプライド」がかきたてられるのだ。そして、それが優れた仕事につながる。だからこそ、虐待されても、また一緒にやりたいと思うのだ。自分がやらなければ、次の誰かが待っている。

ヒッチコックも俳優に事欠かなかった。主演の男女を手錠でつなぎ、鍵をなくしたと言って1日近くそのままにしたこともある（実際はスタジオの守衛に預けていた）。そして、彼の究極の支配を物語るエピソードのなかでも、『鳥』のクライマックスシーンの撮影に勝るものはない。ティッピ・ヘドレンが無数の鳥と屋根裏に閉じ込められる場面は、模型の鳥を使うことになっていた。ところが現場に行ってみると、セットの部屋を生きた鳥が飛び交っていた。撮影は1週間続いた。「人生で最悪の1週間だった」と、彼女は語っている。「毎日、あと1時間、あと1回だけと言われ、自分にもそう言い聞かせた」。ヒッチコックは彼女の衣装に輪を縫いつけさせ、鳥をその輪につないだ。彼女の恐怖と疲労の極限と究極の服従は、演技する必要さえなかった。

撮影中にヘドレンは肉体的にも精神的にも打ちのめされ、主治医が1週間の休息を指示した。1週間後、彼女は現場に戻り、最後まで撮影をやり通した。これこそ、究極のアルファと仕事をする究極のベータだ。彼らはアルファのもとに戻ってくるのだ。ヘドレンによると、『鳥』に続いて『マーニー』に出演したとき、ヒッチコックは彼女に性的関係を迫った。「そのときだった。3年のあいだ必死にあらがおうとしたけれど、もう十分だと思った。これが限界、これで終わり」。ヒッチコックはそれ以上、彼女に仕事をさせることはできなかったが、彼は最後まで究極のアルファだった。専属契約の残り3年間、彼女を解放しなかったのだ。

究極のアルファが抱える究極の矛盾は、彼らも誰かに支配されている場合が多いことだ。これについては「主演俳優と監督」の役割分担の説明でも触れた。デザイナーのヴァレンティノ・ガラヴァーニは、尊大な態度で自分の意見を曲げない典型的なアルファだ。ただし、パートナーであるジャンカルロ・ジアメッティとの関係は、ジアメッティが支配する側だった。作家のガートルード・スタインは、同性のパートナーだったアリス・B・トクラスのアイデンティティを利用して(彼女の名前で文章を書くときもあった)自分を都合よく演出した。しかし、ニューヨーク・タイムズ紙のトクラスの死亡記事によると、「2人のサロンの主はミス・スタインだったが、ミス・トクラスがミス・スタインに命令しているように見えた」。1935年にスタインが船上で共同インタビューを受けたときのことを、ニューヨーク・ヘラルド・アンド・トリビューン紙は次のように伝えている。「部屋の入り口に、ミス・トクラスの華奢ながら威圧的な姿が見えた。『こちらにいらっしゃい』。ミス・トクラスが冷酷な甘い声で言った。『ゲストの皆さんにお別れを。もうお帰りのようですよ』。ミス・スタインは立ち上がり、廊下へと駆けて行った」

主演俳優は、尊大ですべての権力を掌握しているように見えるかもしれないが、それは心の奥底の不確かさの表れでもある。そんな彼らが、自分にひそかに自信を持たせてくれる人と結びつくのは自然なことだ。表の顔となる人は、主導権を握っていると思われる必要があるかもしれない。それが仕事であり、そう思われることも才能だろう。しかし、本人は先導してくれる人をいつも見つめている。

ヒッチコックは、この矛盾の最たる例でもある。彼の妻アルマは作品に関する「最終的な権限の持ち主」だと、伝記作家のドナルド・スポトは書いている。ヒッチコック夫婦と親しかった女優のエリス・ランドルフも、「彼女が彼のボスだった」と語っている。

アルファとベータの力学は、悲惨なものばかりではない。誰もがボスになりたいわけではないのだ。「私はナンバーツーのプロだ」と、再生エネルギー会社リニューアブル・チョイスの共同創業者クリス・ロトライカーは私に語った。「私が一緒につくりあげたビジョンを、世の中に売り込む才能のあるカリスマがいて、私が彼を支えるというかたちがいちばん力を発揮できる」。CEOのクエール・ホデックは、ロトライカーを「最高の友人でパートナー」と呼ぶ。彼によると、2人の関係がうまくいっているカギのひとつは、どちらが最終的な意思決定者かという点があいまいではないことだ。

クリエイティブな作業をともにするペアの戦略として、もうひとつよく見られるのは、権威を個人に属するものではなく立場に伴うものと捉えることだ。『サウスパーク』の番組について最終的な判断を下すのはトレイだが、ビジネスの契約はマットが中心になる場合が多い。編集者と私は、文章に関して意見が分かれてまとまらないときは私に決定権があるが、本の表紙については編集者に決定権がある。権力は、パートナーそれぞれの役割を説明しているにすぎない。

懸案事項に対し、より強い感情を持つパートナーに従うことによって、対立を解決するペアもいる。私がインタビューをしたあるペアは、権力の分担を話し合うためにカップルセラピーに相談していた。夫のW・ブルース・キャメロンと映画を制作するキャスリン・ミションは、「私たちも普通のカップルと同じように喧嘩をするわ。でも、撮影スタッフの前ではできない」と言う。予算はブルースが管理しているため、カネに関する問題は彼に権限がある。ただし、私が話を聞いたときに2人が手がけていた映画は、キャスリンが書いた本が原作だったから、登場人物の台詞とストーリーは彼女が決めた。「それぞれの責任と権限の分野を明確にしたのよ。軍隊方式ね。映画の撮影現場は軍隊みたいなものだから」

意外にも、権限を厳格に分割するほうが、実際は柔軟に対応できる。リニューアブル・チョイスの共同創業者は、表向きはロトライカーが副官だが、日常的な経営判断を下すのもロトライカーだ。2人の意見が割れれば、いつ関係が終わってもおかしくないと意識しているからこそ、不一致が生じても過剰に対立しなくなり、自分は相手の判断に従いやすくなったと、ホデックは語る。

ペアの2人がそれぞれ生まれながらのアルファという場合は、役割を交代する戦略も有効かもしれない。エグゼクティブ・コーチのケイト・ルードマンとエディ・アーランドソンによると、組織には基本的に複数のアルファがいる。それぞれのアルファが、自分の強みが「指揮官」なのか「ビジョナリー」なのか、あるいは「戦略家」や「遂行者」なのかを明確にするのだ。

従属的なアルファというのも興味深い存在だ。攻撃的で独裁的にもかかわらず、パートナーに引っ張られているアルファだ。ラルフ・アバーナシーはマーティン・ルーサー・キング・ジュニアに従う一方で、ほかの人々には傲慢なほどの態度を取った。ヴィンセント・ヴァン・ゴッホは生活のすべてを弟のテオに頼りきっていたが、究極の支配者は兄だった。スザンヌ・ファレルは、踊りのパートナーに対してはときどき支配的な顔を見せた。

ジェームズ・ワトソンは、フランシス・クリックとの関係で自分は「つねに弟」だったと語っている。ただし、クリックのほうが競争心は弱いように見えた。ホレース・フリードマン・ジュドソンによると、クリックには「科学界で友情を築く才能」があり、「多くの生物学者と共同研究を行って、彼らの思考を取りまとめながら、対立を仲裁し、結果の理解と説明を促した」。一方のワトソンは、競争心旺盛な研究者として知られるようになった。彼に言わせれば、競争は「科学を支配する動機だ。最初からすべては競争だ。先に論文を発表して先に教授になれば、自分が何かを達成したという評判が未来を築く。単純な話だ。競争力は実に支配的な力だ。科学における重要な感情だ。二番手は、自分にも同じことができると証明しなければならない。これも単純な話だ」

ワトソンは人生で6回か7回、「失敗したら仕事を失うという状況に自分を追い込んだ」ことがある。そのような思いに駆り立てられなければ「誰かに追い越されるだろう」。ハーバード大学の生物学教授を務めていた時期には、著名な科学者のE・O・ウィルソンから、これまで一緒に仕事をしたなかで「最もむかつく人間だ」と評された。

クリックとともに1年半足らずで生命のメカニズムを発見した後、二度と一緒に研究をしなかったのはなぜか。私はワトソンにそう聞いてみた。

「フランシスと一緒にいるとボスにはなれない。ところが、私はボスでいたいんだ」

「クリックは、あなたが二番手に甘んじる唯一の相手なんですか」

「そのとおりだよ」

22 「マッカートニー・レノンはどうかな？」──権力のダンス

従属的なアルファという矛盾した存在が、レベルの高いクリエイティブ・ペアに少なくないことは、直感的にわかるだろう。絶対的なアルファの存在は、明確なパートナーシップの基本となる。しかし、そこに2人目のアルファ──従うのは自分のパートナーに対してだけだが、アルファの典型的な性格とは明らかに違う振る舞いが内側からエネルギーを生み出す──が加わることによって、2人の力学に意外さという可能性が注入される。

このことに気がついたとき、私は腑に落ちた。だからこそ、ジョン・レノンとポール・マッカートニーの偉大な成功と偉大な混乱は、1つのダンスを形成しているのだ。疑い深い見方と本物の同盟関係が並走し、親密だからこその確執と、競争心にあふれた愛情が混じり合う。

ダンスというたとえには、言葉どおりの意味もある。2人の関係は安定したテンポで一定のステップを繰り返していた。実際のダンスでパートナーが近づいたり離れたりするように、2人の基本的な動きは挑発と和解だった。ただし、先導する者が追随する者に導かれるという明らかな逆転現象もあった。

ソングライターとして、バンドのリーダーとして、レノン・マッカートニーの創造的なパートナーシップには2つの頂点があった（それぞれの頂点の前後も、素晴らしいとしか言いようがないのだが）。すなわち『サージェント・ペパーズ・ロンリー・ハーツ・クラブ・バンド』と、『ザ・ビートルズ』（通称『ホワイト・アルバム』）だ。これら2枚のアルバムは対照的で、携わったミュージシャンやプロデューサー、エンジニアにとってもまったく違う経験となった。音楽の世界では、『サージェント・ペパーズ』はジョンとポールの調和の絶頂と考えられている。一方の『ホワイト・アルバム』は、ポールが「テンションのアルバム」と呼んだとおり、不調和の絶頂に思える。

ただし、調和と不調和はペアのなかで混じり合っている。対立（とそれに伴うあらゆる感情）は協力以上に、創造にとって不可欠な要素なのだ。

たいていの物語は敵味方の明確な境界線があり、有限の勝負が1つか2つ繰り広げられる。このような物語は直線的に展開する。実際に、台本に線を引いて場面を分けることもできるだろう（脚本家が筋書きを整理するときに、よくやる方法だ）。旅が始まり、困難に直面して、勝ったり負けたり、そして壮大な変化がもたらされる。

これに対し、レノン・マッカートニーの関係は直線というよりらせん状の旋回で、複雑な上昇パターンを繰り返した。2人の協力と競争が素晴らしい成果をあげた後期のダンスを理解するために、時代を追って彼らのパターンを見ていこう。

1957年に、ポールはジョンがリーダーを務めるバンドに加わった。その力関係を受け入れたのは、政治的な抜け目のなさでもあるが、ジョンに従うのが自然だと気がついたからでもある。「当時、ポールはジョンの気を引こうと躍起になっていた」と、シンシア・レノンは書いている。「髪を後ろになでつけ、ポーズを決めて、気取って歩き、クールに見せようとした……(ジョンは)ポールがなりたい先輩そのものだった。落ち着いていて、自信たっぷりで、仲間を仕切っている。まだ学生だったポールは、ただただ憧れた」

出会いから数カ月間、ポールはジョンにギターのコードを教え(ジョンはバンジョーのコードでギターを弾いていた)、曲作りの腕を磨くために協力し、やがてバンドについて提案するようになった。バンドのリーダーはジョンだったが、ポールとジョンが2人でユニットを組んでいるようなものだった。ポールはジョンの代理として行動するようになり、自らバンドの広報担当を買って出た。

当時のポールの立場に大きな可能性と脆さを感じるのは、ジョンがどこまで彼を自由にさせるつもりなのか、はっきりわからなかったからだ。ハンブルク時代にジョンは象徴的なパフォーマンスを始めた。ステージの中央でポールが甘い声で歌っているあいだに、そっと後方に回り込み、わざと顔をしかめて見せたりするのだ。あるいは、歌の途中でポールが真面目な台詞を語っているさなかに、ジョンが演奏を止めさせた。「本当に不愉快だった」と、ポールは語っている。「とくにジョンは。彼らはステージで僕を笑いものにした」。ジョンは自分がボスだとポールにわからせたのだ。

このハンブルク時代に、2人の立場はさらに複雑になった。表面的にはポールがリーダーだと思われていると、彼らの友人で写真家のアストリッド・キルヘルは語っている。「ファンの人気は絶大だった。ライブでしゃべるのも、バンドを代表して語るのも、たまにサインをするのもポールだった」。ビートルズがパーロフォン・レーベルのオーディションを受けたとき、プロデューサーのジョン・マーティンは、1人のリーダーを中心としたロックバンドになると考えた。ポールが天性のバンドリーダーだ、と。

しかし、メンバーにとって、権力の中枢が誰かは疑いようがなかった。「もちろん、ジョンがリーダーだった」と、キルヘルは言う。「彼は圧倒的に、最強だった」

ポールは、ジョンを前面に出して自分は一歩下がるだけでなく、ジョンに対する敬意をはっきり示していた。ビートルズが初めてラジオ番組のインタビューを受けた際、DJのモンティ・リスターが各メンバーに担当する楽器を質問した。ジョージ・ハリスンが「リード・ギター」と答えると、リスターが確認した。「つまり、あなたがグループのリーダーということ?」

「いや、そうじゃなくて。ええと……もうひとつのギターはリズム。チャン、チャン、チャン、という感じかな」

そこにポールが割って入った。「彼はソロギターなんだ。リーダーはジョンだよ」

もっとも、実際はポールがリーダーとなる場面も少なくなかった。ポールの弟マイケルは兄の「天性の交渉センス」について、1964年のある一件を挙げる。「シー・ラブズ・ユー」と「抱きしめたい(アイ・ウォント・トゥ・ホールド・ユア・ハンド)」をドイツ語で録音することになり、バンドが滞在していたパリでスタジオが手配された。しかし、メンバーは約束の時間に現れず、ジョージ・マーティンはジョージVホテルへ迎えに行った。彼らは猿芝居のように騒ぎ、テーブルの下に隠れた。

「行くのか、行かないのか？」と、マーティンが聞いた。

「行かない」と、ジョンが答えた。ジョージとリンゴも同調した。ポールは何も言わなかった。マイケルは次のように振り返る。「少ししてから、ポールがジョンに言った。『君にはわかっているんだろう？　こんなことをして何になる？』。ジョンはじっと聞いていた。そして、少し考えてから言った。『そうだね』」。彼らはスタジオに向かった。

この決断をめぐる主導権は、どのように推移したのだろうか。ジョンが録音には行かないと宣言して、考えを翻し、いずれもメンバーは彼に従った、とも考えられる。しかし、実際に流れを変えたのはポールだ。ジョンとの直接対決を避けたことが、彼の操縦能力を際立たせている。「ジョンは4人のなかでいちばん声が大きかった」と、ビートルズのマスコミ対応を手助けしたトニー・バローは言う。しかし「最も説得力があるのはポールだった。ブライアン・エプスタインと本当の意味で渡り合えるのは彼だった。ジョンは騒ぐだけで、自分の主張を通せない。そこにポールが登場して、ジョンの言うとおりだとブライアンを説得した」

ペアは、それぞれ独自の権力のダンスを踊る。踏み込んだかと思えば身をかわし、1歩下がって回転する。その振り付けは、人生のダンスそのものだ。ジョンとポールのステップはこんな具合だった。

1　ジョンが主導権を握るが、相手を受け入れる姿勢を示す。

2　ポールが攻撃的になり、堂々と前に出るが、最後は恭順を示す。
3　ジョンの支配が確立し、ポールは自分が得意な分野に足を踏み出してリードを取る。バンドを率いるのはジョンだが、そのジョンをポールが率いる。ジョンに助言し、教え、代わりを務める。
4　ジョンが（たいていは突然に）行動を起こし、再びポールを支配する。

ジョンが主導権を取り戻す過程を知るために、彼らの共同作業のクレジットに注目してみよう。2人で作った曲の権利を共同で所有することはすぐに決まった。問題はクレジットの表記だ。ビートルズ研究で知られるマーク・ルイソンによると、1962年に作成された契約書は、曲ごとに貢献度の高いほうの名前を先にするという考え方にもとづいていた。これにより、デビューシングルの「ラブ・ミー・ドゥ」と「P・S・アイ・ラブ・ユー」は、音楽出版社との契約書はマッカートニー、レノンの順になっている。1963年に発売された最初のアルバム『プリーズ・プリーズ・ミー』に収録されたオリジナル曲も、すべて「マッカートニー・レノン」のクレジットが記載されている。

しかし、ジョンは気が変わった。彼とブライアン・エプスタインはポールに、今後は「レノン・マッカートニー」にしようと言った。

ポールのさまざまな発言を見ると、彼は明らかに不意打ちを食らったと思っていた。「うーん、マッカートニー・レノンはどうかな？　僕はそう言ったんだ。すると彼らは、レノン・マッカートニーのほうが語呂もいいと。だから、マッカートニー・レノンのほうがもっと語呂がいいと言い返した」

結局、ポールは提案を受け入れた。「僕が引き下がった」と、レイ・コールマンに語っている。

2人の関係がどのように発展し、どのように苦しんだかを理解するうえで、このやり取りは見逃せない。2人のダンスのパターンだけでなく、権力に対する複雑な気持ちの変化を示唆しているからだ。ペアの関係の複雑さと、2人がそれぞれ矛盾も含めた複雑さのかたまりであるという事実は切り離せない。個々の性格が人間関係を形成し、個々の性格は人間関係によって形成される。

ジョン・レノンは並外れて支配的な人間だったにもかかわらず、他人との関係に同じくらい極端なほど依存していた。彼は幼いころから、あらゆる状況で自分がボスでなければ気が済まなかったが、孤独には耐えられなかった。「ジョンほど強くて個性的な人に会ったことはないが、彼はいつもパートナーを必要としていた」と、親友のピート・ショットンは語っている。ジョンは、誰かがそばにいなければ自分という存在を感じることができなかった。友人に荒々しい態度を取り、冷酷な素振りも見せたが、彼らが去っていくことには耐えられなかったのだ。

ジョンは、究極の支配と究極の従属のなかに生きていた。

ポールも彼なりの矛盾を抱えていたが、ジョンの矛盾とは正反対だ。表面上は、ポールはいつも愛想が良くて相手に敬意を払い、魅力的で、周囲に合わせることを少しもいとわなかった。しかし、このような振る舞いは頂点に立ってやるという決意を隠すためのもので、心の奥底にある孤独を見せようとはしなかった。ジョンは自分の攻撃性をことさら誇示しようと努め（弱さを隠そうと必死になる場面も多かった)、ポールは自分の攻撃性をことさら隠そうと努めた。子供のころ両親に腹を立てたときは、こっそり両親の部屋に入り、レースのカーテンの端をむしりながら「あっちが悪いのに」と思っていたと、ハンター・デイヴィスに語っている。世間では愛想が良くて外交的な性格だと思われていたが、彼をよく知る人々は、「なかなか理解できない」「支配的だ」と語る。

ポールが後年になってから、クレジット問題に繰り返し言及していることも示唆的だ。インタビューで何回もこの話に触れており、クレジットの順番を変えようと試みている。「イエスタデイ」など一部の曲については、自分の名前がジョンの後ろにつくことが「少し腹立たしい」と認めている。結局はあきらめて「気にしないことにした」とも強調しているが、明らかに本心ではない。本当に気にしていないのなら、何回も蒸し返さないだろう。あるインタビューでは、レノン・マッカートニーに統一しようと言われて以来、むしろ曲ごとにクレジットを変えるべきだと思うようになったと語っている。あるいは、最初の話し合いのときに「今回は(レノン・マッカートニーに)するが、将来いつでも公平なかたちに変えればいい」と言われたと、主張するときもある。

1990年代半ばに行われた「ザ・ビートルズ・アンソロジー」のためのインタビューでは、とりわけ多くの裏話を語っている。たとえば、クレジットの方針が固まる前の1963年に、ジョンとブライアンは休暇でスペインに行った。この旅行は性的な冒険だったと暗にほのめかされることが多く、ジョンもブライアンとは性的な接触があったと何回か認めている。「ジョンは賢い男だった」と、ポールは語る。「ブライアンはゲイだった。ジョンは、グループのボスであるミスター・エプスタインにとりいる機会を逃さなかった。だからブライアンと旅行に行ったのだろう……彼はそういう男だ。ブライアンに、誰の言うことを聞くべきかを訴えたかった。それが人間関係というものだ。そういう点で、ジョンはまさにリーダーだった。あまり知られていない一面だけど」

ジョンとポールの関係については、語られていないことが多い。しかし、彼らが互いにどんな話をしていたか、互いに相手をどんなふうに理解していたかは、あまり重要ではない。ダンスのたとえが示唆するように、重要なのは2人がどのように動きを合わせてターンするかだ。

ジョンがクレジットで自分を先にすると主張しはじめたのは、1963年から65年ごろにかけてで、ちょうど自分はソングライターだと強調していた時期でもある。この時期にジョンとポールはどちらもヒット曲を作ったが、ジョンのほうが少し優勢だった。ジョンは、曲作りに関して最初はポールの後輩だったが、逆転したと思っていた。一方のポールは、自らの腕を磨いて応戦した。こうして2人は成長しつづけた。

ここで、本書の冒頭の場面に戻ろう。ジョン・レノンとポール・マッカートニーの小気味よい化学反応が、2人の関係をかたちづくる瞬間だ。1967年3月29日、2人はロンドンのキャヴェンディッシュ通りに面したポールの自宅の仕事部屋にこもっていた。5時間近くかけて、新曲の歌詞がほぼ完成した。次のアルバムでリンゴ・スターがボーカルを務める曲だ。アイデアを出し合い、ギターやピアノを鳴らしながら、ときどき脱線してハンブルク巡業時代の歌で盛り上がった。このときポールは、のちに「フール・オン・ザ・ヒル」になる曲のメロディを初めてジョンに弾いて聞かせた。

ポールの自宅からアビー・ロードのEMIのスタジオまでは、車で数分の距離だった。ジョン、ポール、ジョージ、リンゴがスタジオに集まり、午後7時ごろから録音が始まった。「ウィズ・ア・リトル・ヘルプ・フロム・マイ・フレンズ」の10テイク目が終わったのは午前5時4分。その翌日に再び集まり、マイケル・クーパーが写真を撮影した。ひと昔前のバンドマン風の衣装は、黄色（ジョン）、ピンク（リンゴ）、ターコイズ（ポール）、赤（ジョージ）。ピーター・ブレイクとジャン・ハワースがデザインした背景には、マリリン・モンローやカール・マルクス、スチュアート・サトクリフなどの写真を切り抜いたパネルが並んだ。『サージェント・ペパーズ・ロンリー・ハーツ・クラブ・バンド』のジャケット写真だ。

「あれが頂点だった」と、ジョンは語っている。「ポールと僕が間違いなく一緒に作ったアルバムだ。『ア・デイ・イン・ザ・ライフ』は、まさに2人の曲だ」。まさに、2人のパートナーシップの単一性と多様性が1つの曲に凝縮されている。ただし、2つのかけらが1つに合わさったのではない。1つの曲に2つの異なる側面があり、ともに発展して互いをかたちづくる。その感覚について、ジョンは1968年に、「ときどき曲のさわりを聞かされるだけで、互いに触発される」と言った。その後も次のように語っている。「何かいいフレーズを思いつく。たとえば、『きょう、新聞を読んでいたら』。そこはすんなり行く。やがて壁にぶつかって進まなくなると、これじゃないなと思う。2人で会ったときに僕が途中まで口ずさむと、彼が刺激を受けて続きを書く。その次は僕の番だ」

「ア・デイ・イン・ザ・ライフ」で、2人は違うドアから同じ部屋に入っている。ジョンのパートは何気ない日常の驚きを抽象的に見つめている。あいだにはさまれたポールのパートは、日常を淡々と見つめているうちに驚きと抽象性に気づく。

『サージェント・ペパーズ』の制作は1966年11月から翌年4月まで続いた。エンジニアのジェフ・エメリックによると700時間以上スタジオにこもり、すべての曲がポールとジョンのセッションから形になっていった。「ルーシー・イン・ザ・スカイ・ウィズ・ダイヤモンズ」は、ジョンが息子ジュリアンの描いた絵を見てひらめいた。ポールにもその絵を見せ、2人は『不思議の国のアリス』のような想像の世界を描けそうだと思った。ポールは次のように語っている。「僕が『セロハンの花』『新聞紙でできたタクシー』と思いつけば、ジョンが『万華鏡の目』と返す……僕たちのあいだを言葉が行き交った。いつものように」。「ゲティング・ベター」は、ポールが「いい感じになってきた」と歌えば、「ジョンは『悪くなることはない』と受けて、僕は最高じゃないかと思う。だからジョンと歌を作るのは楽しくてたまらない」。

重要なのは、2人がとてつもない攻撃的なエネルギーを創造的な作品のなかに吐き出せるかどうかだ。そこが、対立によってうまく機能するペアと、対立に苦しむばかりのペアの決定的な違いでもある。緊張を飼い慣らすように、2人のあいだに存在する敵意を作品に変えて、より深い親密さと創造性の源に変える。

パフォーマンスアーティストのリサとジャネールのイグレシアス姉妹も、このプロセスを体現している。2人はそれぞれ自分の芸術を実践しながら、ラス・エルマナス・イグレシアスとしても活動し、リサが「融合と混合とバイカルチャー」と呼ぶ共通の関心を模索している。ジャネールが1つ年下だが、「ほとんどの人が双子だと思っているわ」と、リサは言う。2人は競い合っているのかと聞くと、彼女は迷わずに答えた。「いいえ。一度も競い合ったことはない。私たちはいつも互いに尊敬しているし、最高のやり方で相手を真似したいと思っているから」。2人に話を聞いたのは本書の取材を始めたころで、私は競争がないペアもいるのかもしれないと考えた。しかし、イグレシアス姉妹の作品を調べているうちに、競争的なシナリオをおもしろおかしく強調するパフォーマンスが多いことに気がついた。スーツケースいっぱいの服を、どちらが先にすべて着ることができるか。どちらが多くのサクランボを口に詰め込めるか。2人をモデルにした紙人形を作り、どちらかがドロドロに溶けるまで戦わせる。ただし、私がいちばん印象的だったのは、彼女たちの作品ではない。作品について語るときの、リサの大きな笑顔だ。ペアの対立が絆の源になることについて研究しているのだと説明すると、リサは言った。「私たちは口論になると卓球をするのよ」

「勝ったほうの主張がとおるんですか？」

「点数はつけないの。攻撃したい気持ちを静めるためよ」

『サージェント・ペパーズ』に取り組むポールのかたわらには、いつもジョンがいた。ある夜のこと。ジョージ（・ハリスン）は友人に会いに行き、リンゴはオフを取っていた。エンジニアは「ゲティング・ベター」の収録済みのトラックを繰り返し流し、ポールとジョンはボーカルを仕上げていた。「ポールが技師に指示を出した」と、ハンター・デイヴィスは書いている。「こういう音が欲しい、こんなふうに修正しよう、そのフレーズがいちばん気に入っていると細かく伝えた。ジョージ・マーティンがときどき助言する。ジョンは宙を見つめていた」

彼らは「100回くらい」繰り返し演奏したが、ポールは気に入らないと言い、リンゴを加えて最初からやれば良くなるだろうと思い直す。やがてポールが新しいアレンジを提案し、試してみると満足した。リンゴは必要なくなった。

「でも、リンゴ味のトーストはもう注文したからな」と、ジョンが笑った。

これがいつものパターンだった。彼らは基本的に2人だけで曲を仕上げた。2人のリーダーシップ——夢見る王様のジョンと、熱意あふれる副官のポール——が曲に命を吹き込むのだ。

この夜は普段と違う出来事も起こった。そこにジョンとポールの人間関係の深さが見える。「ゲティング・ベター」を、デーヴィスによると「1000回くらい」歌った後、ジョンが銀色のピルケースのなかをかき回した。ケースにはさまざまなドラッグが入っていた。「彼はふたを開けて、熱心に選びはじめた」と、ポールは振り返っている。「フン、フン、フン。どれにしようかな」

まもなく、ジョンは「すごく奇妙な」感じがすると言いだした。マーティンは、彼に新鮮な空気を吸わせようと屋上に連れて行った。ジョンは星空に感動して興奮し、マーティンは困惑した。間違えてLSDを大量に服用していたのだ。

完全にトリップしたジョンは神経をとがらせ、周囲は絶えず励まさなければならなくなった。午前2時、この日は解散することになった。普段より早いあがりだった。ポールはジョンを自宅に連れて帰った。そう、何かまずいことになれば、ポールが何とかしてくれるのだ。ジョンが厚かましい要求をすれば、ポールがうまく言い直してくれる。スタジオでマーティンたちに悪態をつけば、ポールがとりなしてくれる。間違ってＬＳＤを大量にやれば、ポールが連れて帰ってくれる。

ただし、この夜のポールはもう一歩、踏み込んだ。「今回は自分も一緒にトリップするべきだ。そう思ったのだろう」と、ポールは語っている。「ずいぶん前から思っていたのかもしれない」

ポールは錠剤を飲んだときの経験を次のように振り返る。「僕たちは見つめ合った。いつものように目を合わせているだけなのに、気が遠くなりそうだった……最高だった。お互い目をのぞき込んで、そらしたいけど、そらそうとしない。他人の目のなかに自分が見える」

ドラッグでトリップした人間が何かに心を奪われるかのように、夢が現実になるかのように、ある

いは流れる意識のなかからテーマが浮かび上がるように、隠れていたものをむき出しにする。ある

ポールはトリップしているあいだ、家と庭を行ったり来たりしていた。「だめだ、家に入らないと。幸せになるためには、家に戻らないと。僕は自分にそう言い聞かせていた」。一方でジョンは「ぼんやりと座っていて、謎めいていた。彼の姿がとても大きく見えて、王様のようだった。まさに永遠の皇帝だった……」。4、5時間後、ポールは降参してベッドに入りたいと訴えた。

「ベッド？」と、ジョンが言った。「寝ちゃだめだ！」

「わかってる。でも、もう限界だ」。ポールはその場で横になった。「壁の隅々まではっきりと感じた。ジョンがすべてを支配している皇帝のように思えた。すごく奇妙だったよ。もちろん、彼はそこに座っているだけだった。とても謎めいていたけれど」

その思いは、ポールが完全にしらふのときに語ったジョンへの思いと共鳴している。「僕はいつも彼に憧れていた。グループがみんな、彼に憧れていた。彼らがどんなふうに言っているかは知らないけれど、彼は僕たちのアイドルだった」

『サージェント・ペパーズ』の創造的な勝利を盛り上げたもうひとつの力は、外部の力だった。共通の敵は、共通の目標と同じように、緊張の方向を変えて消散させる。SF映画で、敵対していた国々が集結して火星人と戦うようなものだ。ジョンとポールにとっての火星人は、南カリフォルニアのビーチ・ボーイズというバンドだった。1966年5月、2人はビーチ・ボーイズのアルバム『ペット・サウンズ』を聴いた。「圧倒された」と、ポールは語る。「『ペット・サウンズ』がなかったら『サージェント・ペパーズ』は生まれていなかった」と、マーティンは語る。「『リボルバー』はすべての始まりだった。でも、『ペパーズ』は『ペット・サウンズ』と張り合おうという試みだった」

ビートルズが『サージェント・ペパーズ』を制作していたころ、ビーチ・ボーイズのマエストロ、ブライアン・ウィルソンは次のアルバム『スマイル』に取りかかっていた。『サージェント・ペパーズ』と同時期に録音された「ストロベリー・フィールズ・フォーエバー」をブライアンが初めて聴いたのは、ロサンゼルスで車を運転しているときだった。サンタモニカのドロレス・レストランにハンバーガーとフライドポテトを食べに行く途中だった。彼は道端に車を止めた。「金縛りにあったみたいだった」と、ブライアンは語っている。首を横に振りながら、車に乗っていた友人に言った。「先にやられた」

「何を？」

「『スマイル』でやりたかったことだ。もう遅いだろうな」

ブライアンは深刻な鬱状態に陥った。『スマイル』が完成するのはそれから35年以上先のことだ。彼の周囲には、彼の抑制と均衡を保ち、挑発しながら励ましてくれる人がいなかったのだ——ジョンとポールが互いにその役目を果たしたように。ブライアンは自分の世界に閉じこもった。この悲劇は、ある意味で、レノン・マッカートニーのパートナーシップにも問題を突きつけた。あらゆる競争相手を倒した今、彼らの世界にもほかに誰もいなかった。世界の頂点に立った後は、どこを目指せばいいのだろうか。


1967年の秋に、ジョンとポールはこの疑問に直面した。そして、彼らが出した答えと選んだ道は、2人の関係を次の段階へと導くことになる。これを「終わりの始まり」と捉える人も多いが、むしろ、2人が出会った瞬間に生まれていた力学が続いていたと考えるべきだろう。

ポールは、バンドの次の挑戦のことで頭がいっぱいだった。新しいメディアを征服して、新しい光景を見たい。彼のように少年のまま王様になると——25歳にして、歴史上最も成功したエンターテナーの仲間入りを果たした——自信と尊大さの境界線が微妙になる。ポールはその境界線を軽やかに越えてみせようとした。1967年後半にビートルズが監督主演を務める映画『マジカル・ミステリー・ツアー』の作成に乗りだし、68年にはアップル・コアという名前の会社組織を立ち上げた。バンドのビジョンをレコードや映画、さらには家電や小売業に託そうとしたのだ。

ジョンは、ポールの計画に文句も言わず同意した。ポールとはまるで違うところを目指していたのだ。『リボルバー』のころから、ジョンはLSDの救いの力——自分の攻撃性を和らげてくれる力——にのめり込んでいた。「ほんの数年前まで、あの敵対的な態度は健在だったのに」と、アイヴァン・ヴォーンは1967年にデーヴィスに語っている。「誰とも口をきかず、無礼で、ドアをたたきつけて閉める。それが最近は、『さあ、どうぞ。ここに座って』と言うんだから」。『サージェント・ペパーズ』の録音が始まったころには、「ジョンの性格は明らかに変わりつつあった」と、エメリックは書いている。「あらゆることで意見を曲げなかった彼が、無関心になっていた。自分が曲を作っているときでさえ、喜んで誰かの判断に従った」

エメリックによると、ポールは「間違いなくその状況を理解していた。さらに踏み込んで、バンドのなかで自分の役割を拡大するチャンスだと思っていた」。

ジョンは自分の変化を受け入れている段階だった。『サージェント・ペパーズ』に満足する気持ちと同じくらい強く——当時は明らかに、自分たちの最高傑作だと思っていた——精神的な苦痛にさいなまれ、病的な不安に襲われていた。ある夜、彼は自宅のバスルームに鍵をかけて閉じこもり、神にすがりついた。「僕はひざまずいて泣き叫んだ。神でもキリストでも、誰でもかまわない。どこにいようが関係ない。お願いだから、一度でいいから、僕はいったい何をすればいいのか教えてくれ、と」

その脆さゆえに、ジョンはアレクシス・マーダスという男に魅了された。ギリシャ生まれで早口なマーダスは、ロンドンのインディカ・ギャラリーの関係者を通じてジョンと知り合った。当時はテレビの修理技師だったが、壮大なエレクトロニクスの楽園を思い描いていた。壁紙がスクリーンになり、人工の太陽が輝く。空飛ぶ円盤は、魔法の塗料を塗ると目に見えなくなるという。ジョンは彼を「マジック・アレックス」と呼び、ポールに「僕の新しい導師《グル》だ」と紹介した（「僕は彼をグルとして扱わなかった」と、ポールは言う。「おもしろいアイデアを持っている男だと思っただけだ」）。

次に新しいグルを連れてきたのは、ジョージ・ハリスンだ。マハリシ・マヘシュ・ヨギはインドの小柄な修道僧で、笑顔を絶やさず、起業家精神にあふれ、自分が編み出した超越瞑想（TM）を広めるために世界を回っていた。1968年2月、メンバー4人はインドのリシケシュにあったマハリシの隠遁所（アシュラム）を極秘で訪れ、リンゴは約2週間、ポールは約5週間、滞在した。ジョンとジョージが2カ月近くで予定を切り上げ、急いで帰国したのは、マハリシが女性信者に言い寄ったという噂をマジック・アレックスがでっち上げたからだ。ジョンはその話を信じて憤慨し、マハリシと縁を切った（「セクシー・サディー」という曲で、ジョンは怒りをぶちまけている。「なんてことをしてくれたんだ／みんなをだましていたんだな／面と向かってそう言ってやりたかった」）

ジョンはグルたちに対しても、お決まりの権力ゲームを繰り広げた。最初は弟子になり、やがて突然、攻撃的になってたたきのめすのだ。

リシケシュへの逃避行で見逃されがちなのは、現地でジョンとポールが長時間、曲作りをしたことだ。2人は歌を歌い、アコースティックギターを弾き、詩を書いて過ごした。レノン・マッカートニーの名義でビートルズのアルバムに収録されている曲のうち少なくとも15曲は（『ホワイト・アルバム』の収録曲の大部分を含む）、この時期に作られたものだ。

『ホワイト・アルバム』のスタジオ録音が始まると、ジョンの精神状態はすっかり変わっていた。『サージェント・ペパーズ』の制作中のような、眠たげでぼおっとした雰囲気は消え去り、辛辣でやたらと敵意を燃やすようになっていた。『サージェント・ペパーズ』は「これまでのアルバムでいちばんガラクタだらけ」だと言い放ち、今後のレコーディングはありのままをぶつけるべきだ、あれこれいじった作品はいらないと主張した。「あれほどの攻撃性が彼のなかにあったとは知らなかった」と、エメリックは最初のセッションの様子を語っている。「その夜の終わりには、頭をやられたのかと思った」

もっとも、ジョンに言わせれば、実権を取り戻しただけだった。「僕は昔のように、創造的で支配的になっていった。数年間の休息から目覚めたのだ」。スタジオのなかは明らかに緊張していたが、ジョンはそれを、自分がやるべきことをやっている証拠だととらえた。「でも、それがいけなかった。僕は再び目覚めたけれど、みんなはついてくることができなかった」

PART

第6部

中断

INTERRUPTION

私たちは一緒に死ぬのだと、いつも思っていた。
ときどき一緒に死にたかったと思う。

ラルフ・デービッド・アバーナシー

1988年3月30日、午前10時47分。中国の黄河にほど近い山中で、マリーナ・アブラモヴィッチは万里の長城の端に立ち、西に向かって歩きはじめた。はるか東のゴビ砂漠では、パートナーのウライがやはり万里の長城の端に立ち、同時に東へと歩きはじめた。

8年がかりで計画を立て、資金を集め、中国当局の許可を取って実現したパフォーマンスだった。当初は出会った地点で結婚するつもりだった。しかし、1歩目を踏み出す数年前から、芸術と恋愛のパートナーシップはほころびはじめていた。気がつくと、共同作業から生まれた作品が、共同作業をつなぎとめる唯一の手段になっていた。彼らの「ゴール」も変わった。6月27日、3カ月をかけて東西からのべ3800キロを歩き、仏教と道教と儒教の寺院が集まるあたりで落ち合った。抱擁を交わし、写真を撮って、2人は別れた。

「彼は彼のジープに、私は私のジープに乗り込んだ」と、マリーナは私に語った。「私は次の日に中国を出た」。4カ月後、2人は撮影スタッフとともに、最後に別れた地点に向かった。別れを再現するための再会だ。以来、ほとんど言葉は交わしていない。共同の創作活動もあれきりだ。

ペアの話を始めれば、「終わり」について考えるのはごく自然のことだ。終わりを、積極的な関与を中断することと定義するなら、終わりは必ず訪れる。2人のどちらかが死ぬ、プロジェクトが終結する、あるいは何らかの問題がパートナーシップを継続できないくらい大きくなるかもしれない。しかし、そのような問題が生じる要因自体が、そもそも2人の人間を結びつけたのだ。外的な力が影響を及ぼすときも、もとから存在する緊張を助長する場合が多い。

一方で、あらゆる結びつきを断つという意味での終わりは、一度ペアを組んだ2人には決して訪れないと私は考える。たとえば、子供がいる夫婦が離婚すると、現実的な問題（親権などの権利をどちらが持つか）と感情的な問題（疎遠になったけれど完全に縁を切ることはできないという気持ち）が生じる。

クリエイティブ・ペアの「離婚後」の人生は、元夫婦より複雑だ。他人と共有する作品や創作活動によって個人の自我が形成されてきたときに、その他人がいなくなったら、自我はどのように存在しうるのか。これは法律や感情をはるかに超える問題であり、個人の存在そのものに関わる。どちらか1人が死んでも、もう1人が生きているかぎり、2つの自我の関係は続く。中断のステージは、別離という不幸な結末の物語よりはるかに複雑だ。物語のかたちが失われていく不幸なプロセスなのだ。

23 「こんな状況はありえない」――揺さぶり

共同作業を中断する力には2つの作用がある。内側から揺さぶられる場合と、くさびを打ち込まれる場合だ。

2人の距離を縮める同じエネルギーが、2人の関係をひっくり返すときもある。ただし、そのエネルギーを押さえつけても意味がない。足元のおぼつかない子供がいきなり駆けだせば、何回も転ぶだろう。そのたびに親が「走っちゃダメ!」と叫ぶのは、子供に成長するなと言うようなものだ。怪我をしなさいと子供を応援することはないが、リスクに備えられるように応援することはできる。そういう勇気を持ちたいものだ。

なぜペアは別れるのだろうか。家族セラピストからリーダーシップのアドバイザーに転じた心理学者のダイアナ・マクレーン・スミスは、ペアが誕生する過程にさかのぼって次のように説明する。

「正反対の要素は魅力的だ。誰かが自分とは違うものを持っていると、この人となら、1人ではできないことができるのではないかと思う。違いを祝福しながら、2人の関係が始まる。しかし、その違いが、やがて自分たちではどうにもならない難題を生む。2人のやり取りが、創造的というより不快なものになってしまうのだ。そこで、幸せを生まない違いを乗り越えようとする」

ただし、違いと向き合うことは、違いを増幅させかねない。スミスは次のような例を挙げる。「自発的で行動的な人と、落ち着いた内省的な人が関係を築くとき、行動的な人は新しい関係が軸になると感じ、おとなしい人は刺激を楽しいと感じるだろう。でも、時間が経つにつれて、おとなしい人はランダムさに圧倒されるようになり、自発的な人は窮屈に感じはじめるかもしれない。それぞれの満たされない思いを、自発的な人ほど声高に訴え、おとなしい人ほど口を閉ざすようになる。これがパターンとなって自己強化されていく。それぞれの振る舞いが、相手を戸惑わせる事態を招く」。この破壊的なパターンの最大の問題点は、パターンになっていることも、相互の作用であることも、2人が理解していないことだ。互いに相手のせいだと思っている。「いわゆる基本的な帰属の誤りだ。人間関係が悪化すると、本人たちは、基本的な問題は相手そのものだと考える」

人間関係の終焉に関する考察で私が気に入っているのは、心理学者ダイアン・フェルムリーの研究だ。恋人と別れた人に、交際中に感じていた魅力と別れた理由を尋ねたところ、約30%の人が同じ要素を挙げたという。ただし、その要素のとらえ方が大きく異なる。ある人はパートナーの「優しくて細やかな」ところが好きだったが、最後は「上品ぶっている」と感じた。「意志が強くて」素晴らしいパートナーは「支配的で」不愉快な人に、「ユーモアのセンス」あふれるパートナーは「軽口が多すぎる」人になった。最初は魅力的だと思った性格が、鼻について我慢できなくなるようだ。

ときには感情が高ぶった勢いで、相手を責めたくなる。その発作的な振る舞いが無力感をもたらし、耐えられないと思わせると、スミスは言う。「状況を変えるためには、関係から抜け出すしかないと考えるようになる」

関係そのものを終わらせたいというより、現在の力学から解放されたいだけなのだろうか。

「そのとおりだ。必ずしも相手から逃げたいわけではない。感情から解放されたいのだ」

これが、ペアの創造的な活動を中断させる第一の要因だ。共同作業をもたらした環境から生まれた力が、共同作業を遮るのだ。私たちを魅了した人が、私たちを不安にする。自分と違う人を不安にさせるのは、必然でもあるのだろう。しかし、最初は私たちを刺激していた違いに、やがて耐えられなくなる。グラハム・ナッシュはデビッド・クロスビーの挑戦的な態度に活気を感じていた。クロスビーが奔放な陽なら、ナッシュは陰だ。しかし、クロスビーの強情で突拍子もない性格にドラッグとアルコールが絡み合い、ナッシュは限界に達した。最悪の瞬間が訪れたのは1979年のこと。スタジオに現れたクロスビーはドラッグが回っていて、腫れぼったい目もとは傷だらけだった。「声はガラガラで、ハーモニーにならなかった」と、ナッシュは回想録に記している。「彼からバイブスを引き出すことはできなかった。もう彼に何も期待できなかった」

音楽はいつも自分たちを救ってくれたと、ナッシュは私に言った。クロスビーは休憩中もドラッグを手放さなかったが、それでもナッシュは音楽に希望を託した。ある夜、ナッシュが作った新曲「バレル・オブ・ペイン」を演奏する前に、メンバーはウォーミングアップをしていた。「ジャムセッションがいい感じに盛り上がって、どんどん激しくなった」。アンプが振動で揺れて、クロスビーがその上に置いていたコカイン用のパイプが床に落ちて割れた。「僕はどんなことでもデビッドと一緒にやろうとした。ドラッグさえ一緒にやろうとした。彼より出すぎないようにした。彼より頑張ろうともした。ドラッグと距離を置いて彼を見守ろうともしたのに」

しかし、次の瞬間、ナッシュは耐えられなくなった。

クロスビーが演奏を中断して、割れたパイプの破片をくっつけようとしたのだ。

「そういうことなのかと思った。僕の心はどろどろだった。クロスビーが演奏をやめたときも、ふざけるなとしか言えなかった。彼にとってドラッグは音楽より大切なのだと思い知らされた」

「そのとおりだったな」と、クロスビーが言う。

「そんなときでも?」。私は訊いた。

「僕にとって、という意味じゃない。あのときは意識が飛んでいた。でも数日後、グラハムが電話をかけてきた。『いいか、こんな状況はありえない……』」

注目すべき点は、ナッシュがこの仲たがいについて、個人的な怒りではなく2人の信頼関係の崩壊だと考えたことだ。「音楽は神聖なものだと、誓い合っていたのに」。神聖なものに共通の敬意を抱くことは、2人の絆を守り、2人に前を向かせる。

『サウスパーク』のスタッフライターのヴァーノン・チャットマンによれば、マット・ストーンとトレイ・パーカーの関係のカギは「謙虚さ」だ。私がこの本を書き終えるころに第17シーズンが終わり、『ザ・ブック・オブ・モルモン』の4回目の公演が始まって、2人は自分たちのスタジオを設立した。チャットマンは次のように語る。「2人の人間が衝突すると、それぞれのエゴがたたきのめされる。そこに謙虚さがあれば、これは自分のエゴにすぎない、もっと大きな問題があるのだと考えられる。まさに『自分がいて、相手がいて、私たちがいる』。いちばん大切なのは『私たち』だから、それに敬意を払う」

チャットマンは少し考えてから続けた。「笑われそうだな。さっきから謙虚さだ、エゴだ、敬意だとか言っているけれど、マットとトレイに聞けば、『ヴァン・ヘイレンみたいなもんだ』と言うだろう。『バンドだよ。バンドはメンバーの誰より大きな存在じゃないか』」

ナッシュはそれを「信頼」と呼び、チャットマンは「謙虚さ」と呼ぶ。パートナーシップに対する忠誠とも言えるだろう。パートナーシップは時間とともに変わる。エリザベス・キャディ・スタントンがどんなにつらくあたっても、スーザン・B・アンソニーはいつも彼女のそばにいた。スタントンは、「夫婦のように、人前で溝を見せてはいけないものだと思っていた」。

人間が2人いれば、いらだちと相違が生じることは避けられない。瞑想に心との対話が不可欠であるのと同じくらい、基本的な要素だ。瞑想で呼吸に意識を集中させるように、パートナーシップにとって、共通の目的に意識を集中させることが重要なのだ。

ただし、時間が経つにつれて厄介な問題になるかもしれない。いらだちは、周囲の視線を浴びることや成功によって、増幅されるからだ。J・R・R・トールキンは無神論者だったC・S・ルイスをキリスト教に転向させる後押しをしたが、1930年代にルイスと作品の構想をやり取りしていたころから、彼の宗教観の軽さに不安を感じていた。1947年にタイム誌は、すでに15冊の著書を出版し、戦時中はラジオのキャスターを務めたルイスが、「英語圏で最も影響力のあるキリスト教の報道官の1人になった」と書いている。「聴取者にとって宗教そのもの、カンタベリー大主教と同じような存在だ」。この大衆的な神学論は、説教は聖職者に委ねるべきだと考えていたトールキンを悩ませ、2人のあいだに強い緊張をもたらした。

牡蠣を開けたら砂が入っているように、刺激はいつのまにかそこにあるのかもしれないが、やがて紛れもないいらだちに成長する。「底抜け」シリーズのディーン・マーティンとジェリー・ルイスのかけ合いは、ジェリーがディーンを怒らせ、ディーンが彼を叱り飛ばすか払いのけるというパターンだった。ある芝居で、マーティンはタクシーの運転手や通りですれ違う人、精神科医など、会う人すべてがジェリー・ルイスなので気が狂いそうになる。マーティンの怒りはわかりやすい笑いだったが、長い年月を重ねるうちに、本物の怒りになっていった。

人間関係があっけなく崩れる理由のひとつは、肯定的な筋書きも否定的な筋書きも、その影響が増強されやすいからだ。心理学者のサンドラ・マレーによると、人間関係の初期は、筋書きは肯定的な方向にねじれやすい。相手に対する幻想――マレーは「動機づけによる誤解」と呼ぶ――が、「恋愛関係においても夫婦関係においても、より大きな満足と愛情と信頼を求め、対立と矛盾を減らしたいという気持ち」と結びつくからだ。そして、幻想的な筋書きを自分に言い聞かせるだけでなく、幻想を脅かされたときに、幻想をますます強く信じようとする。AとBの2人の関係において、AはBを理想化するだけでなく、Bの問題点を突きつけられたときに、これまで以上に理想化しようとする。

人間関係が終わりを迎えるときは、このフィードバックのループが崩壊する。何らかの理由で、Bの問題点にAが耐えられなくなるのだ。理想化の筋書きが破綻すると、新しい筋書きが生まれ、非の打ちどころがなかった英雄のようなパートナーが、何ひとついいところのない諸悪の根源になる。いずれの筋書きも、マレーによると、結局はAが自分を守るためだ。前者の筋書きは自分を不安や疑いから守るため、後者は自分を心の葛藤から守るためだ。

マーティンとルイスの関係も、あっけなく崩壊した。外から見ると一瞬のうちに、やんちゃな親友が疑心暗鬼だらけの敵に変わった。とことん険悪になったとき、ルイスは自分を奮い立たせてマーティンに訴えた――これまで奇跡のような関係を築いてきたのは、「互いに愛情を持っていたからだと思うんだ。その愛情は今もきっとある……」。

「彼は目を半分閉じて、下を向いていた。長い時間に感じた」と、ルイスは回想録に書いている。「やがて、私をまっすぐ見すえて言った。『愛とやらについて、好きなだけしゃべっていればいい。俺にとって、おまえは札束にしか見えない』

24 成功のパラドクス――くさび

人間の体と同じように、主要なシステムに支障をきたすと、ペアの機能が停止する場合がある。システムは、つねに安定した状態で作動するわけではない。2人を取り巻く世界が変わるにつれて、当然ながらペアとしての経験も影響を受ける。そんな2人のあいだに打ち込まれるくさびは、すでに進行していた問題を悪化させる。

成功しているペアにとって最も顕著なくさびは、成功そのものだ。2003年と04年に『シャペルズ・ショウ』の第1、第2シーズンが放送されると、テレビ史上最高のコメディドラマと評され、第1シーズンはテレビ番組のDVDとして過去最高の売り上げを記録した。しかしデイブ・シャペルは、人種差別を嘲笑う番組が爆発的な人気を得たことによって、人種差別を助長しているのではないかという不安に駆られた。さらに、仕事仲間のことも信じられなくなり、「周囲の人間を選ばないと、全速力で駆け抜けているうちに自分を見失う」と語っている。

共同制作者のニール・ブレナンが2人のパートナーシップにひびが入っていることに気がついたのは、テレビ局のコメディ・セントラルと契約延長の話し合いをしたときだ。ブレナンはシャペルに、制作に関する契約を優先させるべきだと主張した。テレビ局はプロデューサーとしても主演俳優としてもシャペルを必要としていたから、彼が損をする話ではない。プロダクションの契約を固めてから、シャペル自身の俳優としての契約を整理すればいいと考えたのだ。「そんな主張をしたのは、カネのためだと思うかもしれない」と、ブレナンは私に言った。「でも、僕は制作のパートナーが欲しかった。あのままでは2人とも殺されるか、2人で自爆するような気がしていた」

結局、シャペルは単独でコメディ・セントラルと契約を結び（報道によると2シーズンで5000万ドル）、ブレナンはプロデューサーとして個別に契約を交渉することになった。この対立が最後の火花となり、シャペルは燃え尽きた。第3シーズンの数回分のエピソードを収録した後、彼は現場を放棄して外国へと逃げた。仕事仲間にも友人にも、家族にさえ何も告げなかった。「成功すると、自分というキャラクターを自分で支えきれなくなる」と、シャペルは帰国後に語っている。『シャペルズ・ショウ』は再開されなかった。今はふらりと舞台に上がるときもあり、ブレナンと話をする機会も多い。いつかまた一緒にやるのかと聞くと、ブレナンは言った。「絶対にありえない」

成功というくさびは、スティーブ・ジョブズとスティーブ・ウォズニアックのあいだにも打ち込まれた。ただし、2人が衝突したのではなく、成功をきっかけに別々の道を選んだのだ。アップルは1970年代後半から80年代前半にかけて急成長したが、ウォズニアックは経営に関与せず、ひとりでできる仕事を好んだ。大学に戻って電子工学の学位を取得し、軽飛行機の操縦に夢中になった。墜落事故を起こした後に一度は退社し、数年後にアップルⅡのエンジニアとして復帰した。88年に自身が立ち上げたユニバーサルリモコンの開発会社を売却した後は、小学校の教師を目指すと決めた。98年のワイアード誌には、「おそらく世界一のテトリス・プレーヤー」として紹介されている。

一方で、典型的なナルシシストだったジョブズは容赦のない策略家でもあり、偶像としてのキャリアを築き上げた。共同作業では、1回の壮大な失敗（相手はアップルのCEOを務めたジョン・スカリーだった）と数々の素晴らしい成功を経験した。アップルから追放されていたあいだはエド・キャットムルやジョン・ラセターとピクサーを盛り上げ、復帰後はCOOだったティム・クックや、小売部門を率いたロン・ジョンソン、デザイナーのジョナサン・アイブと手を組んだ。「アップルに私の精神的なパートナーがいるとしたら、ジョニー（ジョナサン）だ」と、ジョブズはウォルター・アイザックソンに語っている。「ジョニーと私はほとんどの製品を一緒に考案して、『こういうのはどう？』と提案していた」。iMacもiPhoneもiPadも、少なくとも基本的なかたちは2人から生まれたと言えるだろう。皮肉なことに、ウォズは優しい男で、ジョブズは冷酷だと世間では思われているが、他人とうまく仕事ができるのはジョブズだった。

成功は、パートナーシップを動揺させる状況をつくりだすだけではない。協力関係を根本から悪化させるような発想を導くこともあるのだ。たとえば、富と権力を意識している人は人間関係に軋轢が生じやすいことは、数多くの研究で裏づけられている。心理学者のキャスリン・ヴォースたちの研究によると、カネの損得を考える人は、助けを求めている同僚のためにあまり時間を割こうとせず、会議などでもその同僚から離れた席を選ぶ。共同作業か単独の仕事かを選ぶなら、彼らは後者を選ぶ。「カネは、従属からも依存からも解放されたいという自己完結の傾向を高める」と、ヴォースは指摘する。心理学者のポール・ピフによると、社会経済的な地位の高い人ほど利己的で偏狭な傾向が強く、倫理観と思いやりに欠けるところがある。

成功は、名声をめぐる口論を表面化させる。1964年にマーティン・ルーサー・キング・ジュニアがノーベル平和賞を受賞したとき、ラルフ・デービッド・アバーナシーはスウェーデンのオスロで授賞式に向かう段取りに憤慨した。自分と妻が、キングの後ろの車に乗ることになっていたのだ。自分はいつものようにパートナーと同じ車に乗るべきだと、アバーナシーは主張した。キングにも訴えたが受け入れられず、警備を振り切ろうとして制止され、「恥ずかしさのあまり立ちすくんでいた」と、テイラー・ブランチは書いている。のちにアバーナシー夫妻は、平和賞の賞金（約5万4000ドル。現在の価値で40万ドル以上）の半分は自分たちのものだと主張した。この一件で、公民権運動を代表するパートナーは「疎遠」になり、最後までその距離が縮まることはなかったと、運動の関係者は語る。

ただし、2人の関係は緊迫していたが、崩壊はしていなかった。1965年にキングは南部キリスト教指導者会議の理事会で、アバーナシーを正式に自分の後継者として指名するように求めた。

最もよくあるくさびのパターンは、2人のあいだに第三者が割って入ることだ。その影響力の大きさを考えるとき、ペアの結びつきの持続性の新たな側面が見えてくる。たとえば、マット・ストーンとトレイ・パーカーの関係で注目すべき点は、周囲の人々の一貫性と質の高さだ。なかでも弁護士のケビン・モリスは、『サウスパーク』が誕生する前から、マットいわく「僕たちから1ドルも稼げない時代」から、2人の代理人を務めている。エグゼクティブプロデューサーのアン・ガレフィノは1997年にパイロット版を制作した仲間で、現在は番組の知的所有権を管理する企業のCEOも務める。アニメーション監督のエリック・スタウはパーカーの中学時代からの知り合いだ。

まるでテレビ番組の最後に流れるクレジットだ。効果的な共同作業をするペアの周囲には、驚くほど大量の「人間関係のインフラ」が築かれる。本書の冒頭で説明したように、ペアの二項対立はさまざまなパターンを描く。

ペアの周囲には、ペアのなかと同じ力学が広がっている。マットとトレイの典型的な力学は、マットが「実務家」でトレイが「夢想家」だ。しかし、弁護士のモリスが加わると、マットとトレイが2人1組になって新たな力学が生まれる。そこではマットとトレイが「夢想家」、モリスが「実務家」だ。このようなペアと第三者の関係は、安定した力として作用する場合が多い。ただし、第三者がいつもと違うことをしたり、姿を消したり、健全な役割を放棄したりすると、ペアを取り巻く力学全体に影響が及ぶ。そのような変化が1つ起きれば強風が吹き荒れ、2つ起きればハリケーン並みだ。

1960年代後半に、ジョン・レノンとポール・マッカートニーは3つの変化に直面した。

1967年8月27日、『サージェント・ペパーズ・ロンリー・ハーツ・クラブ・バンド』の発売から数カ月後、マネジャーのブライアン・エプスタインが薬物の過剰摂取で急死した。32歳だった。「言葉が見つからない」と、ジョンは報道陣に語った。「僕たちは彼を愛していた、彼は仲間だった」。自分たちの愛する人が、自分たちの仕事を束ねる。そんな人物は二度と現れないだろう。そして、彼らはその現実を無視するという悲劇的な間違いをおかした。ジョンとポールは自らバンドのマネジメントを担当するだけでなく、音楽の垣根を越えて散漫的に活動を拡大した。小売業や映画、家電など、ポールが「西洋のコミュニズム」と呼んだビジネスの世界に進出しようとしたのだ。

同じころ、14歳でバンドに加わってから「静かなビートル」と言われてきたジョージ・ハリスンは、自分の役割に反発を感じていた。インド音楽に傾倒し、ボブ・ディランを同志と称え、ジョンとポールに従属することに耐えられなくなった。「ビートルズには、つねにジョージ・ハリスンの切迫感があった」と、グレイル・マーカスは書いている。「天才たちが注目を浴びている中心から除外されて、自分の怒りを燃え上がらせる機会が来るかどうかさえわからなかった」。1960年代後半に、その怒りは沸点に達した。

一方で、ジョンとポールの人生において、異性としての女性が新しい役割を演じはじめた。「ある程度の年齢になると考えるものだ」と、ポールは語っている。「そろそろ心を入れ替えるか……生涯、プレイボーイではいられないからな、とね」。1967年12月にポールは長年の恋人だった女優のジェーン・アッシャーにプロポーズをしたが、彼らが新しい始まりを迎えることはなかった。この出来事はジョンとポールの恋愛観を大きく変えた。2人の関係やバンドの閉鎖的な世界に、女性が入ってきたのだ。「いま思えば、自分たちがいちばんという優越主義だった。4人の炭坑夫が坑道を降りていく。坑道の下で女は必要ないだろう？」

これらの変化がレノン・マッカートニーに大きな影響を与えた理由は、そもそも彼らの力学に不安定さが内在していたからで、彼らのクリエイティブな力の大半はその不安定さから生まれていた。ペアの共同作業を中断させる作用には、内側から揺さぶる内的な力学と、くさびを打ち込む外的な条件がある。2つの作用は交錯して増幅し合い、その結果にペアも周囲も混乱する。

ただし、混乱そのものは、創造的な作業にとって致命的ではない。拒絶された、裏切られたという感覚も、遠くへ逃げたいという願望も、致命的にはならない。創造的な作業が終わるのは、創造性が機能しなくなったときだ。

ジョンとポールにとって問題の根源は、すべてのペアと同じように、本人たちの複雑な性格だった。ジョンの獰猛なカリスマ性と病的な二面性、愛情への貪欲さ、夢見がちな性格は、弱まることがなかった。レノン・マッカートニーを超えたい、ビートルズを超えたい、あらゆる物理的な境界を超えて大きくなりたいという渇望も、鎮まることはなかった。ジョンはいつも夢を追いかけていた。ロックンロールを追いかけ、名声を追いかけ、感覚を解き放つ扉を追いかけて。グルに心酔しては幻滅し、すぐに次の導き手を探し求めた。

1968年5月、インドから帰国した直後に、ジョンはポールとニューヨークへ向かった。ビートルズが設立したアップル・コア社を売り込むためだった。ポールの尊大さは頂点に達しており、もっと新しい経験をしたい、もっと主導権を握りたいという飽くなき欲望と、ジョン・レノンがそばにいれば自分は何でもできるという揺るぎない信念が結びついていた。『サージェント・ペパーズ』で成功を収め、自分の美学を実現できる帝国を始動させたポールは、何でも好きなようにできるという絶大な解放感を覚えていたのかもしれない。

そんなポールを、ジョンが引きとめようとしたのも不思議ではない。ただし、そのやり方は唐突だった。1968年5月16日、2人はイギリスに戻った。翌17日、ジョンはドラッグでハイになって啓示を受けた。彼はメンバーを招集して宣言した。「僕は……イエス・キリストの再来だ。これからはそう思ってくれ」

「大真面目だったよ」と、ピート・ショットンは語っている。自分が待ち望んでいるグルに、自分でなればいいと思ったのだろう。その決意は1日ほど続いた。翌18日、妻シンシアの旅行中に、ジョンはアバンギャルドのアーティストに電話をかけた。彼女の名前はオノ・ヨーコ。その夜遅く、ヨーコはタクシーでジョンの自宅に着いた。

オノ・ヨーコとジョン・レノンについては数多くの伝説とそれを否定する伝説が入り混じり、真実にたどり着くことは難しい。当事者であるジョンとヨーコの証言も、言葉どおりに受け取ることはできない。たとえば、1966年11月に出会ってから68年5月に本格的な交際が始まるまでのあいだ、ヨーコはジョンに口説かれつづけ、彼から逃げまわっていたと語っている。しかし一方で、彼女はジョンに自分の芸術のパトロンになってほしいと懇願していた。

ヨーコがジョンを虜にしたという方向の神話には注意が必要だ。ペアの力学を理解するためには、ジョンの主体的な行為を見きわめることが不可欠になる。たとえば、ヨーコがペンチを握り締めてジョンに襲いかかったという話は、物語としては魅力的だが完全に脱線している。ジョンの権力の本質と方向性という、もっと重要な現実から目をそむけているのだ。ジョンは確かに傷つきやすかったが、弱くはなかった。変人だったが、受け身ではなかった。

私が思うに、ジョンはヨーコのなかに凝縮された機会を見出したのだろう。ヨーコはジョンの神秘的なグルであり、肉体的な恋人だった。スチュアート・サトクリフの生まれ変わりであり、本物の芸術を教えてくれた。

ジョンはヨーコという存在によって、当時のパートナーの存在を徹底的に否定できた。数年前から彼女との関係に押しつぶされそうになっていたことは、本人も気がついていたはずだ。最良の反撃は言葉でも行動でもなく、自分の優位をあらためて見せつけることだ。君が僕を思っているほど僕は君を思っていない。僕はいつでも、今すぐにでも、君のもとを去りたい、と。

ジョンがヨーコと片時も離れまいと決心した最大の理由は——アビー・ロードの自宅でポールと曲を作るときも、ヨーコがかたわらにいた——無限のゲームの始まりを感じたからだ。イエス・キリストに続いてヨーコに心酔するようになった直前に、ポールとリンダ・イーストマンの運命の出会いをジョンが間近で目撃していたことも、偶然ではないだろう。リンダは数カ月後にポールの恋人となり、1年足らずで妻になった。ポールはニューヨークでリンダと知り合い、空港に向かうリムジンに誘った。「車内でとてつもなく官能的な場面が繰り広げられた……体が熱を発散していた」と、同乗者は語っている。「はっきりと熱を感じた」。その2日後、ポールは未来の妻をジョンに紹介した。ジョンも新しい女性を見つけ、新しいパートナーとなった。彼はつねにポールの先を行かなければならなかった。

ジョンとポールと女性たちとの関係は、以前から複雑に絡み合っていた。リバプール時代に、ポールは恋人のドットと金のエンゲージリングを買った。彼らの指輪を見たジョンは、当時付き合っていたシンシアに、「僕たちもそろそろ結婚しよう」と言った。ポールはドットと別れたが、ジョンはまもなくシンシアと結婚した。彼女が妊娠したからだ。

1968年5月、ジョンは自宅でヨーコといるところをシンシアに「発見」させた。ポールも7月に、当時ジェーン・アッシャーと暮らしていた家で、ほかの女性とベッドに入っているところを彼女に見つけさせた。1969年3月12日、ポールとリンダが結婚した。シンシアと離婚が成立していたジョンは、3月20日にヨーコとジブラルタルで式を挙げた。

ここで、ジョンが明らかに典型的な異性愛者でなかったことを、あらためて指摘しておく必要がある(触れないことは著者として怠慢だろう)。彼はヨーコに夢中になっていた時期に、「親友と寝るのはお手軽だ……その親友が女性だったら文句なしさ」と語っている。ヨーコ本人には、彼女が「女装した野郎みたいで……相棒みたいだから」好きだと告げていた。ヨーコは彼に向かって、あなたは「隠れゲイ」だと繰り返していた。

ジョンが一般的な意味で同性愛的指向を隠していたとは思わないが、女性との関係には奇怪なところがあり、男性には炭坑仲間のような特別の親近感を求めた。ここでジョンの性的指向を詳細に理解する必要はないが、ポールやバンドに対する関心が薄れたのは、別の興味をかきたてられた——ヨーコと一般的な意味で恋に落ちた——からだという考え方は、事実とは異なるだろう。

ヨーコの存在が、ビートルズの音楽に突然の終わりを突きつけたわけでもない。確かに、『ホワイト・アルバム』のセッションは緊張と不快感に包まれ、スタジオの空気に嫌気がさしたエンジニアのジェフ・エメリックは顔を出さなくなった。しかし、創作そのものは影響を受けず、以前より複雑な関係になり寛容さは薄れたが、歌と歌のやり取りはとてつもない情熱を放っていた。ジョンが「レボリューション1」のセッションを始めると、ポールが加わって完成間近まで仕上げ、「ブラックバード」で反撃する。ジョンは「ジュリア」と「グッド・ナイト」で応戦し、ポールが「ヘルター・スケルター」と「ホワイ・ドント・ウィ・ドゥ・イット・イン・ザ・ロード」でやり返す。ジョンの激しい感情は、創造のはけ口を見出した。「オブ・ラ・ディ、オブ・ラ・ダ」は延々と録り直しが続き、ジョンは怒ってスタジオを飛び出した。戻ってきたときはドラッグでハイになっていて、ピアノに突進すると猛烈なテンポで弾きまくり、そのテイクが採用された。

どれだけ緊張が高まっても、スタジオには余裕が残っていた。ポールはバンドを続けようと決めた。ジョンが自分を切り離そうとするやり方に傷つき、自分をあざけることに反発を覚えていたが、意見を主張しながら周囲と調和するのがポールの流儀だった。ジョンの振る舞いは度を越しているとも思ったが、それがジョンの流儀だ。再び音楽のもとで1つになれるという希望を、ポールは捨てなかった。昔みたいにできる、と。

愛の反対は、憎しみではなく無関心だ。表向きはペアを続けているが、パフォーマンスやビジネスのパートナーとしての名前だけで、明確な分裂こそないが創造的な活動は中断している。そんなペアについて考える際は、愛情と無関心がとりわけ重要になる。ローリング・ストーンズのミック・ジャガーとキース・リチャーズ、イーグルス再結成後のグレン・フレイとドン・ヘンリー、ザ・フーのツアー中のピート・タウンゼントとロジャー・ダルトリー。彼らは、さながら自分たちのトリビュート・バンドだ。

2人の家を燃やすのをやめて、有益なルーティンを確立するペアもいる。しかし、ジョンとポールは正反対の方向に進んだ。ともに創作活動を続けたいという渇望は手に取るようにわかったが、彼らを取り囲む構造は火がくすぶりはじめ、屋根が落ち、壁が崩れ、ついに基礎が傾いた。ジョンがポールを嘲笑しても、ポールがジョンをなだめれば済む。しかし、ジョージ・ハリスンがジョンとポールに喧嘩を吹っかけるようになり、ヨーコの存在がジョージの怒りをさらにあおった。弟が兄に指図されることと、弟が兄の新しい恋人に指図されることは別の話だ。

ポールの典型的なパターンは、ジョンに明らかな敬意を示しつつ、いつのまにか自分がリーダーシップを奪い、ほかの権威者（たとえば、ブライアン・エプスタイン）に擁護されてジョンの黙認を得るというものだった。しかし、エプスタインはもういなかった。新しいマネジャーもいなかった。ポールは明確なかたちでリーダーシップを発揮しなければならなくなったが、彼の得意なやり方ではない。メンバーを叱りながら演奏させる姿は、バンドを結成したころの自分たちが毛嫌いしていた校長のようだった。1969年の初めに、のちにアルバム『レット・イット・ビー』となるセッションの途中で、ジョージが脱退を宣言した。

ただし、これでバンドが崩壊したわけではない。彼らは仕事仲間というより家族だった。彼らを共通の中心に引き寄せる求心力は、外に放り出そうとする強烈な遠心力に勝った。音楽をともにつくるという精神が骨の髄までたたき込まれていた。1969年1月30日、あらゆる問題——ジョージの問題、ヨーコの問題、マネジャー不在の問題、ジョンとポールの権力争いをめぐる激しくて複雑な問題——が最高潮に達するなか、彼らはアップル・コアの社屋の屋上で公開ライブを行った。この伝説のファイナルコンサートで、4人は昔ながらの位置に立った。

ステージの左手にジョン、右手にポール。観客（この日は家々の屋根と屋上だった）のほうを向いているが、体をひねればいつでも相手の顔が見える。2人の左側に、ジョージが彼らのほうを向いて立った。ジョンは「ドント・レット・ミー・ダウン」の3番の歌詞を忘れ、適当な言葉を繰り返した。意味はまったく通じなかったが、ビートは確実に刻んでいた。彼とポールは顔を見合わせ、何もなかったかのように正しい歌詞をリズムに乗せた。ジョンは大きく口を開けて笑い、ポールは首を上下に振って合図を返した。

結婚問題を専門とするジョン・ゴットマンは、この過程を「修復」と呼ぶ。パートナーシップの弱みを和らげるようなパートナーシップの強みを取り戻す。まさに修復だ。

1969年4月、ジョンとポールは「ユー・ノウ・マイ・ネーム（ルック・アップ・ザ・ナンバー）」のボーカルを録音した。ポールが「ビートルズのトラックのなかでもとくにお気に入りだ」と評する、最高に奇妙なB面収録曲だ。同じ月、ジョンはヨーコと「ベッド・イン」の新婚旅行から帰国した直後に、新曲の「バラード・オブ・ジョン・アンド・ヨーコ」を携えてポールの自宅に駆けつけた。2人はジョージとリンゴ抜きで、丸1日をかけて録音した。ジョンがギターとリードボーカルを担当し、ポールはベースとドラム、ピアノ、マラカス、コーラスを担当した。

「トゥ・オブ・アス」「オー！ ダーリン」「ロング・アンド・ワインディング・ロード」など、失恋の歌にも修復の要素が見られるかもしれない。ジョンがポールを振ったが、ポールはもうしばらくのあいだ、彼と一緒に失恋の歌を作った。

ただし、スタジオのなかではリズムに身を委ねても、スタジオの外では支配権と権威をめぐる問題を解決できなかった。アップル・コアの経営状態は厳しく、会社の運転手が必要だった。ジョンは相変わらず自分の力を誇示していたが、アレン・クレインという怪しげなマネジャーにおだてられて契約を結んだ（クレインは究極のくさびだった。彼がジョンを説き伏せた理由のひとつは、レノン・マッカートニーの作品に関するジョン個人の貢献について、専門的な解説を披露したからだ）。ジョージとリンゴも同調したが、ポールは従わなかった。彼はクレインを信用していなかった――その判断は正しかったことが証明されたのだが。とはいえ、この時期にポールが反発しても、ジョンの怒りを刺激するだけだった。「ジョン、正しいのは僕だ」と、口論の最中にポールが言った。「自分だけは正しいってわけか」と、ジョンが怒鳴り返す。「おまえはいつだって正しい、そうなんだろう?」

マネジャーがいなかったバンドは、気がつくと、バンドを束ねられないマネジャーを抱えていた。ポールはクレインと仕事をするつもりがなく、エンターテインメント業界に強い弁護士(リーとジョンソン・イーストマン親子。リンダの父親と兄にあたる)を連れて来た。ジョンとポールの対決は、クレインとイーストマン親子の代理戦争に発展した。

相次いだ地震と余震の影響で、しばらくはビートルズの音楽を続けることが不可能になった。ポールは傷を癒しながら1人でアルバムをつくった。そんなとき、クレインがジョンとジョージの承諾を得て、『レット・イット・ビー』をビートルズのアルバムとしてリリースしようとしていることを知った。一部は1969年1月に録音したものを編集していたが、もちろんポールは作業に参加しておらず、彼に言わせればおぞましい代物だった。彼が感じた危機感は、無限のゲームがどのように中断されるのかを物語る。「僕はレコード会社にだまされた子供のような気がした。クレインがボスで、僕には何の力もない。でも、僕は立派な大人だ。自分の意見は誰にも劣らないという自信があった。僕の音楽なのだから。そろそろ立ち上がって戦わなければ。もう言いなりにはならない。そう決めたんだ」

26 終わりのないゲーム――レノン・マッカートニーは決裂したのか？

ジョンとポールは、いつ自分たちの関係を終わらせたのだろうか。アレン・クレインと最初に衝突したときではない。その後も数年間、彼らは一緒に演奏している（ジョン、ジョージ、リンゴが結局はクレインを解雇して訴訟まで起こしたことを考えると、彼らの関係は私たちが思っているより長く続いた）。1969年9月、ジョンは口論の末にビートルズをやめるとポールに宣言したが、翌年2月にBBCのインタビューで、この中断は「再生につながるかもしれないし、そのまま死を迎えるのかもしれない。まだわからない。たぶん再生だろう」と語っている。

ビートルズの物語で「終わり」として語られることが多いのは、1970年4月にポールが発表した初のソロアルバム『マッカートニー』だ。宣伝用に作ったQ&A形式のリリースに次のような質問があった――「ビートルズとして次のアルバムやシングルを出す計画はありますか？」。答えは「ない」。これを受けてデイリー・ミラー紙の1面に「ポール、ビートルズを脱退」という見出しが躍り、小さな文字で「レノン・マッカートニーも解散」とつけ加えられた。ニュースは世界を駆けめぐった。

新聞を見たジョンは、解散を宣言するのは自分だと憤慨した。一方で、ポールのことはやりすぎだとたしなめた。「勝手は通らない。混乱を招いているだけだ」と、彼はローリング・ストーン誌に語っている。「僕も去年はアルバムを4枚出したが、脱退なんて物騒な言葉は使っていない」

ただし、ポールも脱退は口にしていなかった。先のQ&Aには、「このアルバムは、ビートルズはいったん休止するという意味ですか? ソロで活動を始めるのですか?」という質問もある。答えは――「そのうちわかるよ。ソロアルバムは、ソロ活動が始まるという意味だ……ビートルズと一緒にやらないということは、休止するという意味でもある。両方だね」。

1970年12月31日にポールがジョン、ジョージ、リンゴの3人を相手に「ビートルズの解散」を求めて訴訟を起こしたことも、終わりとは考えにくい。訴訟は明らかに、アップル・コアの経営や収入の分配などビジネス上の問題で、共同経営の関係解消にビートルズとしてのパートナーシップが含まれていたにすぎない。

ジョンとポールが明確に決別した時期を特定できない理由は、明確な決別がなかったからだ。パートナーシップの終わりを、オペラの最後の場面に重ねたくなる気持ちはわかる。主人公の2人が派手な衝突を繰り広げ、目と目を見つめ合って歌い、別れを決意して涙がこぼれる。万里の長城を歩いたマリーナ・アブラモヴィッチとウライのように。しかし現実には、ほとんどの場合、パートナーシップの終わりはむしろカントリーソングの世界だ。主人公が故郷を離れ、二度と戻ってこない。誰も――去っていく本人も、残された人も、歌を聴いている私たちも、なぜ行ってしまうのか、本当の理由はわからない。

パートナーシップの終わりがこれほどあいまいな理由のひとつは、本書で見てきたようなクリエイティブなパートナーシップの場合、2人の関係から抜け出す決定的な方法がないからだ。他人と創造的な仕事をすることは、共同名義で銀行預金を開設するようなものだ。2人がそれぞれエネルギーや時間、創造的な意欲を貯金するが、どちらか1人だけで払い戻しを請求することはできない。

1971年にポールはこう語っている。「最近は再び、自分はやりたいことが何でもできる気がしている。昔は僕という人間がいて、ビートルズの時期があって、また僕に戻ったという感じだ」。それは、少なくとも彼の強い願望だった。空想と呼ぶべきかもしれない。人間関係の歴史は、関係を象徴する言葉で語られると、ひどくあいまいになる。レノン・マッカートニーの作品に対する貢献度を明確に計測できるという錯覚が、2人の関係の歴史をわかりにくくしているのだ。

1970年にローリング・ストーン誌のヤン・ウェナーは、ポールとの曲作りのパートナーシップはいつごろ終わったのかとジョンに質問した。「さあね。1962年ごろかな」。彼は神経質そうな笑い声をあげた。冗談だと強調していたのかもしれない。1962年と言えば、2人で作った曲をアビー・ロードのスタジオで録音するようになったころだ。これにかぎらずジョンの発言には一貫性がないが、近い関係者は、曲作りにおける伝説的なパートナーシップのエピソードは、かなり早い時期から現実とは違っていたのだろうと感じていた。その10年後、「ウィ・キャン・ワーク・イット・アウト」を作ったときのポールとのやり取りを振り返ったジョンに、ライターのデイビッド・シェフが突っ込んだ。「以前に、ほとんどの曲は自分だけで作ったが、2人の名前になっていると話していましたよね」

「あれはウソだよ」。ジョンは笑いながら続けた。「頭に来ているときは、すべてのことを2人が別々にやっている気がするものさ」

ジョン・レノンの曲とポール・マッカートニーの曲を区別できると主張するビートルズ通も多いが、それは「孤高の天才」の神話のひとつだ。この神話を信じる人は、自分ひとりで何でもできるという思いに囚われて人間関係を築くことができない。飛躍した（そして、その結果に苦しんだ）ペアの関係を理解しようとする私たちの目をくもらせるのも、孤高の神話だ。

ジョンもポールも自分の物語から相手を排除することはできないし、共有する歴史はもちろん、互いに相手を求める切なる思いも打ち消すことはできなかった。2人の共同作業が中断してから1980年にジョンが暗殺されるまでの10年間、「ポールはもう一度ジョンと仕事がしたくてたまらなかった」と、リンダ・マッカートニーは84年にプレイボーイ誌に語っている。

ジョンはポールに憤慨していた時期について、男たちと部屋に閉じ込められ、どうしても外に出られないような感覚だったと振り返っている。ただし、この時期も、むき出しの敵意というより敵対的な協調と呼ぶべきだろう。1970年代前半にジョンが発表した曲のなかでも傑出した作品の多くは、（たとえば「イマジン」のように）彼が持って生まれた誠実さと叙情主義に、ポールから学んだ讃美歌のような高尚さが加わっている。一方のポールも、傑作とされる作品には、（たとえば「メイビー・アイム・アメイズド」のように）天性の音域と簡潔さに、本人が手放そうとしてきた感情の脆さが混じり合っている。「僕は今も、ほかの3人と音楽で競っているのだろう」と、ポールは1971年に語っている。同じ年にジョンは、自分の新しいアルバムが

「(ポールを)脅かして、まともなものをつくろうと思わせるだろう。そんな彼に脅かされて、僕もまともなものをつくろうと思う。そういうことなのだろう」と語っている。

ビートルズ解散の文字がメディアをにぎわせてから数年後には、誰よりも親密な敵同士が再びステージやスタジオに集まる日も近いのではないかと思えた。73年にジョンはヨーコと別居した。ビジネス上の厄介な問題は、一部だが解決した。74年ごろから、ジョンは昔の仲間について好意と情熱を込めて語るようになった。再結成に関する質問にも冗談めかして答え(「先のことは誰にもわからないよ、誰にもわからないんだ」)、しだいに再結成を意識していることを隠さなくなった。再結成の本当の障害は、ジョージではないかと思える時期もあった。75年3月に、ジョンはジャーナリストのクリス・チャールズワースに次のように語っている。「過去について否定的な感情はすっかり消えた。ラリー(・ウィリアムズ)が僕たちのカバーを喜んだような気持ちだ。この2年で僕はすっかり変わった。くだらない演奏もしたよ。ジョージもいつか見るだろう。見ないほうがうれしいかな」。その年の秋には、もっと率直に語っている。「個人的にはビートルズとしてまたレコードを出したいけれど、ほかの3人はどう思うかな」

ジョンの願望を痛感させられるエピソードがある。1974年11月の感謝祭の夜、ジョンはマディソン・スクエア・ガーデンでエルトン・ジョンのライブに出演した。楽屋ではひどくいらいらして、便器をはずして放り投げた。エルトンの創作のパートナーである作詞家のバーニー・トーピンが一緒にステージへ向かい、途中で「ここから先はひとりでどうぞ」と送り出した。

ジョンが登場すると観衆は大騒ぎになり、会場のスプリング入りの床が上下に弾んだ。ジョンは黒いシャツに濃い色のジャケットを羽織り、胸にくちなしの花を挿していた。このステージが、ジョンにとって最後のライブとなった。彼はエルトンと3曲を演奏。最後の「アイ・ソー・ハー・スタンディング・ゼア」の曲紹介では、こんなふうに言った。

「昔、仲たがいをした僕のフィアンセを歌った曲です。名前はポール」

ジョンの多くの発言と同じように、言葉のままの意味ではない。「仲たがいをした」は過去形で、すでに壊れたもの。「フィアンセ」は、永遠の結びつきという希望をたとえているのだろう。それでもジョンの多くの発言と同じように、詩は真実を語る。

この時期、ジョンとポールの仲は大きく改善した。ポールの父親が死んだときに言葉を交わし、頻繁に会うようになった。一度は一緒に演奏もしている。ポールは、アラン・トゥーサンがニューオーリンズに所有するスタジオで自分のバンドと『ヴィーナス・アンド・マース』を録音する際に、ジョンを招待した。このときジョンは、アート・ガーファンクルにポール・サイモンとの再結成について質問している。

「こっちもポールから電話がかかってくる。彼はアラン・トゥーサンのところにいる。録音を聞きに来ないかと言うんだ」

ガーファンクルは、絶対に行くべきだと答えた。この時期ジョンと行動することが多かった個人アシスタントのメイ・パンも賛成した。

2人の思慕とすれ違いは1970年代を通じて続いた。再び一緒に音楽をやることは最後までなかったが、そのいきさつの物語だけで1冊の本になるだろう。揺さぶりとくさびをひたすら繰り返す物語になりそうだ。

ジョンの死も、厳密な意味で終わりにはならなかった。ブルース・スプリングスティーンはクラレンス・クレモンズへの追悼の辞で、「クラレンスは死んでもEストリート・バンドを去らない。彼が去るのは、私たちが死ぬときだ」と述べている。もっとも、彼らは関係が良好な状態で別れのときを迎えた。それに対しポールは、複雑な感情が入り混じったメッセージと、腹立たしいやり取りと、あからさまな侮辱とともにひとり残され、生涯、反芻《はんすう》しなければならないのだ。

ポール・マッカートニーの約35年分の発言をたどると、ジョン・レノンとのパートナーシップが、その称賛も傷も混乱もまとめて、彼の人生のなかで生きつづけていることは疑いようがない。1984年のインタビューで、オノ・ヨーコとジョンの話をしたことがあるかと質問されて、ポールは次のように答えている。「そうだね、あるよ。彼が死んだ後、僕をいちばん救ってくれたのは、ヨーコと彼の話をしたことだった。彼は……僕のことが本当に好きだったと教えてくれた。彼女と僕のレコードを聴きながら、『いい感じだね』と言ってたんだって。彼らも2人だけのときはいろいろ大変だったのだろう」。1987年には別のインタビューで、ジョンが自分のことを本当に好きだったと聞かされて「うれしかった」と語っている。「そうは見えなかったから」

ジョンは自分のことを好きなのだろうか、自分のことを尊敬しているのだろうか——その不安は、ポールの永遠のテーマでもある。ジョンが自分を特別だと思っていたことは間違いないと、ポールは言う。「僕から離れていったわけだから……軽い気持ちでそんなことをする人ではなかった」。ジョンが自分の曲をほめたというエピソードにも繰り返し言及している。「とてもうれしかった。心からの賛辞だった」。このような発言は、ポールが自分に言い聞かせていたと解釈するべきなのだろう。さらに、心のなかでジョンと会話をしているという話も頻繁にしているが、生身のジョン・レノンの荒々しさと意外性と対等にやり合える人は誰もいなかっただろう。2013年10月にガーディアン紙のアレクシス・ペトリディスは、ポールがスタジオで録音した16枚目のアルバム『ニュー』のレビュー記事で、これまで主に4人のプロデューサーが彼の仕事に貢献してきたが、4人ともポールを過剰に敬っていると指摘した。

「残念な話だが、おそらくそこに、ポール・マッカートニーのキャリアの後半におけるパラドクスがある。彼が本当に必要としているものは、彼がどうしても手に入れられないものだ。なぜなら、そのようなものは存在しない——彼と互角な相手はいない」

一緒にいると自分がみじめになる人のもとを離れる。しかし、その人と同じくらい自分を特別な存在にしてくれる人が、二度と現れないとしたら。心理学者のダイアナ・マクレーン・スミスは、パートナーとの対立がいきなり中断されることは苦しいものだと語る。「人間関係の力学に自分がどのような影響を与えているのか、それを理解しないまま2人が離れることは、まさに悲劇だ。何かを学ぶ機会を失ったのだから。誰かと一緒に壁に突き当たるという経験からしか、学べないことがある」

「ただし、人間関係には、解決できない緊張が生じるときもある。終わりを迎えた関係にはそのような緊張が生じるが、責任は2人にある。その後は2人がどこに行こうと、何をしようと、2人の関係はそれぞれのなかに生きつづけるだろう。二度と会わなくても、心のなかに存在していて、つねに対話をする。ただ、いつでも相手のことを考えることはできるが、実際にそばにいるときと同じような満足や充実感は経験できない」

99歳の女性が穏やかに息を引きとるとき、周囲は「十分に長生きしたから」と言うだろう。同じように、自然に終わる人間関係もあるのだろうか。「有効期限が決まっている人間関係もある」と、スミスは言う。「関係の機能や目的が、それ以上は存在しなくなる場合だ。2人がそれを受け入れたら、そのような終わり方もあるだろう」

ワトソンとクリックの関係は、その一例と言えるだろう。DNA構造の研究を通じて生命の鍵を開け、共通の目標を実現したものの、2人の関係は緊張していた。1968年にワトソンは、回想録『二重らせん』(講談社)の原稿をクリックに見せた。書き出しは、「謙虚なフランシス・クリックを、私は見たことがない」。クリックは元パートナーに宛てて、「友情を裏切り」「私のプライバシーにずかずかと侵入する」本だと書いている。回想録が出版された後にクリックは、「(本のなかで)最悪の登場人物はジムだ」と言い放った。2つの強烈な個性は、それでもぶつかり合う余力が残っていた。

スザンヌ・ファアレルとジョージ・バランシンは、1982年にバランシンの病状が悪化して仕事を続けられなくなるまで、ともに作品を手がけた。彼が最後に振り付けをしたのは、ファレルのソロの演目だった。83年4月にバランシンが死んだとき、ファレルは孤児になった気がすると語っている。89年に現役を引退した後は、創作者としての将来を見出せず、バランシンの後継者と衝突して退団。ニューヨーク・シティ・バレエ団との正式な関係を断った。その後、ワシントンDCのケネディセンターを拠点に自身のバレエ団を設立した。現在はバランシンの解説者として、自分の人生において彼が果たした役割を、主に若いダンサーたちに伝えている。

ペアの多くは、パートナーを失ったときに自分がどうすればいいのかわからなくなる。ラルフ・アバーナシーとマーティン・ルーサー・キング・ジュニアの場合、キングの人生が幕を閉じる瞬間まで互いの人生にとって大きな存在だったため、とりわけ痛切な悲しみを生んだ。1968年4月3日、2人は清掃組合のストライキを応援するためにテネシー州メンフィスを訪れた。雷雨で風の強い夜だった。メイソン・テンプルで集会が予定されていたが、疲れていたキングは、アバーナシーに代わりに演説をしてほしいと頼んだ。しかしアバーナシーは、集まった記者やカメラマンを見て、自分1人で出ていくわけにはいかないと思った。「マーティン、テレビ局がずらりと並んで待っているんだ」と、彼は電話でパートナーを説得した。「みんな君を待っている。僕じゃない」

キングはロレイン・モーテルの部屋で横になっていた。「わかった。行くよ」

集会が始まると、アバーナシーはいつものように観衆を盛り上げてからキングを紹介した。キングは最初に感謝の言葉を述べた。「ラルフ・アバーナシーは私にとって世界最高の友です」。もっとも、自らの暗殺を予言していたかのような言葉とともに有名になった演説のなかで、冒頭の一節はほとんどの人に見過ごされてきたのだが。この夜、キングは演説の最後にこう述べている。

「これからどうなるかはわかりません。困難な日々が待っているでしょう。でも、もういいのです。私は山頂に登ってきたのですから」

翌日の夜、ロレイン・モーテルの306号室――頻繁に利用していたので「キング・アバーナシー・スイート」とも呼ばれていた――のバルコニーで、キングは銃弾に倒れた。アバーナシーは部屋のなかにいた。「振り返って外を見ると、マーティンの足だけが見えた」と、彼は回想録に書いている。彼はキングに駆け寄り、両腕で抱きかかえた。「彼の目が穏やかになり、唇を動かしていた。まだ意識があって、何か言おうとしていたに違いない。次の瞬間、知性が目からあふれ出て、彼は完全にからっぽになった」

人生の大半をパートナーの陰で過ごしてきたアバーナシーは、キングの死後、その影が広く濃くなっていくのを感じていた。三重の打撃だった。まず、パートナーなしで活動を続けなければならなかった。しかも、自分にはふさわしくない役割を果たさなければならなかった(キングの計画どおり、アバーナシーは彼の後任として南部キリスト教指導者会議の会長に昇進したが、ステージで主役を張る素質はなかった)。さらに、すべてを殉教者と比較された。1989年に刊行された回想録でアバーナシーはキングの不倫を暴露し、キングと彼の遺産を裏切ったと激しく非難された。著名な黒人指導者たちから電報が届き、回想録が「歴史からおまえの足跡を消す」だろうと忠告された。翌年、アバーナシーは死んだ。ワシントン大行進[1963年8月28日にワシントンDCで20万人以上が参加した人種差別撤廃デモ。キングの「私には夢がある」の演説が行われた]から50周年を迎えた2013年に、歴史学者のデビッド・J・ガローは、公民権運動の歴史のなかでアバーナシーの足跡は「無視され、忘れられている」と述べている。

オーヴィル・ライトにとって、兄ウィルバーがいない人生は、燃料のないエンジンのようなものだった。初飛行の成功から9年後の1912年、ウィルバーは腸チフスで死んだ。3年後にオーヴィルは兄と設立した会社を売却し、その後は修理工の仕事をしながら、ときどき公の場で偉業を称えられた。生涯、結婚はせず、1948年にデイトンで死去した。

パートナーの死後、残されたパートナーの多くが窮地に立たされる。エンジンのガソリンは満タンだが、エンジンオイルがないようなものだ。そのまま動きつづければ、オーバーヒートを起こして燃え尽きる。テオ・ヴァン・ゴッホもそうだった。1890年7月27日、ヴィンセントは拳銃で自分の腹を撃った。テオは死にゆく兄のかたわらにいた。兄の死とほぼ同時に、良識的で堅実な支援者というテオの役割は消えた。兄にとって、テオは明晰で秩序正しく、慈しみ、たしなめてくれる存在だった。共同で仕事をするときは積極的にリスクを取るものの、最後は現実的なところに落ち着いた。体は弱かったが、結婚して息子に兄の名前をつけるなど、世間の言う良い人生の基盤を築いてきた。

しかし、ヴィンセントが自殺した後、テオは進む方向を見失った。兄の作品を世に知らしめることに固執して、新しいアパートに移り、美術館のように絵を飾った。仕事も辞め、すぐに新しいビジネスを立ち上げようとした。ポール・ゴーギャンに送った電報は、躁状態だったことをうかがわせる。「熱帯へ発て、心配無用、金は送る」。署名は「テオ、ディレクター」となっていた。

テオの元雇い主は、「画家だった兄のような、いわゆる狂人」だと述べている。

画家のカミーユ・ピサロは、テオが「暴力的」になったと書いている。「妻と息子をあれほど愛していた人が、(今は)彼らを殺したがっていた」

9月になり、テオは「神経過敏が……ひどくなった」と訴えた。10月に義兄のアンドリース・ボンゲルは、ヴィンセントを診ていた医者に、偶然を装ってテオの様子を確認してほしいと頼んだ。「彼はあらゆることにいらだち、取り乱しているのです」10月半ば、テオは精神科に入院した。その後、別の病院に移され、1891年1月に死んだ。病院の記録によると、死因は「慢性疾患、過度の行動と悲しみ」だった。病気を患っていたのは事実だが（おそらく梅毒だった）、クリス・ストルウェイクとリチャード・トムソンは共著で、テオの死をめぐる状況は「謎のまま」であり、自殺だったのかもしれないと書いている。同年に批評家のオクターヴ・ミルボーは、彼ら兄弟は同じ思いを抱いて死んだのだろうと指摘しているが、同じ方法で死んだのだろうという意味にも取れる。

ここで少し視野を広げて、人間関係が人間を形成する過程を見てみよう。ワーズワースの物語の結末は、まさに好例だ。ウィリアム・ワーズワースの結婚式の日、妹のドロシーはまるで葬儀の日のように嘆き悲しんでいた。彼女はその後20年間、ウィリアムとその妻と暮らすことになる。しかし、彼女は「兄のために生き、兄のために苦難を乗り越えてきた」と、『ドロシー・ワーズワースのバラード（*The Ballad of Dorothy Wordsworth*）』の著者フランシス・ウィルソンは書いている。「彼が彼女をもはや必要としなくなったとき、彼女の人生は意味を失った……それから20年近く、彼女は家の最上階の部屋で、『ジェーン・エア』の屋根裏部屋の狂った女のように暮らした」

ウィリアムが死ぬと、ドロシーは再び変わった。「突然、昔の自分を取り戻した……20年間、気がつく人もいなかった彼女自身を。彼女は大人の女性に戻った。美しく、奔放で、魅力的なドロシーに戻ったのだ。まるで……彼がいなくなって、息を吹き返したかのように」

物語に終わりがないという事実は、座りのいい結末を求める私たちの感覚をさかなでするだろう。かたちのある終焉が訪れるというのは神話だとしても、経験を秩序立てて物語にしたいという欲求に訴える事実ではない。デビッド・クロスビーのコカイン用パイプをめぐる一件について、グラハム・ナッシュはまるで2人が完全に決別したかのように話していた。しかし、その一件から数カ月後には、ナッシュが協力していた核兵器反対の慈善イベントで共演している。ナッシュは「クロスビー、スティルス＆ナッシュ」として演奏したくはなかったが、話題づくりが必要だったので、クロスビーとスティルスを呼んだのだ。「元」パートナーからすぐに離れるのは無理だと思う人もいれば、2人の人生は奥深くで合流していて、本当に別れることはできないと悟る人もいる。

薬物と銃の不法所持で刑務所に入った後、クロスビーは薬物治療を受けて社会復帰を果たした。ナッシュによると、最近は「機会があれば」共演している。2013年に、私はパサデナ・プレイハウスで行われた慈善イベントのステージを観た。ナッシュは「レイ・ミー・ダウン」という曲を紹介するときに、「デビッドと僕がソロレコードをつくっていた」時期の話をした。彼は自分の言い間違いに驚いていた――「『デュオ』のつもりだったのだ。「ソロ、そうだね。僕たちはソロに近いと思っているから」

悲しいエンディングにも、創造的なやり取りの最後の教訓がある。他人と関係を結ぶと、私たちは良くも悪くも別の人間になるのだ。関係に足を踏み入れたら、抜け出す方法はない。

万里の長城を舞台にしたマリーナ・アブラモヴィッチとウライの最後のパフォーマンスは、共同作業の歴史のなかで最も感動的で、最もわかりやすい結末の1つだ。そして、ドキュメンタリー映画『マリーナ・アブラモヴィッチ　存在するアーティスト』に収録されているニューヨーク近代美術館（MoMA）での再会も、同じくらい印象的なエピローグとなった。2010年にMoMAで開催された回顧展で、マリーナは広いフロアの真ん中にテーブルと椅子を置き、3カ月のあいだ週6日、1日8時間、静かに座っていた。テーブルを挟んで置かれたもう1脚の椅子に、観客が入れ代わり立ち代わり腰をかけ、彼女をじっと見つめる。ある日、マリーナは閉じていた目を開いて次の観客を見た。ウライだった。彼女の目が潤んだ。手を伸ばし、握手を交わす。周囲から拍手が沸き起こった。「2人のアーティストの再会に、あなたも涙するだろう」と、バズフィードは伝えている。動画もウェブで拡散された。

本書のためにマリーナとウライについて調べはじめた私は、まずこのドキュメンタリーを見た。MoMAの再会のほかにも、2人が車でニューヨーク州北部に向かい、マリーナの別荘で食事をする場面があった。ウライは2人の作品について、遠い昔を懐かしむように振り返っていた（ときどき当時に戻りたくてたまらないのだろうと感じる場面もあった）。私が初めてマリーナにインタビューをしたときは、彼と手がけた作品の話が延々と続き、2人の心が離れていった時期にはなかなか触れなかった。私の頭のなかで、幸せな再会というイメージが膨らんでいた。

しかし、2013年11月にウライと会ったとき、物語はもっと複雑なのだとすぐに気がついた。彼はマリーナに「嫌な感情は持っていない」と語る一方で、回顧展には自分との作品も含まれていたと指摘し、「僕たちが共有する精神的資産」だと語った。「僕たちの共同作品もたくさんあった。彼女がテーブルを前に座っていた作品は、まさに『ナイトシー・クロッシング』を半分に割ったものだ。彼女は僕以外の700人だか7000人を招待した。僕には何も知らせず、何も聞いてくることもなく、何もなかった。勝手にやったことだ。名前は伏せておきたいのだが、あるニューヨークの知り合いは『存在しないアーティスト』と呼ぶべきだと言っていた」

その日、私はマリーナにも会い、ウライとの話を伝えた。

「彼とはまだ話していないわ。彼に聞いたかしら？　弁護士の名前で手紙が来て、私がやろうとしていることをやめるように言ってきたのよ。私のほうは、彼の主張がおかしいと言える根拠がたくさんあったから、うんざりして、いまだに話もしていない」

この件には彼らの保管庫も関係していた。2人が別れてから11年後に、マリーナがウライから2万1000ドルで買い取ったものだ。彼らは「あらゆる不測の事態を想定して」契約書を作成したと、マリーナの伝記作家ジェームズ・ウェストコットは書いている。「争いをなくす」ために「離婚調停」のような取り決めを交わした。

ただし、言うまでもなく、争いをなくすことができる離婚合意など存在しない。離婚せざるをえなくなった状況——親密さと信頼が崩壊した状況——では、合意も効果はない。マリーナとウライのように、渡ることのできない溝を挟んで立ち尽くし、背を向けて歩き去ることもできずにいる。溝のなかに彼らのかけらが転がっている。

「今回の争いは新しい話なのですか？　あるいは、絶えず戦っていた？」と私は訊いた。

「絶えず戦っていたわ。いつも。ずっと。でもカップルなんて、基本的に厄介なものよ」。マリーナは笑いながら続けた。「どちらかが死ぬほうが、幸せなのかもしれない。きれいな思い出が残るから。そうでなければめちゃくちゃよ」

その後、保管庫の所有権について話していたとき、彼女が突然――私にはそう思えた――万里の長城を歩いたときの話を始めた。実は、ウライも私に自分からあのパフォーマンスの話を持ちだしていたのだ。ドキュメンタリーのなかでマリーナが泣いている場面は、カメラを意識したパフォーマンスだろうと語っていた。

マリーナにも言い分があった。「彼を決して許せないことがあるの。長城を歩いているとき、道教と儒教の寺院に挟まれた場所があって、彼はそこで足を止めた。落ち合うのにぴったりの美しい光景だったから。そこで3日間、待っていたのよ。私のほうが余計に歩くはめになった。殺してやりたいくらいよ」

私は別の質問をしようとしたが、彼女にさえぎられた。

「この話をしていると、私は必ず機嫌が悪くなるわ。ええと、あれから何年？」

「25年ですね」

「そうよ、25年よ。想像できる？　まだ決着がつかないのよ？　私たちが死ぬまで決着はつかないでしょうね」

エピローグ――バートン・フィンク、スタンダード・ホテルにて

隠れるのは楽しいけれど、見つけてもらえないと最悪だ。
D・W・ウィニコット（精神分析家）

2013年12月24日

私は頭が混乱していて、憂鬱で、虚しさを感じている――つまり、私は物書きだ。編集者に頼りきっているし、たくさんの友人や仲間に囲まれているが、誰も目の前の締め切りから私を救い出してはくれない。執筆は基本的にひとりだ。

感謝祭までに書き終えるつもりだったから、冬の休暇中は自宅を貸してメキシコに行く旅費にあてようと考えていた。明らかに終わらないとわかったときは、賃貸契約をキャンセルするには遅すぎ、ロサンゼルスのダウンタウンのホテルを予約した。「動かせない締め切り」という言葉を聞いたことがあるかもしれない。私の場合、1月2日だ。このホテルには12月21日から泊まっている。今朝、廊下を歩いて自分の部屋に戻りながら――濃い赤色のカーペットに、白いきれいな壁。エレベーターはフロアの西側にあり、私の部屋は東側なので、しばしの散歩だった――ロサンゼルスのホテルで締め切りに追われているもう1人の物書きのことを考えた。

コーエン兄弟の映画で、劇作家のバートン・フィンクはアール・ホテルにこもって映画の脚本を執筆する。映画のクライマックスで、バートンはベッドの柵に手錠でつながれたまま、ホテルが炎に包まれる。

私は廊下を歩きながら、これから手錠につながれに行くような気がした。もちろん、比喩的な意味だ。

言うまでもなく、ここはアール・ホテルではない。壁紙ははがれていない。汗くさい男から箱を預かってもいない。私の部屋はモダンで清潔、背の高い窓から光が差し込んでいる。市街地の眺めは美しく、デビッド・レターマンのトーク番組で背景の窓に描かれたセットのようだ。何か壮大で複雑なものを観察しているのだが、はるか上から見下ろしているような気がしてくる。

ルームサービスは24時間。スイカのフレッシュジュースもある。

実のところ、最大限の快適さと最小限の人間関係の責務とともに暮らせる空間を設計するなら、このようなホテルはうってつけの見本だろう。悩ましいことに、そこにいる私が、こうして自分の孤独を不条理にも吐露しているわけだ。

もっと不条理な告白をしなければならない。私は今、クリエイティブな人間関係について語るこの本を、最後まで書ききれないのではないかという不安を抱えている。私が失敗しかけているのは、自分自身のマネジメントに失敗したことが直接の原因だ。

この本の構想を思いついた瞬間から、ストーリーの骨組みとして、イーモン・ドランが念頭にあった。彼はこのプロジェクトの編集者であり、私が探求しようとしていた化学反応の好例でもある。以来5年間、私はあらゆるテーマを彼と私の関係に当てはめて考察してきた。本書で説明した6つのステージをたどりながら、私たちの関係の深さと広さの一面を紹介したい。

1　イーモンは、出版社ホートン・ミフリン・ハーコートの傘下で自分のインプリント(出版ブランド)を経営している。オフィスのドアには冷蔵庫用のマグネットが600個ひしめいている。女優ギルダ・ラドナーの写真、象の尻、温度計付きのテキサスの地図……。彼の多彩な興味と、貪欲な好奇心と、奇妙さと本物を歓迎する精神の証だ。私も本物であろうとしているが、間違いなく変わり者で、イーモンの声がいつも私のなかのスイッチを押してくれる。彼と電話で話をしていると、電気信号が確かに見える。

私たちは深く共感しているが、似ても似つかない2人だ。彼は直線的で理性的に考えるが、私の思考は堂々めぐりで感情的だ。彼は落ち着いていて楽天的。私は鬱々としやすく、軽い躁の傾向がある。彼はバランスの取れた人で、とても控え目だが、私は変人で厚かましい。彼は効率的で、私は……さて。本を1冊書きあげるのに5年もかかる人間は、非効率的という言葉では足りないだろう。

不思議なことに、私たちの関係は心が安らぐと同時に落ち着かない。イーモンと仕事をしていると、自分が見知らぬ人間になった気がする。よそ者というわけではない。自分が自分に好奇心をかきたてられ、困惑させられるのだ。彼と仕事をしていると、自分がいつもより鋭くて、賢くて、優秀だと感じることも少なくない。自分の一部分が切り離されていると、強く感じるのだ。その感覚が楽しいときもあれば、怖じ気づくときもある。

私の服を着ているこの人物は誰だ？　ジョシュア・ウルフ・シェンク？　いったいどんな男なのだ？

2

ジョシュア・ウルフ・シェンクは、イーモン・ドラン・ブックの著者だ。彼がペンギン・プレスの編集者として私の企画を採用したとき、私は彼の名前を「編者」として表紙に載せるべきだと提案した。彼は難色を示した（ただし、うれしかったはずだ）。その1年後、彼はペンギンを退職し、ホートン・ミフリン・ハーコートで自分の名前を冠したインプリントを立ち上げた。こうして、表紙に彼の名前のクレジットを入れるという私の願いは実現した。

私は彼と話をしていると、「私」「私のもの」になったり「私たち」「私たちのもの」になったりする（彼も同じだ）。いちいち訂正して説明したりはしないが、自分が個人のアイデンティティと共同のアイデンティティを隔てる細い線の上に立っていることは意識している。そのことに元気づけられ、怖くもなる。イーモンが出版社を移ると知ったとき、最初は人づてに聞いたのだが、自分は取り残されるのだろうと思っていた（著者の契約は、編集者とではなく出版社と結ぶ）。彼と一緒に行けないのなら、この企画はあきらめるしかないとも思った。彼がいなければ書けないからだ。皮肉なことに、その後いらだちが最高潮になったときに何回か、同じ契約の解除条項が頭をよぎったのだが（2010年に私がペンギン・プレスと交わした執筆契約は、2011年にホートン・ミフリン・ハーコートに引き継がれた）。子供がリュックサックにリンゴとぬいぐるみを押し込み、親の目の前で家出をするようなものだ。家出をしたいという思いは、家出などできないという感情に縛られていた。

3

ペアの役割のパターンに照らすと、私が主演俳優でイーモンが監督、私が液体でイーモンが容器だ。私は「壮大な計画」の本に関する慣習に抵抗し、イーモンは出版企画としての基本的な形式を守ろうとする。

ただし、固定観念には収まらない。たとえば、この本の主題となる6つのステージを見出して命名したのは、基本的に私だ（これは本来「器」の仕事だ）。私は物語の一般的なパターンで筋書きをまとめようとしたが、イーモンは発想を大切にする大胆な語り口を重視した。1年ほど前に、私の友人でピュリツァー賞を受賞したこともある優秀な編集者が、私の構想――数多くの物語を並行して語るスタイル――はばかげていると言った。私はイーモンに電話をかけた。「友人にばかげていると言われた。僕もそう思う」。しかし、イーモンはばかげてなどいないと言い、私は彼を信じてついてきた。

4

作家と編集者の距離は、遠くもあり、取るに足りないときもある。イーモンと私は何カ月も話をしないときもあれば、連日何時間も話をするときもある。私は人との境界線がかなり流動的だが、人と一定の距離を保つイーモンの流儀を尊重している。たとえば、私は彼の携帯電話の番号を知っている。彼が携帯から電話をかけてきたときに番号を保存したのだ。でも、その番号にかけたことは一度もない。ショートメールも送信したことがない。

夜か週末に電子メールを送るか、彼のオフィスの留守番電話にメッセージを残す。

そんなとき、私はイーモンが別の惑星にいるのだと考える。私は宇宙機関のエージェントとして、はるか彼方にメッセージを発信する。ときどき返信が届く。そういう生き方は、深くつながっていると実感するが、孤独でもある。トム少佐［デビッド・ボウイの『スペース・オディティ』に登場する人物］やロケット・マン［エルトン・ジョンの『ロケット・マン』より］のように。

5

どうすれば衝突を避けられるのか。そう聞きたくなるのは自然なことだ。ただし、もっといい質問がある——生産的な関係を継続するなかで、衝突を最小限にするにはどうすればいいか。

イーモンはいつも冷静に、私の両極端の感情のバランスを取ってくれる。彼の冷徹な決断力も頼りにしている。私が3つのアイデアを提案して、適切な議論を交わした後、彼が裁定を下す。

「1つめはやってみよう。2つめは却下。3つめは、もう少し調べたら教えてくれ」

ただし、イーモンの率直で迷いのない判断が、ひどく冷淡で厳しすぎると感じるときもある。たとえば、草稿の段階で話し合う目的は、改善するために何が必要かを考えることだと彼は思っている。でも、私は忠告をもらうだけでなく、たっぷり励ましておだててもらいたい。私が多くを求めすぎなのかもしれない。そう、確かに求めすぎだ。それでも言っておきたいことがある。最初の原稿に対する彼の反応を思い返しているうちに、落ち込んで先に進めなくなった。

それが2013年の春のことだ。当初の予定では、6月1日までに推敲を終えた原稿を渡すことになっていた。しかし、それは不可能であることが早々にわかり、予定が変更された。

新しい締め切りは11月1日に決まった。間に合わなかった。

人間関係が陥りやすい破壊的なパターンについて、心理学者のダイアナ・マクレーン・スミスはある力学をもとに説明する。恐ろしい増幅の力学だ。パートナーの2人がそれぞれ自分の要求が満たされていないと感じ、自分とは対照的な相手のスタイルにいらだち、自分のスタイルをさらに押し出す。

私の執筆が遅いのは、私に言わせれば、もっと励まして支えてほしいから、もっとスケジュールを柔軟にしてほしいからだ。締め切りを過ぎても、私はこれらの要求を出しつづけた。しかしイーモンは、それに応えようとは思わなかった。それどころか、より厳しく、冷ややかになった。あるとき、激怒したイーモンからメールが届いた。「現実的な問題はともかく、君には道徳的な締め切りというものがある。自分が約束したものを提出して、言い訳をせず、自分がこだわって遅れていることを、暗に私のせいにしないという義務があるはずだ」

こういうとき、出版ビジネスではエージェントの出番だ。私のエージェントもスケジュールを調整し、次の締め切りは1月2日だと連絡が来た。イーモンが手を入れた箇所の確認も含めて、最終の最終原稿を渡す日だ。その原稿が出版される。その時点で、残り2週間半だった。それから風邪をひき、99歳の祖母が亡くなって、自宅に戻り、他人に自宅を有料で貸した。そして今、私はスタンダード・ホテルでバートン・フィンクになっている。

しかも課題が増えた。イーモンが編集の最終段階で、この本の締めくくりとして、「自分たちも人生のなかでクリエイティブ・ペアを組むことができると思えるように読者を励ますべきだと言いだしたのだ。しかし、人を励まそうと思ったら、ジャーナリストや学者の肩書きを脱いで、素の自分を見せなければならない。私は舞台が終わった後の楽屋話のようなエピローグが好きだ。幕が下りてから脚本家が登場して、自虐的なジョークを飛ばし、裏話を披露して観客を魅了する。そのときに脚本家の目が血走っていて、ジャケットが破れていたら、観客は心配するだろう。

私は決して、人を励ますような人間ではない。

しばらく悩んだが、自分にふさわしい仕事かもしれないと思えてきた。誰よりも私自身が、存分に励ましてもらいたいのだから。そこで、みなさんを励ましてみたい。

まず、挑戦すること。

きっかけは小さなことだ。人間関係は、鷹が急降下してネズミをくわえるように、突然、降ってわいてくるものではない。海に漂うあなたにボートが近づいてくるように、どこからともなく登場するわけでもない。手を伸ばして梯子をつかみ、自分で登っていくのだ。最初の一歩は、えてして思いもつかないかたちになる。0と1の違いも、深海の淵と日常的な景色の違いも、思いがけないところから生まれるのかもしれない。

挑戦するためには、電話が鳴ったときに、赤いボタンを押して切らずに緑のボタンを押して応答しよう。

挑戦するためには、助けを求めよう。「こちらトム少佐、管制室どうぞ」


挑戦するためには、あなたを理解してくれる見知らぬ人か、見知らぬ人に思える友人を探そう。作家のカンファレンスやスケート場など、共通の関心を持つ人が集まる場所に行くといい。

挑戦することは、恥をかくリスクを冒すことだ。数カ月前に、私は不安に関する講演を聴いた。講演者は、自分も壇上で話をすることが不安だったと打ち明けた。そして、進化生物学的な観点から不安を解説し、人間の体は捕食者から逃げるようにできている、余分な個体や水分を排出するようにできていると語った。質疑応答の時間になり、講堂にライオンがいないことは明らかなのに、人前で話すことに不安を覚えるのはなぜかという質問が出た。困惑した雰囲気のなかで誰かが言った――進化の過程でライオンに追いかけられることより、集団のなかで見捨てられることのほうが、大きな脅威だからではないか。集団のなかで見捨てられることは、死を意味する。聴衆の前で間違ったことを言えば、そのリスクを冒すことになる。

不安は、危険から逃げなければならないときに感じる感情だ。恥は、危険の存在を意識したときに感じる感情だ。

挑戦することは、それぞれが自分のやるべきことをやりながら、他人を助けることかもしれない。

挑戦することは、成功するリスクを冒すことだ。私たちが恐れるのは、自分の弱さではなく自分の力だ。私たちが手にするのは、自分が欲しいものでも、自分にふさわしいものでもない。私たちは自分が手にした力に立ち向かわなければならない。

12月26日

今朝、立て続けにメールを送った。自分が読んだ原稿の一部をジェニーとジョシュに送信した。マシューには電話をかけた。ジリアンに、きょう話ができないかとメールをした。われながら少々滑稽だった。返信は来なかった。

その後、マシューから折り返し電話があり、イーモンについてあれこれ話をした。締め切りを再調整することになった謝罪と、読者を激励する件で悩んでいることを、イーモンに伝えようと私は決めた。「こちらトム少佐、管制室どうぞ」

ジェニーから返信が来た。助かった。テッドから電話がかかってきたとき、私は執筆中だった。電話を切る赤いボタンの上で指が止まったが、緑のボタンを押した。

挑戦したら、次は受け入れる。

あなたのパートナーは嫌なヤツだという事実を受け入れよう。あなたが嫌なヤツだという事実も受け入れよう。つまりはお互いさまだ。パートナーについて腹が立つところは、わくわくさせられるところでもある。いちばん好きなところは、いちばん頭に来るところでもある。髪型が決まれば朝からご機嫌、決まらなければ不機嫌になるのと同じだ。

あなたにとって必要な人は、あなたを喜ばせるし失望もさせるが、創造的な経験の指数は喜びや失望で決まるわけではない。思考や感情は、決して取るに足りないものではないが、最も重要なものでもない。肝心なのは、創造的な作業だ。

現実は、あなたの頭のなかにはない。現実は、あなたと他人のあいだにある。そのことを受け入れよう。

私は以前に、マルティン・ブーバーの「我と汝」という対話の哲学について詳しく知りたいと思い、ブーバーの研究家であるクレア・サーフィンに話を聞いた。ブーバーによれば、対話には「我/それ」と「我/汝」という2種類の関係がある。前者は主観と客観の関係だ。後者は2つの存在が出会って対話をし、全体性を認識して、主観と客観の区別がなくなる。

「我と汝」の関係は、ブーバーによれば聖なるものだ。

サーフィンは、「汝」は初期の翻訳の名残で、正確には「我とあなた」がふさわしいと説明した。対話は神聖なものとの出会いではなく、別の人格との出会いであり(ブーバーが言うように、相手が人間ではない場合もある)、この出会いをとおして神聖さに触れる(無神論者なら「究極の善良」と考えてもいい)。

そのような出会いや出会いの側面に踏み込めと言っているのだろうか(お気づきのとおり、私の仕事の大半は、言葉にできないものを噛みくだいて段階に分けながら理解することだ)。

そうではないと、サーフィンは言った。「ブーバーの思想の中心は、物事を全体として考えるか、それとも部分の和として考えるかは、私たち次第だということです。たとえば、ある人に会って別れてから、どのような人物かを説明するときは、『あの人はX氏です。とても背が高くて、髪は茶色、眼鏡をかけていて……』という具合に特徴を並べて、細かく現実的な描写をするでしょう。これが『我／それ』の関係です。その人物の部分や詳細に注目するのです」

「同じ人と『我／汝』の関係を築くということは、最も有意義な部分を共有するということです。そのような出会いを経験すると、どのような人かと説明できなくなります。なんとか説明しようとしても、その人について話そうとしても、出会いによって自分自身が変わったと感じるのです」

このような出会いの可能性を受け入れよう。

自分より大きな何かに身を委ね、自分より大きな何かに導こうとする内なる流れに身を委ねる。そのような出会いを受け入れよう。

受け入れたら、次は自分の役割《パート》を演じる《プレイ》。

辞書によると、「パート」には「部分、要素」という意味がある。「プレイ」とは、「真面目な、実用的な目的というより、喜びや娯楽のために活動すること」だ。

創造的な仕事には「プレイ」が肝心だ。創造の担い手は、ありのままの世界で足かせをはめられ、こうありたいと願う世界を探す。足かせから抜ける方法は、鍵を見つけることでも、超人ハルクのように怒りをたぎらせて引きちぎることでもない。自分が足かせにとらわれていると考えるのを、やめることだ。

自分の役割を演じるために、最善を尽くすこと。

自分の役割を演じるために、誰かと話すこと。パートナーと話すこと。できるかぎり誠実になれば、パートナーは耳を傾けてくれる。ほんの一口分の批判でも大量の砂糖を混ぜないと飲めない人には、砂糖を添えよう。水なしで薬を飲める人には、薬をたっぷりあげよう。

自分と話をすることも大切だ。この本を書くために思考がもつ対話的な本質について調べて以来、私は時間をかけて心のなかの会話を深めている。セラピストからも、自分の子供と話すように自分と話をするといいと助言された。最初は妙な感じだったが、役に立っている。

「いらいらしているみたいだね」と、私は自分に語りかける。

「そうなんだ」と、私は答える。「やらなければいけないことがあるのに時間が足りない」

「まずは、やらなければいけないことのリストを作ってみようか」

自分との会話は、他人との会話の代わりにはならないが、社交的な会話の準備になる。適切な種類の社交的な会話は、自分との創造的な会話を促す。実際にやってみると難しいものだ。社交的な会話に戸惑い、自分との会話で方向を見失うときもあるだろう。とにかく楽しんでやること。

12月29日

ここに来てから毎日、カウントダウンをしている。あと9日、あと8日、あと7日——。しかし、きょうの午後からは、あと何時間という意識が強くなった。締め切りは、かなり先にあるうちは抽象的なものにすぎない。近づいてくると現実だとわかるのだが、まだ概念的だ。そして、ある段階から、締め切りを物理的なもののように感じる。締め切りという言葉の向こう側に、誰かが立っているような気がするのだ。

今朝、その感覚に襲われた。午後はずっと、その感覚につきまとわれた。そして、ほんの数分前に消えた。私はひとりに戻った。締め切りの向こう側には誰もいない。

ルイ・C・Kのコメディを見て寝よう。

12月30日

私とイーモンの関係をこの本のテーマに沿って考えたとき、最後のステージをどう説明すればいいのかわからなかった。

6

私たちは何かをつくるために、何かを壊す。自分自身をつくるために、自分自身を壊す。自分がいちばんうれしいと思うことと、いちばん怖いことを想像してみよう。2つを結びつける方法が見つかれば、あなたは両方を手にする。

中断は人間関係の終わりであり、修復が終わりを食い止める。そう考えたくなるものだし、実際にそのとおりだろう。修復ができるかどうかは、人間関係が続くか失敗するかの分かれ道だ。

ただし、修復と復元は違う。修復とは、光が差し込むひび割れを完全になくすことではなく、ひび割れを容認することだ。私とイーモンの場合、電話で世間話をすることが修復になる。思考にたっぷりついた脂肪が落ちてスリムになるまで料理をする。それが修復だ。イーモンに問題を投げかけて、彼らしい格言を交えた答えが返ってくると、私は修復されたと感じる。

「本を書くということは、足し算ではなく引き算だ」「本能とは、経験が意識下で表れることだ」「君の変人らしさを見せつけろ」

修復とは、前に進むために必要なあらゆることをすることだ。

そして今、私は燃え盛るホテルでベッドに手錠でつながれてはいない。物理的にはひとりかもしれないが、孤独ではない。ときどき自分の心の深淵に落ちることも必要だ。こちらの世界に戻ってきて、自分と他人のあいだの空間に飛び込むことも大切だ。どのような空間にせよ、誰かの手を取り、孤独の部屋から飛び出して、人間関係の喧騒へと向かう。覚えておいてほしい。名もない通りを横断するとき、そこがあなたのアビー・ロードになる。

最後に、すべてが終わったら明け渡す。あなたとパートナーが創造したものを明け渡し、また最初から始めよう。

カリフォルニア州ロサンゼルスにて
2014年1月2日

イーモン・ドランはこの本の共同制作者だ。誰よりもまず感謝したい。エージェントのベッツィ・ラーナーは彼女ならではの献身とスキルとユーモアでプロジェクトを導いてくれた。ホートン・ミフリン・ハーコートのベン・ハイマン、ラリー・クーパー、トレイシー・ロー、タリン・ローダー、アエシャ・ミルザと、ドゥナウ・カールソン・アンド・ラーナーのイシャイ・サイドマンにも感謝を。

まだ原稿と呼ぶに値しない時期と、佳境を迎えた最後の数カ月に、より明快かつ理論的に整理しながら叙情的な味つけをしてくれたのはミーハン・クリストだ。ミーガン・オーロークの編集上の助言と友情に感謝している。ジェニー・メイハーは編集者であり、ライターであり、司書であり、活動家であり、25年間ずっと私にとって理想の読者だ。

舞台裏の協力者にはよくあることだが、エイリーン・ギブソン・ファンクの役割を説明するためには名詞を数珠つなぎに並べるしかない。さまざまなペアを徹底的に緻密に調べてくれたが、リサーチャーの枠にとどまらない。無限に思える資料を整理し、広い意味で編集者であり、プロジェクトマネジャーであり、相談役であり、貢献者だった。3年のあいだ、支えが必要なときはいつでも彼女に頼ることができ、楽しい笑いを提供してくれた。

スー・パーリラをファクトチェッカーと呼んでしまうと、彼女のように優秀な人のスキルと判断力が伝わらないだろう。もちろん、バレエの第4ポジションの正確な説明を調べ、「スラーピー（炭酸飲料）」のスペルを修正したのは彼女だ。でも、それだけではない。胸の深さまである知識の沼（そんな沼が100個はあった）をかき分けて進み、白黒がはっきりしているファクトだけでなく、正確さの微妙な違いも数多く指摘した。そして、根気強い献身と完璧な判断力だけでは足りないとでも言うかのように、とてつもない優しさを振りまいた。

ジョシュ・アクセラードは私の大切な読者のひとりであり、この本の大半を繰り返し読んでくれた。蜘蛛のシャーロットに向けた子豚のウィルバーの言葉を、彼に何回でも贈りたい。「彼女は特別。本当の友達が文章家でもあるなんてめったにないけれど、シャーロットは両方だった」［『シャーロットのおくりもの』より］

私の周りにもシャーロットたちがいる。優れた知性と献身的な友情の持ち主であり、鋭い読者だ。ジリアン・ローレン、トッド・ハサクｰロウイー、アレックス・ビアーズ、アダム・ピオーレ、エリザベス・スカーボロ、ジョン・ギルモア、アリ・ハンデル、エリザベス・サービン、マリ・ブラウン、テッド・ローズ、パリ・チェンジ、マルティナ・ドレイソワ、マイケル・カディシュ、アガサ・フレンチ、ビーヴァン・トーマス、アンディ・ウォルター、テッサ・ブレイク、ジェイミー・ブレイン、ギャレス・クック、ジュリー・ペリニ、スティーブン・エリオット、ジョン・クラウド、ブルック・デラニー、マーラ・ナセリ、ダン・ケネディ、アンナ・シュライト・ハーバー、ジュリアン・ルビンスタイン、メアリー・アン・マリノ、ブライアン・ヘクト、サラ・マーカス、ネル・ケイシー、アリッサ・クアート、ブリス・ブロヤード、レイチェル・レーマン－ハウプト。

ウェバー家のみんな。リー・タオはつねに励ましてくれる。オリバー・ウルフ・シェンクの亀のようにゆったりとした歩みとキリンのような存在感。ルーシー、ヘンリー、エイブラハム、アナベル、ありがとう。

ジョン・シェンクとボニ・コーエン、愛とお手本をありがとう。

ニコラス・レマン、ブルース・フェイラー、アンドリュー・プロクター、惜しみない助言をありがとう。

兄のデイビッド・シェンクがいなければ、私は物書きになっていなかっただろう。いつもと変わらず、今回も最初から最後まで、彼の英知に助けられた。

このプロジェクトの背中を押してくれたサム・リンスキーとジェニファー・シニアに特別の感謝を。

本書の重要なアイデアのいくつかは、創造性と心理学の交差を探究するディスカッション「アーツ・イン・マインド」で成熟した。M・ジェラルド・フロム、エドワード・R・シャピロ、ジェレミー・サフラン、リサ・ルイス、ジェーン・ティルマン、リー・ワトロバ、キャサリン・ボウトウェル、アレクサンドラ・シェイカー、ありがとう。

あらためて名前を挙げることはあきらめるしかなさそうだが、多くの学者やクリエイティブ・ペアが私に知識をもたらし、自宅や仕事場に招き入れ、創造的な仕事について的確に説明してくれた。心から感謝している。それでもロビ・ベールとマシュー・スワンソンを紹介しないわけにはいかない。イディオッツ・ブックスとボブレディ・ブックスの共同クリエイターである2人は、クリエイティブ・ペアとしての経験を、惜しみなく誠実に語ってくれた。私が提唱した主なテーマはいずれも、彼らの経験にもとづいて検証した。電話やスカイプ、メールでも頻繁に相談した。この本に「ゴッドペアレンツ」がいるとしたら、ロビとマシューだ。

執筆を始めたころ、学者のエリス・グレアムが私の同志であり、教師であり、ステイシー・カリシュがリサーチ主任だった。

ジョン・シュスター、グウィネス・シャンクス、グレイス・リトルフィールド、ケリー・ダイヤモンド、ケヴィン・ダッチ、ドメニク・プリオーレ、ジョー・マルチア、ケイト・ミドン。ショーン・ヘメオン、ヘレナ・ムルジャ、デヴィン・ライトル、アイリス・ポーター、レナエ・デイ、パトリシア・ベルトラン、エステラ・マルティネス・ベルトラン、ありがとう。

このプロジェクトはスレート誌の連載から始まり、その一部がアトランティック誌に引き継がれた。スレートの担当だったデヴィッド・プロッツと編集のマイケル・エッガー、そしてアトランティックのスコット・ストッセル、トビー・レスター、カシア・サイプラクーマイヤー・フォン・バルデッグに感謝を。

本書の一部は、ヤッド（2012年）、マクドウェル・コロニー（2011年）、ノーマン・メイラー・センター（2010年）、ブルー・マウンテン・センター（2009年）で執筆した。崇高なこれらの場所での執筆を実現して支えてくれた仲間とスタッフに感謝したい。さらに、シルバーレイク・ホテルの8号室、ハンティントン図書館、ライターズ・ジャンクション、ブルックリン・クリエイティブ・リーグ、ブルックリン・ライターズ・スペース、ニューヨーク公立図書館のウェルセイム・スタディ、オースティン・リグズ・センターのエリクソン教育研究所、ワシントン・カレッジのローズ・オニール文学館でもコミュニティと資源を活用させてもらった。

ロサンゼルス・ファミリー・スクールの教職員に感謝を。

感謝のリストをあらためて見ると、くらくらしてくる。名前を挙げた人たちへの感謝に圧倒されると同時に、本当の意味で私の人生を形成し、影響を与えてくれた人たちの名前を挙げきれないことに頭を抱えたくなるのだ。詩人のパーシー・ビッシュ・シェリーが言ったとおり、私たちはあらゆる影響の和だ。本の表紙に書かれた名前はハイパーリンクにすぎない。その本が完成するまでの全貌を知りたければ、クリックすると、関係した人々の名前がすべて表示される。そして、それぞれ名前がハイパーリンクになっている。

もちろん、ここですべての人の名前を網羅することは不可能だから、謎と驚きに満ちた空間に集中しよう。私とイーモンのあいだの空間だ。最後にあらためて、イーモンに感謝したい。永遠の感謝を。

訳者あとがき

創造は孤独な世界であり、歴史を変えるひらめきが天才に降臨する。そんな「孤高の天才」のイメージは、実は神話にすぎない。真のクリエイティビティとイノベーションは、親密な人間関係や社会のネットワークのなかで生まれ、育まれる。それがこの本の出発点だ。

では、天才たちはどのようにイノベーションを成し遂げるのだろうか。そのプロセスを分析するために、著者は人間関係の基本である2人組に注目する。創造的な2人が出会って「クリエイティブ・ペア」を組み、関係が発展して、全盛期を謳歌し、突然あるいは必然的な幕切れを迎える。そんな「ペアの生涯」を6つのステップでたどりながら、創造性と人間関係のダイナミズムを描き出していく。

ペアを組むことになる相手と出会い、人間関係の化学反応が始まる（ステップ1・邂逅）。互いに関心を持った2人はペアという呼び名にふさわしくなり、「私」より「私たち」が前面に出てくる（ステップ2・融合）。2人の役割や位置関係が見えてきて（ステップ3・弁証）、さまざまなバランスを取りながら関係が発展する（ステップ4・距離）。やがて2人のクリエイティビティが花開くが、ペアの力学に微妙な変化も生じる（ステップ5・絶頂）。そして、出会いがあれば別れが訪れる。だたし、真のペアになった2人の関係は、本当の意味で終わることはない（ステップ6・中断）。

クリエイティブ・ペアが発展するためには、刺激を与え合い高め合うだけでなく、補完し合う関係が不可欠だ。2本の川が合流して関係が成熟する過程で、自分たちにふさわしい距離感や役割分担を探り、コーペティション（協力〔cooperation〕と競争〔competition〕）を深めていく。合流した2本の流れを、完全に分かち元に戻すことはできない。

2人は人間関係の基本単位だが、クリエイティブ・ペアは1プラス1を無限大にできる。2人は躍動感あふれる単位でもある。著者の言葉を借りれば、テーブルは3本脚で安定するが、歩いて走って転ぶのは2本の脚だ。

本書に登場するクリエイティブ・ペアは、名前も功績も、数々のエピソードも、多くの人が知っている天才たちだ。ジョン・レノンとポール・マッカートニー、ヴィンセント・ヴァン・ゴッホと弟テオ、キュリー夫妻、作家のC・S・ルイスとJ・R・R・トールキン、アニメ『サウスパーク』のマット・ストーンとトレイ・パーカー、心理学者のダニエル・カーネマンとエイモス・トベルスキー、フェイスブックのマーク・ザッカーバーグCEOとシェリル・サンドバーグCOO、ライト兄弟、NBAのマジック・ジョンソンとラリー・バード、投資家のウォーレン・バフェットとチャーリー・マンガー……。

なかでも象徴的な存在は、ジョン・レノンとポール・マッカートニーだ。彼らの軌跡はまさに、クリエイティブ・ペアの6つのステップを再現している。2人が手がけたビートルズの曲は「レノン・マッカートニー」のクレジットが多い。それでもジョンの曲とポールの曲を「区別できる」と主張する熱心なファンは、残念ながら孤高の天才の神話にとらわれていると、著者は言う。

さらに、ビートルズの解散をめぐっては、時期や経緯について今もさまざまな説が語られている。ポールの人生のなかで、ジョンとの関係が、良い意味でも悪い意味でも生きつづけていることは確かなようだ。「複雑な感情が入り混じったメッセージと、腹立たしいやり取りと、あからさまな侮辱とともにひとり残され、生涯、反芻しなければならないのだ」

この本の特徴は、広く公開されている資料や一般に知られているエピソードを重ねながら、人間関係の普遍的なパターンを見出そうとしていることだ（本人や近い関係者にも、数多くインタビューを行っている）。しかも、2人組の関係が成熟するプロセスを追いかけながら、たくさんのクリエイティブ・ペアのドラマが同時進行する。これら2つの特徴は、前者は単調になりがちで、後者は話の流れが見えにくくなりかねない。

それを支えるのが、著者のストーリーテリングだ。本人の言葉や周囲の証言を的確に引用し、興味をそそるエピソードをつなげながら、私たちの好奇心を満たし、才能豊かなクリエイターやカリスマたちへの憧れを刺激する。有名ゴルファーを支える無名のキャディの存在に、私たちは胸を躍らせる。天才に畏怖を覚えるからこそ、彼らにまつわる神話や定説が覆されるのは楽しいものだ。彼らも普通の人間だと思い、やはり天才は違うと感心する。

「孤高の天才」が神話だとしても、著者が選んだようなメジャーすぎる2人組には、やはり神秘性を感じずにいられない。それぞれのペアだけで本を1冊書けそうな、魅力的なエピソードも満載だ。しかし、いわゆる運命の出会いも、共通の人間や関心が仲介している場合が多い。奇跡や偶然だけでは行き詰まるだろう。クリエイティブ・ペアは、引き寄せられるのではなく、2人がそれぞれ出会いを引き寄せるとも言える。そして、出会いの先へと発展していくプロセス――「私」ではなく「私たち」として成長し、2人の周囲に人間関係のインフラが築かれていくプロセス――は、意外に地道で人間くさい。

最後のエピローグで、人間関係の6つのステップを、著者は自らを題材に検証している。私たちが読んでいるこの本を編んだ物書きと編集者は、どのようなクリエイティブ・ペアなのだろうか。著名な2人組から普遍的なパターンを見出すという試みが、ひとつのかたちになっている。

創造やイノベーションの担い手である2人組を通して浮かび上がる人間関係の構図は、私たちの日常のさまざまな関係にもあてはまる。自分の人生を変えるような出会いを経験し、初対面で2人のあいだに火花が走るのが確かに見えて、その人といると1プラス1が無限大になるような力を感じる。そんな人間関係に誰でも憧れるだろうし、きっと経験したことがあるだろう。そんな出会いの意味を理解できれば、私たちの世界が広がるかもしれない。

著者のジョシュア・ウルフ・シェンクは、ロサンゼルス在住のエッセイスト、ライター、キュレーター。アトランティックやハーパーズ、ニューヨーカー、ニューヨーク・タイムズなどの主要メディアに寄稿している。一般の人々が体験談を語るストーリーテリングのイベント「モス」に立ち上げから関わり、心理学的な視点から創造性を研究するディスカッション「アーツ・イン・マインド」を主宰している。

前著『リンカーン――うつ病を糧に偉大さを鍛え上げた大統領』（明石書店、2013年）では、躁うつ病（双極性障害）だったことで知られる第16代米大統領エイブラハム・リンカーンについて、その精神状態が歴史に残る政治手腕に結びついたというユニークな分析を行っている。

ペアの片割れを名乗るには何から何まで足りない訳者に対し、英治出版の山下智也さんがあらゆる役割を引き受けてくれた。クリエイティブ・ペアは補完し合う関係だという言葉を実践できず、的確な指摘とフォローに助けてもらうばかりだった。ほかにも多くの人に支えられ、この本をかたちにすることができた。ありがとうございます。

矢羽野 薫

* James W. Pennebaker, *The Secret Life of Pronouns: What Our Words Say About Us*
* Esther Perel, *Mating in Captivity: Reconciling the Erotic and the Domestic* [エステル・ペレル『セックスレスは罪ですか?』高月園子訳，ランダムハウス講談社，2008 年]
* Daniel H. Pink, *To Sell Is Human: The Surprising Truth About Moving Others* [ダニエル・ピンク『人を動かす、新たな 3 原則――売らないセールスで、誰もが成功する！』神田昌典訳，講談社，2016 年]

Lee Ross and Richard E. Nisbett, *The Person and the Situation: Perspectives of Social Psychology*

Daniel J. Siegel, *The Developing Mind: How Relationships and the Brain Interact to Shape Who We Are*

Diana McLain Smith and Peter Senge, *Elephant in the Room: How Relationships Make or Break the Success of Leaders and Organizations*

* Michael L. Stallard, *Fired Up or Burned Out: How to Reignite Your Team, Passion, Creativity, and Productivity*
* Frank J. Sulloway, *Born to Rebel: Birth Order, Family Dynamics, and Creative LIves*

Nassim Nicholas Taleb, *Antifragile: Things That Gain From Disorder*

* George E. Vaillant, *The Wisdom of the Ego, Triumphs of Experience, The Men of Harvard Grant Study, Adaptation to Life*

Eudora Welty and Ronald A. Sharp, *The Norton Book of Friendships*

そのほかインタビューに協力してくれた人々

メレア・アッカー，マーク・アレン，ベンジャミン・ボールとガストン・ノーグ，ロビ・ベールとマシュー・スワンソン，デボラ・ベル，ロベルト・ベナビブとイェニ・コーハン，ジェレミー・バーンスタイン，クリスティーナ・ビーダーマン，テッサ・ブレイクとイアン・ウィリアムズ，ロラン・ド・ブリュノフとフィリス・ローズ，ベサニー・バラム，ジェシカ・シャフィンとジェイミー・デンボ，デビッド・クロスビーとグラハム・ナッシュ，リー・ダムスキー，リチャード・ダニエルポア，イアン・デサイー，マシュー・ディックマン，デボラ・ダウリング，エイミー・エドモンドソン，エディ・アーランドソン，フランク・エッシャーとラビ・グネウォルドナ，チャールズ・ファーニーホフ，スーザン・フィスク，クリス・ファウラー，ピーター・フリード，ロナルド・K・フリード，M・ジェラルド・フロム，サム・ゴスリング，アリ・ハンデル，グレン・ハンサードとマルケタ・イルグロワ，シェイラ・ヘティとマルゴー・ウィリアムソン，クエール・ホデックとクリス・ロトライカー，リサ・イグレシアス，モリー・アイルランド，ギャビン・キルダフ，マーク・リプトン，ジョシュ・ローブとゾーイ・ネイサン，マイケル・R・マニアキ，ダン・マクアダムス，エリック・モスコウィッツとアマンダ・トレイジャー，コナン・オブライエン，アナリス・オフェリアン，アイラ・ロビンズ，ジェームズ・L・サックステダー，シャロン・サルツバーグ，ジョージ・サウンダーズ，ローレンス・シラー，エドワード・R・シャピロ，カール・シェインゴルド，ジェフ・シンプソン，ジル・ソロウェイ，エイブラハム・ストール，クレア・サフリン，イラ・R・タウシク，テンジン・ゲシェー・テトン，ハンナ・ティンティ，ビリー・ツィエンとトッド・ウィリアムズ，アビゲイル・チュリン，ティモシー・ウィルソン．

James P. Carse の素晴らしい著作 *Finite snd Infinite Games: A Vision of Life as Play and Possibility* は，通常のテーマの分類に当てはまらない．脚本家のトニー・クシュナーはテレビドラマ『Angels in America』の後記でキンバリー・フリンとオスカー・ユースティスとの関係について語っており，創造性の社会的な結びつきの力を明言している．本書の執筆中ずっと，彼の言葉が頭のなかにあった．ウィリアム・ジェームズとマルティン・ブーバーは本書のゴッドファーザーのような存在だ．ジェームズは私が尊敬する心理学者であり，ブーバーは本書を導く精神的なビジョンの泉となった．Misha Glouberman and Sheila Heti, *The Chairs Are Where the People Go: How to Live,Work,and Play in the City* にも大きな影響を受けた．

Melinda Blau and Karen L. Fingerman, *Consequential Strangers: The Power of People Who Don't Seem to Matter . . . but Really Do*

* Stuart L. Brown, *Play: How It Shapes the Brain, Opens the Imagination, and Invigorates the Soul*［スチュアート・ブラウン，クリストファー・ヴォーン『遊びスイッチ、オン！――脳を活性化させ、そうぞう力を育む「遊び」の効果』芳賀靖史監訳，足立理英子，佐藤裕子，鈴木真理子，田中智美，深川恵，前田雅代訳，バベルプレス，2013 年］

* John T. Cacioppo and William Patrick, *Loneliness: Human Nature and the Need for Social Connection*［ジョン・T・カシオポ，ウィリアム・パトリック『孤独の科学――人はなぜ寂しくなるのか』柴田裕之訳，河出書房新社，2010 年］

Susan Cain, *Quiet: The Power of Introverts in a World That Can't Stop Talking*［スーザン・ケイン『内向型人間の時代――社会を変える静かな人の力』古草秀子訳，講談社，2013 年］

Nicholas A. Christakis and James H. Fowler, *Connected: The Surprising Power of Our Social Networks and How They Shape Our Lives*［ニコラス・A・クリスタキス，ジェイムズ・H・ファウラー『つながり――社会的ネットワークの驚くべき力』鬼澤忍訳，講談社，2010 年］

* Amy C. Edmondson, *Teaming: How Organizations Learn, Innovate, and Compete in the Knowledge Economy*［エイミー・C・エドモンドソン『チームが機能するとはどういうことか――「学習力」と「実行力」を高める実践アプローチ』野津智子訳，英治出版，2014 年］

* Susan T. Fiske, *Social Beings: Core Motives in Social Psychology*

* Alan Fogel, *Developing Through Relationships*

Barbara L. Fredrickson, *Love 2.0: How Our Supreme Emotion Aff ects Everything We Feel, Think, Do, and Become*［バーバラ・L・フレドリクソン『LOVE2.0　あたらしい愛の科学』松田和也訳，青土社，2014 年］

Sai Gaddam and Ogi Ogas, *A Billion Wicked Thoughts: What the Internet Tells Us About Sexual Relationships*

Jolene Galegher, Robert E. Kraut, and Carmen Egido, *Intellectual Teamwork: Social and Technological Foundations of Cooperative Work*

* Alison Gopnik, *The Philosophical Baby: What Children's Minds Tell Us About Truth, Love, and the Meaning of Life*［アリソン・ゴプニック『哲学する赤ちゃん』青木玲訳，亜紀書房，2010 年］

Daniel Goleman, *Social Intelligence: The New Science of Human Relationships*［ダニエル・ゴールマン『SQ　生きかたの知能指数――ほんとうの「頭の良さ」とは何か』土屋京子訳，日本経済新聞出版社，2007 年］

John Gottman, *The Seven Principles for Making Marriage Work*［ジョン・ゴットマン，ナン・シルバー『結婚生活を成功させる七つの法則』松浦秀明訳，第三文明社，2007 年］

Adam Grant, *Give and Take: Why Helping Others Drives Our Success*［アダム・グラント『GIVE & TAKE「与える人」こそ成功する時代』楠木建監訳，三笠書房，2014 年］

Richard J. Hackman, *Leading Teams: Setting the Stage for Great Performances*［J・リチャード・ハックマン『ハーバードで学ぶ「デキるチーム」5 つの条件――チームリーダーの「常識」』田中滋訳，生産性出版，2005 年］

Julian Jaynes, *The Origin of Consciousness in the Breakdown of the Bicameral Mind*［ジュリアン・ジェインズ『神々の沈黙――意識の誕生と文明の興亡』柴田裕之訳，紀伊國屋書店，2005 年］

* J. A. Scott Kelso, *Dynamic Patterns: The Self-Organization of the Brain and Behavior*

J. A. Scott Kelso with David A. Engstrom, *The Complementary Nature*

* Michael Maccoby, *Narcissistic Leaders: Who Succeeds and Who Fails*

* Annie Murphy Paul, *The Cult of Personality Testing: How Personality Tests Are Leading Us to Miseducate Our Children, Mismanage Our Companies, and Misunderstand Ourselves*

Steven Johnson, *Where Good Ideas Come From* [スティーブン・ジョンソン『イノベーションのアイデアを生み出す七つの法則』松浦俊輔訳，日経 BP 社，2013 年]
＊Vera John-Steiner, *Creative Collaboration*
Robert Kanigel, *Apprentice to Genius: The Making of a Scientific Dynasty*
Wayne Koestenbaum, *Double Talk: The Erotics of Male Literary Collaboration*
Bruce Nussbaum, *Creative Intelligence: Harnessing the Power to Create, Connect, and Inspire*
＊Anne Paris, *Standing at Water's Edge: Moving Past Fear, Blocks, and Pitfalls to Discover the Power of Creative Immersion*
Mary Helena Pycior, Nancy G. Slack, and Pnina G. Abir-Am, eds., *Creative Couples in the Sciences*
＊Keith Sawyer, *Group Genius: The Creative Power of Collaboration* [キース・ソーヤー『凡才の集団は孤高の天才に勝る――「グループ・ジーニアス」が生み出すものすごいアイデア』金子宣子訳，ダイヤモンド社，2009 年]
＊Clay Shirky, *Cognitive Surplus: Creativity and Generosity in a Connected Age*
Robert B. Silvers and Barbara Epstein, *The Company They Kept: Writers on Unforgettable Friendships*
Twyla Tharp, *The Creative Habit and The Collaborative Habit* [トワイラ・サープ『クリエイティブな習慣――右脳を鍛える 32 のエクササイズ』杉田晶子訳，白水社，2007 年]
Harriet Zuckerman, *Scientific Elite: Nobel Laureates in the United States*

権力と競争

V. Frank Asaro, *Universal Co-Opetition: Nature's Fusion of Competition and Cooperation*
David P. Barash, *Beloved Enemies: Our Need for Opponents*
Adam M. Brandenburger and Barry J. Nalebuff, *Co-Opetition* [アダム・ブランデンバーガー，バリー・ネイルバフ『ゲーム理論で勝つ経営――競争と協調のコーペティション戦略』嶋津祐一，東田啓作訳，日本経済新聞社，2003 年]
Po Bronson and Ashley Merryman, *Top Dog: The Science of Winning and Losing* [ポー・ブロンソン，アシュリー・メリーマン『競争の科学――賢く戦い、結果を出す』児島修訳，実務教育出版社，2014 年]
Richard Conniff , *The Ape in the Corner Office: Understanding the Workplace Beast in All of Us* [リチャード・コニフ『重役室のサル――人間も組織も、こんなに「動物」だった』勝貴子訳，光文社，2006 年]
＊Frans de Waal, *Our Inner Ape: A Leading Primatologist Explains Why We Are Who We Are*
＊ Dario Maestripieri, *Games Primates Play: An Undercover Investigation of the Evolution and Economics of Human Relationships*
Dorothy Rowe, *Friends and Enemies: Our Need to Love and Hate*

人間関係と心理学

Diane Ackerman, *A Natural History of Love* [ダイアン・アッカーマン『愛の博物誌』岩崎徹，原田大介訳，河出書房新社，1998 年]
Jose Luis Alvarez and Silviya Svejenova, *Sharing Executive Power: Roles and Relationships at the Top*
＊Arthur Aron and Debra J. Mashek, *Handbook of Closeness and Intimacy*
＊Elaine Aron, *The Highly Sensitive Person* [エレイン・N・アーロン『ささいなことにもすぐに「動揺」してしまうあなたへ.』冨田香里訳，ソフトバンククリエイティブ，2008 年]
David Bakhurst and Christine Sypnowich, *The Social Self*
Ellen Berscheid and Pamela C. Regan, *The Psychology of Interpersonal Relationships*

Gauguin, and Nine Turbulent Weeks in Provence，Adam Gopnik がニューヨーカー誌に執筆した *Van Gogh's Ear* を参考にした．ファン・ゴッホの最後の数カ月に関する著作を発表する予定のグレゴリー・カーティスは私の良き相談相手であり，導き手となってくれた．

「孤高の天才」の神話

発明と著作権の歴史に関する Mark Rose, *Authors and Owners* に大きな影響を受けた．ローズ，ジェームズ・シャピロ（James Shapiro, *Contested Will: Who Wrote Shakespeare?* の著者），ジェームズ・J・マリノ（James.J.Marino, *Owning William Shakespeare: The King's Men and Their Intellectual Property* の著者）は数回のインタビューを通じて，「孤高の天才」の神話が生まれた経緯をひもといてくれた．Marjorie Garber が 2002 年 12 月のアトランティック誌に執筆した *Our Genius Problem* は天才の概念の変遷を説明している．Alfonso Montuori の論文 *Deconstructing the Lone Genius Myth: Toward a Contextual View of Creativity*（Ronald E. Purser 共著）はほかの研究にも導いてくれた．Darin M. McMahon, *Divine Fury: A History of Genius* は本書の締め切り直前に刊行されたため消化しきれなかったが，有力な文化史論となっている．

◆

執筆にあたり，以下の書籍以外にも，学術誌や新聞雑誌の優れた記事，ドキュメンタリー，オンラインに掲載されたインタビュー記事など数多くの資料に助けられた．*印の著者には直接インタビューをした．

創造性

Teresa Amabile, *Creativity in Context*

Teresa Amabile and Steven Kramer, *The Progress Principle: Using Small Wins to Ignite Joy, Engagement, and Creativity at Work* ［テレサ・アマビール，スティーブン・クレイマー『マネジャーの最も大切な仕事――95% の人が見過ごす「小さな進捗」の力』中竹竜二監訳，樋口武志訳，英治出版，2017 年］

Frank Barron, *No Rootless Flower: An Ecology of Creativity*

* Frank Barron, Alfonso Montuori, and Anthea Barron, *Creators on Creating: Awakening and Cultivating the Imaginative Mind*

Ori and Rom Brafman, *Click: The Forces Behind How We Fully Engage with People, Work, and Everything We Do* ［オリ・ブラフマン，ロム・ブラフマン『一瞬で人に好かれる 6 つの秘密――なぜ、あの人の周りにだけ人が集まるのか ?』林田レジリ浩文訳，フォレスト出版，2013 年］

Whitney Chadwick and Isabelle De Courtivron, *Significant Others: Creativity and Intimate Partnership* ［ホイットニー・チャドウィック，イザベル・ド・クールティヴロン『カップルをめぐる 13 の物語――創造性とパートナーシップ』野中邦子，桃井緑美子訳，平凡社，1996 年］

Elizabeth G. Creamer, *Working Equal: Academic Couples as Collaborators*

Mihaly Csikszentmihalyi, *Creativity: Flow and the Psychology of Discovery and Invention* ［M・チクセントミハイ『クリエイティヴィティ――フロー体験と創造性の心理学』浅川希洋志監訳，須藤祐二，石村郁夫訳，世界思想社，2016 年］

* Michael P. Farrell, *Collaborative Circles: Friendship Dynamics and Creative Work*

Richard L. Florida, *The Rise of the Creative Class: And How It's Transforming Work, Leisure, Community, and Everyday Life* ［リチャード・フロリダ『新クリエイティブ資本論――才能が経済と都市の主役となる』井口典夫訳，ダイヤモンド社，2014 年］

Howard Gardner, *Creating Minds: An Anatomy of Creativity Seen Through the Lives of Freud, Einstein, Picasso, Stravinsky, Eliot, Graham, and Gandhi*

Edward Hirsh, *The Demon and the Angel: Searching for the Source of Artistic Inspiration*

ジェリー・ルイスとディーン・マーティン
Jerry Lewis and Dean Martin

ルイスの回想録（James Kaplan との共著）*Dean and Me (A Love Story)* を中心に，Nick Tosches, *Dino: Living High in the Dirty Business of Dreams* も参考にした．

アンリ・マティスとパブロ・ピカソ
Henri Matisse and Pablo Picasso

2003 年にニューヨーク近代美術館（MoMA）をはじめ欧米の有名美術館が共同企画した「マティス・ピカソ展」は詳細なカタログを残している．Charlie Rose による同館の学芸員カーク・ヴァルネドーとジョン・エルダーフィールドへのインタビューは示唆に富んでいる．Jack Flam, *Matisse and Picasso: The Story of Their Rivalry and Friendship*，イヴ=アラン・ボア『マチスとピカソ』（宮下規久朗監訳，関直子，田平麻子訳，日本経済新聞社，2000 年），John Richardson が 2003 年にヴァニティ・フェア誌に執筆した *Between Picasso and Matisse*，Paul Trachtman がスミソニアン誌に執筆した「マティス・ピカソ」展の批評も参考にした．MoMA の学芸員アン・ウムランドは，同館の展示の研究をもとに 2 人の画家の関係を考察する手助けをしてくれた．

トレイ・パーカーとマット・ストーン
Trey Parker and Matt Stone

コメディ・セントラル局の特集『6 Days to Air: The Making of South Park』（監督 Arthur Bradford）を見て，彼ら 2 人に興味をかきたてられた．ブラッドフォードはマットに関する新作ドキュメンタリーの映像を公開前に見せてくれた．2 人の弁護士ケビン・モリス，2 人の友人で仕事仲間のジェイソン・マヒュー，『サウスパーク』のスタッフライターのヴァーノン・チャットマンにも2人の関係について意見を聞くことができた．プレイボーイ誌の 2 人のインタビューと，Vanessa Grigoriadis がローリング・ストーン誌に執筆した *Still Sick, Still Wriong*，マットとトレイが 2011 年にCBSテレビの『60 Minutes』に出演した際の映像には，とくに助けられた．

リルケ
Rilke

Letters to a Young Poet の Lewis Hyde の序文，Sven Birkerts, *Reading Life: Books for the Ages* に収録されているリルケに関するエッセー，Mark M. Anderson がネーション誌にリルケとルー・アンドレアス・ザロメについて執筆した *The Poet and the Muse* を中心に考察した．

テオとヴィンセント・ヴァン・ゴッホ
Theo and Vincent van Gogh

ヴィンセント・ヴァン・ゴッホに関する研究は本人の書簡をもとにしており，Vangoghletters.org には数々の書簡が掲載されている．家族の書簡を含む初期の翻訳は Webexhibits.org/vangogh で読むことができる．テオの書簡の多くは紛失しているが，妻ヨー・ボンゲルと婚約時代に交わした書簡が *Brief Happiness* に収録されており，彼の言葉に触れることができる．George Howe Colt, *Brothers: On His Brothers and Brothers in History* はヴィンセントとテオのほか，ジェイムズ・ジョイスと弟スタニスロースなど多くのきょうだいの姿を感動的に描いている．コルトには直接，彼の考えを聞くことができた．Jan Hulskerm, *Vincent and Theo van Gogh: A Dual Biography* は主要な研究として知られている．テオについては，マリー=アンジェリーク・オザンヌ，フレデリック・ド・ジョード『テオ——もうひとりのゴッホ』（伊勢英子，伊勢京子訳，平凡社，2007 年），Chris Stolwijk and Richard Thomson, *Theo van Gogh, 1857 to 1891: Art Dealer, Collector, and Brother of Vincent*，スティーヴン・ネイフ，グレゴリー・ホワイト・スミス『ファン・ゴッホの生涯』（松田和也訳，国書刊行会，2016 年），Deborah Silverman, *Van Gogh and Gauguin: The Search for Sacred Art*，Martin Gayford, *The Yellow House: Van Gogh,*

田ようこ訳，河出書房新社，2016 年）は 1962 年末までの出来事をたどる．徹底したリサーチにもとづく大作は，ビートルズとその真実の歴史に関するターニングポイントとして記憶されるだろう（第 2 弾は 2020 年，第 3 弾は 2028 年に刊行予定）．ビートルズの全曲を解説する本も複数ある．イアン・マクドナルドの『ビートルズと 60 年代』（奥田祐士訳，キネマ旬報社，1996 年）と，音楽学者 Walter Everett の詳細な研究 *The Beatles as Musicians: The Quarry Men Through Rubber Soul* と *The Beatles as Musicians: Revolver Through the Anthology* も参考にした．

Beatlesbible.com は主要なテーマに関する記事と主要な資料からの引用が充実しており，大いに助けられた．サイト内の Fab Forum での対話も役に立った．ニューヨーク・タイムズ紙の音楽記者で『ビートルズ』（角松天訳，アルファベータ，2001 年）の著者でもあるアラン・コズィンと研究者の Kenneth Womack（*Long and Winding Roads: The Evolving Artistry of the Beatles* などの著書がある）は彼らの考察を私に聞かせてくれ，有用な資料を紹介してくれた．マイケル・マッカートニーによるフォト・ドキュメント『リメンバー――ビートルズ誕生への軌跡』（斎藤早苗訳，プロデュース・センター出版局，1996 年）には，「アイ・ソー・ハー・スタンディング・ゼア」を作っているジョンとポールを撮影した印象深い写真が掲載されている．マイケルは当時の思い出を私に語ってくれた．Pauline Sutcliff（Douglas Thompson との共著 *The Beatles' Shadow and His Lonely Hearts Club*）は兄スチュアート・サトクリフの日記と書簡を見せてくれた．クオリーメンのメンバー――ジョン・ダフ・ロウ，レン・ギャリー，ロッド・デイビス，コリン・ハントン――には直接，話を聞くことができた．とくにデイビスは，リバプールでバンドを結成した当初に関する質問に答えてくれた．

Bob Spitz, *The Beatles*，Jonathan Gould, *Can't Buy Me Love: The Beatles, Britain and America*，ピーター・ドゲット『ザ・ビートルズ　解散の真実』（奥田祐士訳，イースト・プレス，2014 年），マーク・ハーツガード『ビートルズ』（湯川れい子訳，角川春樹事務所，1997 年），フィリップ・ノーマンの『シャウト　ザ・ビートルズ』（水上はる子訳，主婦の友社，2006 年）と *John Lennon*，Howard Sounes, *Fab: An Intimate Life of Paul McCartney*，ラリー・ケイン『ビートルズ 1964-65――マジカル・ヒストリー・ツアー』（室矢憲治訳，小学館，2006 年）と *Lennon Revealed*，Tim Riley, *Lennon*，Lewis Lapham, *With the Beatle*，Alan Clayson, *Backbeat: Stuart Sutcliffe: The Lost Beatle*，Rupert Perry, *Northern Songs: The True Story of the Beatles' Song Publishing Empire*，Doug Sulpy and Ray Schweighardtm, *Get Back: The Unauthorized Chronicle of the Beatles' "Let It Be" Disaster* も参考にした．

C・S・ルイスと J・R・R・トールキン
C. S. Lewis and J.R.R. Tolkien

ルイスとトールキン，そして 2 人の共同作業に関する精緻な研究をまとめた Diana Pavlac Glyer, *The Company They Keep: C. S. Lewis and J.R.R. Tolkien as Writers in Communit* には大いに助けられ，グレイヤーには数回インタビューをした．ハンフリー・カーペンターの『J・R・R・トールキン――或る伝記』（菅原啓州訳，評論社，2002 年）と *The Letters of J.R.R. Tolkien* と *Letters of C. S. Lewis*（W. H. Lewis 編）も参考になった．ルイスに関しては，A・N・ウィルソン『C・S・ルイス評伝』（中村妙子訳，新教出版社，2008 年）と George Sayer, *Jack: A Life of C. S. Lewis, The Letters of C. S. Lewis to Arthur Greeves (1914-1963)*（Walter Hooper 編）が詳しい．コリン・ドゥーリエの『トールキンと C・S・ルイス友情物語――ファンタジー誕生の軌跡』（成瀬俊一訳，柊風舎，2011 年）は 2 人の近づきがたい世界に彩りを与えている．2 人の関係についてルイス自身が『喜びのおとずれ――C・S・ルイス自叙伝』（早乙女忠，中村邦生訳，筑摩書房，2005 年）と『四つの愛』（佐柳文男訳，新教出版社，2011 年）で振り返っており，とても有用だった．

ヴァレンティノ・ガラヴァーニとジャンカルロ・ジアメッティ
Valentino Garavani and Giancarlo Giammetti

Matt Tyrnauer が 2004 年 8 月にヴァニティ・フェア誌に執筆した *So Very Valentino* と制作編集に携わったドキュメンタリー『Valentino: The Last Emperor』は 2 人の力学を描きだしている．ティロノーアーは私のインタビューにも応じてくれた．

スティーブ・ジョブズとスティーブ・ウォズニアック
Steve Jobs and Steve Wozniak

ウォルター・アイザックソン『スティーブ・ジョブズ』（井口耕二訳，講談社，2012 年）とスティーブ・ウォズニアック『アップルを創った怪物――もうひとりの創業者、ウォズニアック自伝』（井口耕二訳，ダイヤモンド社，2008 年）は必読．Gary Wolf が 1998 年にワイアード誌に執筆した *The World According to Woz*，Michael Malone, *Infinite Loop: How Apple, the World's Most Insanely Great Computer Company, Went Insane*，PBS のドキュメンタリー『Steve Jobs: One Last Thing』も参考にした．

ジョン・レノンとポール・マッカートニー
John Lennon and Paul McCartney

ジョンとポールの曲作りやレコーディングを間近で見ていたハンター・デイヴィスの『ビートルズ』（小笠原豊樹，中田耕治訳，河出書房新社，2010 年）は最初に手に取った 1 冊であり，折に触れて読み返した．2 人の性格や 2 人が過ごした場面を素晴らしい描写で伝えており，レノン・マッカートニーに関する膨大な資料の基礎となっている．ほかにもジェフ・エメリックとハワード・マッセイの共著『ザ・ビートルズ・サウンド――最後の真実』（奥田祐士訳，河出書房新社，2006 年），Pete Shotton and Nicholas Schaffner, *John Lennon: In My Life*，シンシア・レノン『ジョン・レノンに恋して』（吉野由樹訳，河出書房新社，2007 年）など主要な関係者が 2 人の関係を証言している．Alistair Taylor, *With the Beatles*，Derek Taylor, *It Was Twenty Years Ago Today*，Tony Barrow, *John, Paul, George, Ringo & Me*，Tony Bramwell, *Magical Mystery Tours*，ジョージ・マーティン『ビートルズ・サウンドを創った男――耳こそはすべて』（河吉成伸幸，一色真由美訳，河出書房新社，2016 年），May Pang and Henry Edwards, *Loving John*，Ray Connolly, *The Ray Connolly Beatles Archive* も役に立った．

さまざまな考察の基本はジョンとポール自身のインタビューだ．Beatlesinterviews.org には膨大な数の原稿が収録されている．バリー・マイルズ『ポール・マッカートニー――メニー・イヤーズ・フロム・ナウ』（松村雄策監修，竹林正子訳，ロッキング・オン，1998 年）ではポールがビートルズの歴史と自身の足跡を語っている．『ザ・ビートルズ・アンソロジー』（EMI ミュージック・ジャパン）はドキュメンタリー映像と書籍，アルバムの 3 部作で，メンバー自身の言葉でビートルズの歴史が綴られている．1970 年にローリング・ストーン誌のヤン・ウェナーが行ったジョンのインタビューはウェナーの著書 *Lennon Remembers* のほか，ポッドキャストでオリジナル映像が公開されている．1980 年に行われたプレイボーイ誌のデービッド・シェフとのロングインタビューは，シェフの著書『ジョンとヨーコ　ラストインタビュー』（石田泰子訳，集英社，1990 年）に収録されている．

マーク・ルイソンの著作もビートルズ研究の要になっている．『ザ・ビートルズ　レコーディング・セッションズ完全版』（宮永正隆監修，内田久美子訳，シンコーミュージック・エンタテイメント，2009 年）はアビー・ロードでの作業テープを徹底的に検証（ビートルズ・マニアによると，John Winn の *Way Beyond Compar* と *That Magic Feeling* もレコーディングに関するルイソンの考察を補完している）．*The Beatles Day by Day* と Keith Badman, *The Beatles Diary* はバンドの活動をあらためて振り返っている．ルイソンの壮大な 3 部作の第 1 弾『ザ・ビートルズ史　誕生』（山川真理，吉野由樹，松

ン・グレイザーとロン・ハワードなど数多くの偉大なパートナーシップについて考察している．

フランシス・クリックとジェームズ・ワトソン
Francis Crick and James Watson

DNAをめぐる冒険について2人は回想録を執筆している．ワトソンの『二重らせん』（江上不二夫，中村桂子訳，講談社，1986年），クリックの『熱き探究の日々──DNA二重らせん発見者の記録』（中村桂子訳，ティビーエス・ブリタニカ，1989年）だ．H・F・ジャドソンの『分子生物学の夜明け──生命の秘密に挑んだ人たち』（野田春彦訳，東京化学同人，1982年）は2人の研究と環境を詳細にたどっている．PBSで放映されている科学ドキュメンタリーシリーズNovaの『Secret of Photo 51』と，『The Secret of Life』（監督David Glover）も参考にした．Victor McElheny, *Watson and DNA* はDNAをめぐる発見について学術的に解説している．米国立衛生研究所（NIH）のアーカイブにはBBCで放映された『The Race for the Double Helix - Providence and Personalities』の台本（1974年7月11日，Listener刊）があり，主要人物への貴重なインタビューを確認できる．Robert Wrightが1999年にタイム誌に執筆したワトソンとクリックに関するエッセーと，Nicholas Wadeが2003年にニューヨーク・タイムズ紙に執筆した *A Revolution at 50* は，簡潔にして美しい文章だ．ワトソン本人には2013年8月にコールド・スプリング・ハーバー研究所でインタビューをした．

デビッド・クロスビーとグラハム・ナッシュ
David Crosby and Graham Nash

2人にはそれぞれ回想録がある．ナッシュの *Wild Tales: A Rock & Roll Life*，クロスビーとCarl Gottliebの共著 *Long Time Gone*，*Since Then: How I Survived Everything and Lived to Tell About It* だ．Steve SilbermanがCrosbynash.comに執筆したエッセーは2人の物語の真髄に迫っている．私はシルバーマンの紹介で，2012年と13年に2人がライブで演奏する前後に数晩，ともに過ごすことができた．Dave Zimmer, *Crosby, Stills & Nash: The Biography* はバンド公認の伝記だ．

キュリー夫妻
The Curies

最初にローレン・レドニス『放射能──キュリー夫妻の愛と業績の予期せぬ影響』（徳永旻訳，国書刊行会，2013年）を読み，マリー・キュリーの *Pierre Curie*（詳細な注釈は自伝的な要素が高い）と娘エバ・キュリーの *Madame Curie: A Biography*，スーザン・クイン『マリー・キュリー』（田中京子訳，みすず書房，1999年）も読んだ．

エミリー・ディキンソン
Emily Dickinson

Brenda Wineapple, *White Heat: The Friendship of Emily Dickinson and Thomas Wentworth Higginson* は2人の重要な結びつきをあらわにするだけでなく，人間関係の研究の手本となる（ワイナップルは *Sister Brother: Gertrude and Leo Stein* でも創造的な人間関係を考察している）．*Open Me Carefully*（Ellen Louise Hart and Martha Nell Smith編）は，義理の姉スーザン・ハンティントン・ディキンソンとの書簡を集めた重要な資料だ．スミスには数回インタビューを行い，彼女の著書 *Rowing in Eden: Rereading Emily Dickinson* も参考にした．*A Summer of Hummingbirds: Love, Art, and Scandal in the Intersecting Worlds of Emily Dickinson, Mark Twain, Harriet Beecher Stowe, and Martin Johnson Heade* の著者クリストファー・ベンフィーにも示唆に富む話を聞くことができた．

リーもニューヨーク・シティ・バレエ団の元バレリーナで，優秀なライターでもあり，インタビューを通じてバランシンとファレルの物語を豊かに解説してくれた．バランシンについては Robert Gottlieb, *George Balanchine: The Ballet Maker*，Bernard Taper, *Balanchine: A Biography* などの書籍がある．ファレルとたびたびパートナーを組んだジャック・ダンボワーズには著書 *I Was a Dancer* がある．Francine Prose がファレルについて書いたエッセー *The Lives of the Muses: Nine Women and the Artists They Inspired* は，アリス・リデル，ルー・アンドレアス・ザロメ，ガラ・ダリ，リー・ミラー，チャリス・ウェストン，オノ・ヨーコなど多くの著名なクリエイターの肖像も描いている．Joan Acocella が 2003 年にニューヨーカー誌に執筆した *Second Act* はファレルのその後を紹介している．自らバレエ団を率いている近況については Jennifer Homans の著述を参考にした．

シモーヌ・ド・ボーヴォワールとジャン＝ポール・サルトル
Simone de Beauvoir and Jean-Paul Sartre

ニューヨーカー誌に掲載された Louis Menand の書評をきっかけに Hazel Rowley, *Tete-a-Tete: Simone de Beauvoir and Jean-Paul Sartre* を手に取ったのだが，ロウリー本人は，メナンドの考察は「私とは正反対だ」と指摘している．ボーヴォワールとサルトルに関する Daniel Bullen のエッセー *The Love Lives of the Artists: Five Stories of Creative Intimacy* にも感銘を受けた（エッセーにはリルケとルー・アンドレアス・ザロメ，アルフレッド・スティーグリッツとジョージア・オキーフ，ディエゴ・リベラとフリーダ・カーロ，ヘンリー・ミラーとアナイス・ミンの関係も描かれている）．さらに深く知りたい人にはボーヴォワールとサルトルの著作がたくさんある．ボーヴォワールは回想録だけでも 5 冊執筆しているほか，彼女の *Letters to Sartre* とサルトルの *Witness to My Life: The Letters of Jean-Paul Sartre to Simone de Beauvoir 1926-39* がある．

ラリー・バードとマジック・ジョンソン
Larry Bird and Magic Johnson

HBO のドキュメンタリー『Magic and Bird: A Courtship of Rivals』（監督 Ezra Edelman）は，2 人のインタビューを中心に親密な関係を詳細に伝えている．番組に登場するジャーナリストのジャッキー・マクムランはラリー・バードの著書 *When the Game Was Ours* の執筆にも協力（マクムランは同書について 100 回以上のインタビューに応じ，マジックとバードと一緒に取材を受けたこともある）．2012 年 4 月 11 日に放映された CBS の『Late Show with David Letterman』にはマジックとバードがそろって出演している．

ニール・ブレナンとデイブ・シャペル
Neal Brennan and Dave Chappelle

ブレナンには 2012 年 4 月と 13 年 2 月にインタビューをした．シャペルはインタビューに応じてもらえなかった．Rachel Kaadzi Ghansah がシャペルについてビリーバー誌に執筆した *If He Hollers Let Him Go* と，Kevin Powell がエスクァイア誌に執筆した *Heaven Hell Dave Chappelle* も素晴らしい．シャペルは 2006 年 2 月にオプラ・ウィンフリーの長時間インタビューを受け，突然の降板について自ら語っている．

ウォーレン・バフェットとチャーリー・マンガー
Warren Buff ett and Charlie Munger

アリス・シュローダー『スノーボール——ウォーレン・バフェット伝』（伏見威蕃訳，日本経済新聞出版社，2009 年）とジャネット・ロウ『投資参謀マンガー——世界一の投資家バフェットを陰で支えた男』（増沢和美訳，パンローリング，2001 年）は，それぞれ素晴らしい伝記だ．Michael Eisner and Aaron R. Cohen, *Working Together: Why Great Partnerships Succeed* は 2 人の関係を生き生きと描いているほか，アイズナーとフランク・ウェルズ，ビルとメリンダ・ゲイツ，ブライア

参考文献

主な資料や情報源を，本書に登場する主なペア（アルファベット順）と主なテーマ別に挙げる．

ラルフ・アバーナシーとマーティン・ルーサー・キング
Ralph Abernathy and Martin Luther King Jr.

アバーナシーの著書 *And the Walls Came Tumbling Down: An Autobiography* のほか，アバーナシーの娘（Donzaleigh Abernathy）が編集した *Partners to History: Martin Luther King Jr., Ralph David Abernathy, and the Civil Rights Movement* の彼の回想を参考にした．キングの著述は『マーティン・ルーサー・キング自伝』（クレイボーン・カーソン編，梶原寿訳，日本基督教団出版局，2001 年）に収録されている．公民権運動に関する研究のなかでも以下の 3 部作は示唆に富んでいる（Taylor Branch, *Parting the Waters: America in the King Years, 1954-63*，*Pillar of Fire: America in the King Years, 1963-65*，*At Canaan's Edge: America in the King Years, 1965-68*）．テイラー・ブランチには直接，考えを聞くことができた．

マリーナ・アブラモヴィッチとウライ
Marina Abramović and Ulay

ドキュメンタリー『Marina Abramović: The Artist Is Present』（監督 Matthew Akers，Jeff Dupre）には 2 人の関係が見事に凝縮されており，彼らのパフォーマンスも数多く収められている．2010 年にニューヨーク近代美術館（MoMA）で開催されたアブラモヴィッチの回顧展のカタログ（Klaus Biesenbach 編）も同じタイトルがついている．James Westcott, *When Marina Abramović Dies* は彼女の伝記の決定版で，ウライとの日々も詳細に記されている．Thomas McEvilley, *Art, Love, and Friendship: Marina Abramović and Ulay, Together and Apart* も参考にした．アブラモヴィッチとウライにはそれぞれ数回，話を聞いた．ウライは公開前のドキュメンタリー『Project Cancer: Ulay's Journal from November to November』（監督 Damjan Kozole）を見せてくれた．ホイットニー美術館の学芸員クリッシー・アイルズからも独自の洞察を聞くことができた．

スーザン・B・アンソニーとエリザベス・キャディ・スタントン
Susan B. Anthony and Elizabeth Cady Stanton

スタントンの著書 *Stanton's Eighty Years and More: Reminiscences* と *The Selected Papers of Elizabeth Cady Stanton and Susan B. Anthony* にはアンソニーの言葉も数多く紹介されている．Geoffrey C. Ward, *Not for Ourselves Alone: The Story of Elizabeth Cady Stanton and Susan B. Anthony* と同タイトルのドキュメンタリー（監督 Ken Burns）は 2 人の関係を詳細に描いている．Jean H. Baker, *Sisters: The Lives of America's Suff ragists*，Elizabeth Griffith, *In Her Own Right: The Life of Elizabeth Cady Stanton*，Vivian Gornick, *The Solitude of Self: Thinking About Elizabeth Cady Stanton* も参考にした．学者のエレン・デュボアは専門家としての所見を語ってくれた．

ジョージ・バランシンとスザンヌ・ファレル
George Balanchine and Suzanne Farrell

ドキュメンタリー『Suzanne Farrell: Elusive Muse』を見て 2 人の物語に関心を抱き，ファレルの自伝 *Holding On to the Air*（Toni Bentley 共著）にさらなる興味をかきたてられた．ベント

ても，実家で食卓を囲むと昔の構図に引き戻されるからでもある（私は42歳になった今も，2人の兄といると坊やのままだ）．

厳格な役割分担は，停滞している職場でもよく見られる特徴だと，リーダーシップのアドバイザーでもある心理学者のダイアナ・マクレーン・スミスは言う．「私に相談する職場は，同僚に対して変化のない固定された見方をしている場合が多い．しかし皮肉なことに，そのような雰囲気が一貫したパフォーマンスを持続させる．不満で凝り固まったパターンが崩れないからだ．自分は周囲の人々と現実を創造しているのだという視点を持てば，人間関係が広がるだけでなく，個人の責任も強化される」

4. この2つの衝動は，進化の歴史を考えると理解しやすいだろう．人間はつねに，集団のなかで居場所を確保して生き延び，集団のなかで最大限の特異性を維持して力をつけてきた．心理学者のマリリン・ブルーアーによると，現代の私たちも同じパターンで自分のアイデンティティを探している．主要な集団のなかで敬遠されるほど風変わりではなく，特徴を失うほど周囲に同化しないように，「最適な特異性」を探っているのだ．2つの力は，天秤の重りがバランスを取るように中和される．私たちはつねに均衡を保とうとしている．

5. ライターのサム・マクナーニはこれを「一晩寝かせて考えるサイエンス」と呼び，神経科学者のウルリヒ・ワグナーとヤン・ボーンが行った実験を紹介している．彼らは被験者に，長い数字列を換算する課題を与えた．「大半の人が敬遠するアルゴリズムを使って，一握りの数学オタクが解決できる」ような問題だったが，「もっと簡単に解ける洗練された近道もあった．どのくらいの人がその方法に気がつくだろうか」．結果はわずか20%．大半の被験者が数時間，問題に取り組んでいた．ところが，実験の途中で昼寝をした被験者は，59%が近道に気がついたのだ．レム睡眠が「系統立てられた知識と洞察力のある振る舞いを引き出しやすくする」と，ワグナーとボーンは指摘する．ハーバード大学医学大学院のディアドラ・バレット教授が行った別の実験では，76人の大学生に人生の悩みをひとつ選ばせ，毎晩寝る前にじっくり考えさせた．「1週間後，学生の約半分が自分の問題に関する夢を見ていて，約4分の1は解決策に関する夢を見ていた」

6. ファレルは本当にメヒアを愛していたのだろうか．彼女の回想録にははっきりと記されていないが，バランシンに執着する思いは繰り返し強調している．「いつ自分はポールを愛していると気がついたのか，今もわからない．（バランシンと）対立するかもしれないと考えただけで恐ろしくて，感情が縛られていた．ポールと共有するあらゆる瞬間に，考えに，感情に，罪悪感を覚えた――ほかの誰と共有することにも．それでも私は，ポールを愛していると彼に告げようと決めた」．彼女は次のようにも書いている．「ポールとの関係が，私の人生で最も大切なもの――仕事――をおとしめることはなかった」

7. メンディップス（ジョンが少年時代を過ごした伯母ミミの家）のツアーガイドによると，孤児院に忍び込むと怒られるからとミミに注意されて，ジョンは「見つかっても，彼らは僕のことなんか気にしないよ」と答えた．「ストロベリー・フィールズ・フォーエバー」の「真実なんかない，気にすることなんかない」という歌詞に，新しい意味を見出したくなる．

原注

1. ロックバンド「ウィルコ」のジェフ・トゥイーディーのライブ映像に，私のお気に入りの場面がある．客席から「ジェフ，愛してるよ」という男性の声が聞こえて，トゥイーディーが答える．「こっちからはライトと黒いかたまりと暗闇しか見えないんだ．僕の心のなかにそっくりだ．今の声が現実なのか，本当に誰かが僕に語りかけているのか，自信がない．『ジェフ，愛してるよ』．本当に誰かが僕を愛しているのかもしれないし，自分が自分を愛そうとしているだけかもしれないね」．愉快なジョークだが，忘れられない場面でもある．スターは，自分の考え以外のものを，本当には信頼できないのだ．

2. サロウェイが研究したきょうだいの順番は，生物学的な順番ばかりでなく社会的条件にもとづくものもある．たとえば，ウィルバーとオーヴィルはライト家の三男と四男で，ウィルバーと次男は 5 歳離れていた．オーヴィルにとって，ウィルバーは長男のような存在だった．また，最初に生まれた子供が死んだり，ヴィンセント・ヴァン・ゴッホのように長子の伝統的な役割を放棄した場合，あとから生まれたきょうだいがその役割を担う．

3. 役割分担と性格形成については，とくに無意識下のものは私たちの心の平穏にとっても重要な問題であり，多くの心理療法士が注目している．精神分析学者のM・ジェラルド・フロムは次のように語っている．
 「すべての人間関係は，ある意味で分業だ．私たちが役割を分けるのは，それぞれの力に応じたものだけでなく，不安にもとづいた分担もある．たとえば，攻撃的で自己主張の強い男性がいて，パートナーの女性は自分もそのような資質を持ちたいと思っているが，実際に自分のなかに組み込まれることに不安を覚えている．そこで男性が 2 人分を引き受ける．しかし，男性は依存されることにひどく違和感を抱き，自分も満たされたいと思うかもしれず，その不満を女性が引き受ける．このような役割分担は機能不全を起こしかねないが，決してめずらしいことではない」

 「自分に必要な資質があるけれど，それを自分で引き受けることは怖くて耐えられそうにないから，あなたにそばで支えてほしい．その思いに対し，相手はそれらの資質を他者から押しつけられることに耐えられなくなる．さらに，どこまで感情を抑えられるかという問題がある．人にはさまざまな力があり，その強さは人によって違う．人間関係の役割分担が厳格で硬直したものになると，平和を保つために，自分の力の一部を隠そうとする．つねに何らかの役割を求められていると，人は疲れてしまう」

 解決策は，役割を拒否することではなく，厳格な分担を緩めた関係を築くことだ．「自分が相手の立場になれるかどうかだ．先に例を挙げた男女の場合，『タフガイ』は，満たされたい感情と思慕と依存を象徴する妻の立場にはなれない．反対に妻は，自立する立場にはなれない．このような結婚は最悪だ．夫婦のそれぞれが，ひとつの役割をひとりだけで担わなければならない．どこまで相手の立場になれるかは，人間関係の活力と幅広さ，そして創造的な可能性を物語る」

 極端な場合，柔軟性のない役割分担は，共依存など心の病につながりかねない．ある人が「病人」の役割に固執して自分の能力を認めようとしないとき，友人や家族は自分こそが「世話をする人」だと思い込み，自分自身の弱さを認めない．重度の精神疾患を治療するオーステン・リッグス・センターでは，患者と家族のあいだにこの共依存がよく見られる．このような関係を修復するカギは，患者が自分の強さを認め，世話をする人が自分の弱さを認めることだ．

 休暇で家族が集まったときに多くの人が戸惑うのは，どれだけ優秀で抜きんでた大人に成長し

〈美術・パフォーマンスアート〉

〈映画・演劇〉

〈文芸〉

〈音楽〉

〈映画・演劇〉

人名索引

〈ビジネス〉

〈サイエンス〉

著者
ジョシュア・ウルフ・シェンク
Joshua Wolf Shenk

キュレーター、エッセイスト、作家。精神衛生、歴史、現代政治・文化、創造性をテーマに講演・執筆。ニューヨーク・タイムズ、ニューヨーカー、GQなどに寄稿。

一般の人々が体験談を語るストーリーテリングのイベント「モス」に立ち上げから関わる。また、心理学から創造性を研究する「アーツ・イン・マインド」を主宰。

著書『リンカーン』(明石書店)は、ニューヨーク・タイムズとワシントン・ポストの年間ベストブックにノミネートされた。ロサンゼルス在住。

訳者
矢羽野 薫
Kaoru Yahano

会社勤務を経て翻訳者に。訳書に『ヤバい統計学』(CCCメディアハウス)、『マイクロソフトでは出会えなかった天職』『ビッグデータの残酷な現実』(いずれもダイヤモンド社)、『ワーク・ルールズ!』(共訳・東洋経済新報社)などがある。

英治出版からのお知らせ
本書に関するご意見・ご感想を E-mail（editor@eijipress.co.jp）で受け付けています。また、英治出版ではメールマガジン、ブログ、ツイッターなどで新刊情報やイベント情報を配信しております。ぜひ一度、アクセスしてみてください。

メールマガジン ：会員登録はホームページにて
ブログ ：www.eijipress.co.jp/blog
ツイッター ID ：@eijipress
フェイスブック ：www.facebook.com/eijipress

POWERS OF TWO
二人で一人の天才

発行日　2017 年 4 月 10 日　第 1 版　第 1 刷

著　者　ジョシュア・ウルフ・シェンク
訳　者　矢羽野薫（やはの・かおる）
発行人　原田英治
発　行　英治出版株式会社
〒150-0022
東京都渋谷区恵比寿南 1-9-12 ピトレスクビル 4F
電話：03-5773-0193 ／ FAX：03-5773-0194
http://www.eijipress.co.jp/
プロデューサー　山下智也
スタッフ　原田涼子　高野達成　藤竹賢一郎　鈴木美穂　下田理
田中三枝　山見玲加　安村侑希子　平野貴裕　上村悠也
山本有子　渡邉吏佐子　中西さおり　瀬頭絵真
印刷・製本　大日本印刷株式会社
校　正　株式会社ぷれす
ブックデザイン　佐藤亜沙美（サトウサンカイ）

Copyright © 2017 Kaoru Yahano
ISBN978-4-86276-205-4 C0030 Printed in Japan
本書の無断複写（コピー）は、著作権法上の例外を除き、著作権侵害となります。
乱丁・落丁本は着払いにてお送りください。お取り替えいたします。